JN293576

Social Work

ソーシャルワークによる精神障害者の就労支援

参加と協働の地域生活支援

Misaki Yumiko
御前由美子

明石書店

はじめに

わが国の精神障害者数は、年々増加する傾向にある[(1)]。筆者も25年ほど前に当事者の経験をしたが、当時は、精神障害者というだけで偏見をもたれることが多かったため、そのことを世間に知られないように苦労するという時代であった。しかし、今では、保健所や精神障害者当事者の会、家族会などを中心とした市民講座や相談支援、あるいはイベントへの参加による啓発といった前向きな活動が行われるようになっている。

このような精神障害者家族会の活動に筆者もかかわってきたが、その中で感じていたのは、多くの家族が同じような悩みをかかえているということであった。それは、本人の症状が安定しているのでアルバイトなどをするものの疾病と障害の併存による体力・集中力・持続力の低下、あるいは対人関係のつまずきから長くは続かず、仕事先を転々とする。その結果、自信や意欲を失い、一日のほとんどを家で過ごすようになってしまうというものである。

2009年度からは社会福祉士養成のための教育カリキュラムに障害者の就労支援がとり入れられているように、障害者自立支援法の制定以降、障害者の就労は緊急の課題とされた[(2)]。そして、一般就労を目指した制度・政策からのトップダウン的なサービスと訓練を中心とした就労支援が行われてきた。

しかし、生活の中でサービスを実感できてこそ制度や政策を整備する意味があるのであり、制度を整備しただけで利用者がしあわせになれるというものではない。精神障害者の中にはこだわりや独創性のある人が少なくないにもかかわらず、既存職種での一般就労に焦点化し、それへの移行にむけた訓練という考え方に対する違和感があった。

先述のような利用者にとって就労は、地域の中で障害のない人とともに特性を活かした役割を担うことで、自己認識や視野の広がりにつながる。さらに、ある程度納得のいく報酬を得ることで、自信や意欲向上へのきっかけになるものであると考えている。そのために、就労を目的ではなく手段として活用し、利用者の生活を対象とするソーシャルワークによって地域生活を実感できるように支援していこうという発想である。

本研究では、人に対する支援として、エコシステム構想によるコンピュータ支援ツールを介したソーシャルワーカーとの協働から、利用者の生活への関心や自己理解、意欲を引き出している。他方で、環境に対する支援として、ＮＰＯ活動を立ち上げ、その活動において利用者の特性にあわせた仕事づくりや地域住民、地域資源への働きかけを行っている。そして、これらから生まれる相互変容関係(3)に着目し、その人らしい地域生活を支援しようという試みである。

忙しいソーシャルワーカーにここまでさせるのかというご批判は、当然、予想される。しかし、利用者の生き生きとした地域生活のために、ソーシャルワーカーとしてどのような支援ができるのかを考えていただく材料になれば幸いである。

なお、本書は、博士学位論文に加筆・修正を行ったものである。

2011年３月

御前（みさき）由美子

[注および引用・参考文献]

(1)　『読売新聞』2009年10月17日朝刊

(2)　2007年に発表された障害福祉に関する文献のなかで最も多かったとされる（河東田博「2007年度学会回顧と展望　障害福祉部門」『社会福祉学』49(3)、2008年)。

(3)　相互作用と交互作用の違いについて、相互作用は、「お互いに影響を及ぼしながらもその存在自体は変化しないもの」（ジャーメイン，C．B．（小島蓉子編訳）『エコロジカル・ソーシャルワーク』学苑社、1992年、187-188頁）とされ、交互作用は、「単なる相互作用(interaction)ではなく、その状況下で他の相互作用によって影響を受けた相互作用である」とされる（ジョンソン，L．C．・ヤンカ，S．J．（山辺朗子・岩間伸之訳）『ジェネラリスト・ソーシャルワーク』ミネルヴァ書房、2004年、112頁)。また、竹内愛二は、相互作用、交互作用を含んだ表現として、相互影響作用という言葉を用いている（竹内愛二『実践福祉社会学』弘文堂、1972年、30頁)。本論では、太田義弘「社会福祉方法論　講義録　1994年版」(大阪府立大学）をもとに、相互作用と交互作用に加え、螺旋状に変化していく様子を表すために「相互変容関係」という言葉を用いている。

⚜目 次⚜

Ⅲ　ソーシャルワークによる精神障害者就労支援の展開

Ⅳ ソーシャルワークによる精神障害者就労支援の実証的展開

V　ソーシャルワークによる精神障害者の就労と生活支援の考察

I　本研究の焦点

1. 前提となる問題

（1）精神障害者の置かれてきた立場

精神障害者は、歴史的な背景から過酷な処遇を受けてきた。1874年3月の警視庁命令において、「狂病を発する者はその家族において厳重監護せしむ[1]」とされたことに始まり、「瘋癲人私宅鎖錮手続」（1878年[2]）、「精神病者取扱心得」（1894年[3]）、「精神病者監護法」（1900年）により私宅監置を認めたことで、精神障害者は劣悪な状況に置かれていた[4]。その後、呉秀三らによって精神病院設立への主張がなされたが、これは社会の安寧・秩序を維持することが目的であった[5]。このため精神病者を収容する精神病院が設立されていき[6]、敗戦時には4,000床に減少していた病床は年間2～3万床のペースで急増した[7]。さらに、1960年代には「もうかる精神病院」経営へのさまざまな業種の参入によって、病床は雨後の筍のように増え[8]、1980年（昭和55年）には30万床を突破している[9]。社会防衛・治安維持を目的とした隔離・収容中心の医療体制での精神障害者は、極端にいえば囚人であり、病院の財産でしかなかったのである。このような精神障害者にとっては、退院をして地域で生活することが目標であり[10]、退院＝社会復帰＝経済的自立[11]であった。すなわち就労することこそが、市民権を得られる社会復帰とされたのである[12]。

その後、精神保健法（1987年）の施行によって「精神病院から社会復帰施設へ」という流れがつくられ、1993年（平成5年）の法改正で「社会復帰施設から地域社会へ」という新たな流れが形成された。また、同年に制定された障害者基本法において、精神障害者がようやく障害者として認められた。しかし、入院中心から地域生活へという転換は遅々として進まなかった[13]。

1996年からは、障害者プランにもとづき日常生活の訓練、生活の場や活動の場を提供する社会復帰施設等の整備が進められた[14]。これによって、地域の社会復帰施設を利用する精神障害者が増え、徐々にではあるが障害者という認識は広まり始めた。

そして、1999年（平成11年）に出された「今後の精神保健福祉施策について」では、「障害者の活動・福祉的就労については、授産施設等の果たす役割が大きいが、一般企業での雇用を強化する必要がある。このため、授産施設等から一般企業への円滑な移行の支援や、就労している精神障害者に対する生活面での支援と職場定着のための支援との連携等の措置を講じる[15]」という方向性が示された。さらに、2005年（平成17年）の障害者自立支援法の施行によって、精神障害者に対する一般就労への移行が強化されることとなった。

しかし、精神障害者の一般就労には困難を伴うことが多い。身体障害者への偏見とは異なり、精神障害者への偏見は根強いとする報告[16]があるように、困難を伴う原因の一つに精神障害者に対する企業を含めた地域住民の理解不足があるとされている。しかし一方で、精神障害者も障害者として地域社会の一員ととらえる考え方は、一般論として育ってきており、肯定的な意見が多いとする研究[17]もある。これらは周囲の精神障害者に対する見方であるが、利用者自身が周囲の目を気にするという問題もある。それは、理髪店では、「今日、仕事は休みか」などと聞かれないように、寝たふりをするという利用者が多いとされていることである。仕事をしていないと答えることでその理由を聞かれ、結果として精神障害者であることをスピークアウトしなければならない。そのことによってどのように思われるかが心配なのである。精神障害者に対する長年の偏見が、利用者自身にも〈内なる偏見[18]〉を生んでいることは否めない[19]。

また、疾病の問題もある。精神障害者は服薬等によりたとえ症状が落ち着いていたとしても再発を繰り返す可能性があり、ストレスによって再発するよりは、ストレスをためないためにもとにかく無理をしたくないと考える利用者が多い。また、家族も過去の病状から思えば、安定している現在の状態が続くだけで十分だという思いがある。このため、ストレスのかかる就労などは、再発をまねく恐れのある危険なことであるととらえ、少しでもさせたくないと考えることも多い[20]。さらに、治療者や支援者も病状の安定を何よりも優先するという予防的な対処法の主導から、就労を積極的にすすめることを避けてきた。この結果、半人前の意識[21]や自信・意欲の低下[22]を生み、「働きたいけど無理です[23]」というふうに就労をあきらめている精神障害者が少なくないとされている[24]。

精神障害者が障害者と認められる以前から、退院の対局としてではなく就労に力を注いできた支援者は、もちろんいる[25]。しかし、彼らが就労することへの高い関心がもたれるようになったのは最近のことであるといえよう。

（2）働く意味と就労概念

働く意味については、さまざまな分野からの見方がある。しかしながら、本研究では社会福祉の立場から利用者にとっての働く意味を考えてみたい。

多くの人が、「働くことは生きることである」としている[26]。尾高邦雄によると、働く意味は、①衣食の資をうるための継続的な人間活動であること（生計の維持）、②社会的に期待される職分の遂行であること（役割の実現）、③個人の天職を自覚して行う寄与の生活であること（個性の発揮）の3側面をもつとされている[27]。さらに、八木正は、マズロー（Maslow, A.H.）の欲求の階層の理論に職業活動の場面を適用し、①生計維持、②役割遂行、③地位向上に④自己実現を加えた職業的欲求の階層を見いだしている[28]。また、安井秀作は、「職業とは、生計を維持し、社会に参加し、個性を発揮するためのものであり、より人間らしく生きるための営みである。そして、職業は、我々の生活の中で最も大きく、また、最も基本となるものである[29]」と述べている。また、野中猛は、身体的（生活リズム、体力増強、生命活動）、心理的（役割、存在意識、自尊心、満足感）、社会的（収入、社会的役割、人格形成、仲間関係）意義をもつとし[30]、澤邊みさ子は、そのこと自体が社会参加の一つの方法であり、働いて収入を得、それによって社会の一員としての権利と義務を遂行し、自立を可能にするという側面をもつとしている[31]。

「国民生活に関する世論調査」では働く目的を調査しており、2001年（平成13年）度以降、職業の最も大きな目的が、収入を得るということに変わりはない。しかし、2008年（平成20年）度[32]においては、「お金を得るため」（50%）、「生きがい」（22%）、「社会の一員として務めを果たす」（14%）、「才能や能力の発揮」（10%）となっており、収入以外の目的も大きな割合を占めるようになっている。

次に、働くことに関する用語の整理を行っておく。まず「雇用」は、言うまでもなく労働基準法が適用される働き方である。しかし、「就業」についてはさまざまなものがあり、一定の要件を満たす労働に従事すること[33]、企業へ一般就職すること[34]、また、「就業＝就労」であり、収入を目的として働いている状態[35]、あるいは収入を伴う仕事を週1時間以上すること[36]とするものや、授産施設や作業所での働き方を含んで「就業」としているものもある[37]。「就労」は、短期間、短時間の雇用、アルバイト、グループでの就労なども含めたさまざまな形態で障害者が働くこと[38]、あるいは自営就労、内職や授産施設での就労など幅広い就労の形態まで含む働き方を指す[39]とされている。また、「就業」については「就業時間は9時から5時まで」といった使われ方をするのに対し、「就労」は「就労時間が長い」というふうに用いられることが多い。このようなことから、「就労」は、障害者を意識した働き方に用いられているようである。さらに、就労における「福祉的就労」は、あいまいな就業状況を示す用語であり、本来、一般雇用へ移行・就職するための通過施設、訓練の場での就業[40]、行政から一定の支援を受けながらの福祉施設での就業[41]、一般雇用が困難な障害者に対して社会復帰施設等で提供される就労形態であり、社会的就労とも呼ばれるものを指している[42]。また、「一般就労」や

「雇用就労」は、産業活動や公務を主流とする一般企業や事業所での働き方とされる[(43)]ことから、福祉的就労を対局にした働き方として用いられているようである。

廣江仁は、「働く」という概念を広くとらえるべきであると述べている[(44)]。本研究においてもさまざまな働き方を含めた広い意味での働き方として「就労」という言葉を用いることにする。

（3）精神障害者にとっての就労

精神障害者にとっての就労の意義について、飯川勉は、障害のない人にとってのそれと変わらず、特別な意義をもっているわけではないとしている[(45)]。また、相澤欽一は、精神障害者という理由から働く意義を考えることに疑問をなげかけている[(46)]。

しかし、精神障害者にとって就労は、「生計の維持」以外に心理的意義、精神機能回復訓練、社会的意義[(47)]というような特別な意義があるとされてきた[(48)]。精神障害者にとっての就労の意義には、収入を得る、生活が充実する、自信を回復する、認められる、自分自身の存在意義を確認する、社会の中での役割をもつ、人間関係を学ぶことにある[(49)]とするものや、ラベルとともに生きる、将来有能な人になる、人生をうまくやっていく、この世界で居場所を見つけるなどとするもの[(50)]、また、市民としての責任や権利を含んでいるもの[(51)]もある。また、渡部鏡子は、賃金が得られること、働く喜びが得られること、一般就労に対する準備、利用者やスタッフとのつきあい、働いていると体調が良い、社会とつながっている感じが得られること、社会貢献などであるとしている[(52)]。そして、精神障害者の多くは、社会から認められることを求めている[(53)]ことから、「社会的に一個の人間として認知され自尊感情の満足」「人間関係の拡大」をもたらし「自己実現や自己表現」につながることにその意義があると高畠克子は述べている[(54)]。また、端田篤人は、生活のための手段を求める以前に剥奪された生きることの価値を復権させたいとの強い要求があり、就労は、役割意識や仲間意識を獲得し、自己効力感を充足させるとしている[(55)]。さらに、早野禎二は、就労を通じて社会的関係を広げ、「生きがい」をもてることにある[(56)]とし、中村佐織も同様に「生活のはりや生きがい[(57)]」をその意義としている。

これらを裏づけるものとして、いくつかの調査結果をあげておきたい。作業所に通所する利用者に対する調査では、多くの収入を得ることよりも利用者の通所目的に合っているかが満足度に影響を与えるとしている[(58)]。また、たとえ低額な報酬であっても、自らの力で生活費の一部を得ることを「豊かさ」ととらえていることが明らかにされている[(59)]。さらに、障害者職業総合センターが行った障害者の求職者調査[(60)]では、障害者の希望と求人条件の不一致の理由を調査しており、これによれば、身体障害者・知的障害者は賃金・給料が希望と合わないことをあげる人が多いのに対し、精神障害者は賃金・給料よりも勤務時間が長いことをあげている。また希望求職条件では、精神障害者は賃金よりも生きがいがもてる仕事が上位となっており、希望する最低年収額においても精神障害者は他障害に比べて低い。また、社会就労センター（授産施設）の利用者に対する全国的な実態調査[(61)]では、「普通のところで働きたい」と答えた人が4割近くを占めており、「高い給料がほしい」と答えた人よりも上回っている。

したがって、前述の調査における「普通のところで働きたい」という精神障害者の就労に対する思いは、現実的な生活条件の改善よりも、偏見をもたれることなく障害のない人とともに働き、認められる[(62)]ことや、その人らしい生活[(63)]を送ることを望んでいるのではないかと推察できる。これはつまり、生きがいのもてる実感ある地域生活を送るということではないかと考えている。障害をもちながらも一般就労をすることや、それを目標にして努力をすることは素晴らしいことであり、これを否定するという意味ではない。ましてや精神障害者は経済的自立をしなくてもよいという意味でもない。しかし、疾病と障害の併存があるために、環境を整備し利用者自身が努力をしても実感のある地域生活を送ることが困難な精神障害者にとって、就労は、その人らしい地域生活の手段[(64)]ととらえることが必要であると考えている。

2. 自立概念

（1）社会福祉の理念と自立概念

前述のようなことから、自立（律）を実践概念として取り扱うために、自立概念について考えることにする。

1950年代から60年代に北欧で提唱されたノーマライゼーションは、障害者福祉に大きく影響を与えた。「ノーマライゼーションとは、全ての人が当然もっている通常の生活を送る権利をできる限り保障する、という目標を一言で表したもの[(65)]」であり、障害者の生活条件をノーマルにするものであるとバンク-ミケルセン（Bank-Mikkelsen, N. E.）は述べている。また、障害者を含めたすべての人びとの基本的な権利として、住む所、職場など活動する所、余暇時間を過ごし休息する所をあげ[(66)]、就労に関しては、障害者も同じように職に就くことが当然であり、仕事は社会に受け入れられるための手段であるとも述べている[(67)]。

障害者基本法ではノーマライゼーションに影響を受け、「……障害者の自立及び社会参加の支援等のための施策を総合的かつ計画的に推進し、もって障害者の福祉を増進することを目的とする」とし、その理念は、「すべての障害者は、個人の尊厳が重んぜられ、その尊厳にふさわしい生活を保障される権利を有する。すべて障害者は、社会を構成する一員として社会、経済、文化その他あらゆる分野の活動に参加する機会が与えられる」（2004年〈平成16年〉一部改正[(68)]）としている。この理念にも表れているように、ノーマライゼーションは本来、ノーマルな生活を送る機会、様式、生活環境を重視したものであり、決して障害者をノーマルな人にしようとするものでも一般就労のみに焦点をあてたものでもない[(69)]。

また、1960年代にアメリカで始まった自立生活運動（ＩＬ運動）によって、訓練・指導中心の自立観が見直され、新たな自立観が唱えられるようになった[(70)]。そして、上田敏の「障害者の選択権と“自己決定権”が最大限に尊重されていなければならないのであり、そうであるかぎり、たとえ全面的な介助を受けていても人格的には自立している[71]」という主張などを背景に、経済的自立よりもむしろ精神的自立や生活技術的自立が重視されるようになった[72]。つまり、自立とは、福祉サービスを受けずに独力で暮らしていくことではなく、適切なサービスを用いながら生活をするという「自律」した生活の主体となることを意味し、ここには価値観の移行がある[73]。社会福祉における自立概念は、身体的、経済的自立のみではなく精神的、社会的自立をも含めた自立（律[74]）なのである。

（2）労働政策・社会福祉政策と自立概念

日本国憲法（1946年）では「すべての国民は、勤労の権利を有し、義務を負う」と定め、勤労の権利とは、〈働くこと〉によって豊かな生涯計画や人生設計の手がかりをつかむことができるという展望をもてることであり、義務とは、〈働くこと〉によって社会構成員の一員として社会の発展に関わるということとされた[75]。さらに、「世界人権宣言」（1948年）では、「すべて人は労働し、職業を自由に選択し、公正かつ有利な労働条件を得、および失業に対する保護を受ける権利を有する[76]」とし、労働する権利が強調されることとなった。つまり、当時の〈働かざる者食うべからず〉という価値観のもと、一定の年齢になったら働くのが当然であり[77]、社会構成員の一員として認められることが重要であった。つまり、日本国憲法や世界人権宣言における働く意味は、経済的に自立し、一人前の人間として認められることこそが自立であるとされていた。

労働政策としての雇用対策法では「労働者の職業の安定と経済的社会的地位の向上とを図るとともに、経済及び社会の発展並びに完全雇用の達成に資することを目的とする[78]」とされた。また、職業安定法では、「各人にその有する能力に適合する職業に就く機会を与え、及び産業に必要な労働力を充足し、もって職業の安定を図るとともに、経済及び社会の発展に寄与することを目的とする[79]」とされ、当然のことながら経済的自立が焦点となっている。

1960年（昭和35年）には「身体障害者雇用促進法」が制定され、1987年

(昭和62年）に「障害者の雇用の促進等に関する法律」に名称変更されるとともに、対象は全障害者に拡大された。本法では、「……障害者がその能力に適合する職業に就くこと等を通じてその職業生活において自立することを促進するための措置を総合的に講じ、もって障害者の職業の安定を図ることを目的とする[(80)]」とし、障害者においても経済的自立に焦点があてられている。

一方、社会福祉政策においては、ノーマライゼーション理念にもとづいた障害者基本法が制定されたものの、障害をもちながらも障害をもたない人と同じような生活のできる環境をつくることがノーマライゼーションであるかのような考え方が普及した。そして、「高齢者・身体障害者等が円滑に利用できる特定建築物の建築の促進に関する法律：ハートビル法」(1994年〈平成6年〉）や「高齢者・身体障害者等の公共交通機関を利用した移動の円滑化促進に関する法律：交通バリアフリー法」(2000年〈平成12年〉）などが制定された。このような動きによって、就労においては障害者が障害のない人と同じような就労をすること、すなわち一般就労をすることこそがノーマライゼーションであるかのような考え方が強調され、自立を「経済的自立」「職業的自立」ととらえた実践活動が続けられた[(81)]。

このような中、障害者基本法の理念にもとづき2005年〈平成17年〉に制定された障害者自立支援法では、「……障害者及び障害児がその有する能力及び適性に応じ、自立した日常生活又は社会生活を営むことができるよう、必要な障害福祉サービスに係る給付その他の支援を行い、もって障害者及び障害児の福祉の増進を図るとともに、障害の有無にかかわらず国民が相互に人格と個性を尊重し安心して暮らすことのできる地域社会の実現に寄与することを目的とする[(82)]」としている。しかし、「障害者がもっと働ける社会にする」ことをそのねらいの一つとしており[(83)]、障害者が自立した日常生活を送るための就労が障害者の自己実現であると強調するとともに、訓練中心の自立支援システムの強化法として位置づけている。そして、「一般就労へ移行することを目的とした事業を創設するなど、働く意欲と能力のある障害者が企業等で働けるよう、福祉側から支援[(84)]」するとして、福祉的就労から一般就労への移行支援策が次々と提示されている[85]。

現代は、福祉的就労からの脱出をはかる福祉革命こそが重要課題であり、実現すべき政策的課題である[86]とされ、労働の権利のための労働政策とノーマライゼーションの観点からの社会福祉政策は、自立概念を経済的自立ととらえることで、今まで以上に密接なかかわりをもつようになってきている[87]。

（3）自立概念の整理

ここで、労働分野と社会福祉分野を障害者政策とソーシャルワークに分け、さらに前者を労働政策と社会福祉政策に、後者を理念、実践に分けて、自立概念を整理してみる。また、太田義弘がソーシャルワークの概念を整理する際に用いているカテゴリー[88]を参考にしたうえで、自立概念の違いが際立つように、基本・対象・目的・視点・焦点・形態・特性・自立という枠組みで整理した。障害者政策については前述してきた通りであり、理念における対象・視点・焦点・特性については、ＷＨＯの「国際生活機能分類――国際障害分類改訂版（ＩＣＦ）」(2001年）にもとづいている。ＩＣＦでは、①人と環境との相互作用モデルとなっていること、②機能障害は、「心身機能・身体構造」「活動」「参加」「健康状態」など肯定的な表現としていること、③各要素が相互に関連して双方向の矢印で示されていることが特徴であり、利用者、家族、社会のもつ健康部分に焦点をあてた生活モデルとなっている[89]。これらにソーシャルワーク実践（これについては後述する）を加えたものが表Ｉ－１である。

表Ｉ－１では、障害者政策における労働政策、社会福祉政策、そして、社会福祉の理念、実践との「自立」が異なっていることがわかる。このことについて、岩崎晋也は、「社会福祉実践が、単に行政の下請けとして経済的な『自立』のみを目的にすることは、社会福祉自らの存在意義を否定することにほかなりません」と指摘している[90]。そして、大塚淳子は「社会に存在し合う意味での付加価値を、就労支援においてもどのように見出していくかという発想や創造性が問われてくる（中略）一昔前の『納税者になることが自立

表I－1　自立の整理

政策＼カテゴリー	労働	社会福祉		
	障害者政策		ソーシャルワーク	
	労働政策	社会福祉政策	理念	実践
基　本	職業人としての自立 経済社会の一構成員	(障害者基本法の理念) 個人の尊厳にふさわしい生活 社会構成の一員	ノーマライゼーション ソーシャル・インクルージョン 共生	主体性と責任性への支援
対　象	労働者	利用者	利用者の生活機能	利用者の生活
目　的	職業の安定 職業生活における自立	自立した日常生活、社会生活	自己実現	生活の中での実感
視　点	政策的施策	環境調整施策	人と環境の相互作用	人と環境の相互変容関係
焦　点	賃金	生活基盤の安定	個人･家族･社会のもつ健康部分	社会的自律性
形　態	制度課題	制度整備	普遍化、共有	参加と協働
特　性	トップダウン	トップダウン	利用者中心	ボトムアップ、循環 フィードバック
自　立	経済的自立	自立的生活	自立(律)生活	自立(律)支援

そのもの』というようなタイムスリップをさせないようにしなくてはならない[(91)]」と述べている。また、「単に工賃水準を上げることで就労に繋がると考えるとしたら、精神障害者の特性を無視していると言わざるを得ない[(92)]」と戸島大樹らは批判している。さらに、鈴木武幸は、「就労」=「自己実現」ではなく、一般就労が自己実現でも社会貢献が自立でもないと述べ、就労は目的ではなく手段であるべきとして価値の重要性を主張している[(93)]。前述したように、精神障害者にとっての就労は、その人らしい生活を送るための手段であると筆者も考えていることから、自立概念を自立（律）とする社会福祉の理念にもとづく支援が不可欠であると考えている。そして、このような社会福祉の理念にもとづいた実践がソーシャルワークなのである。

3．本研究の枠組みと流れ

（1）ソーシャルワークの構成要素からみる自立概念

本研究は、太田が提唱するわが国独自のソーシャルワーク理論を枠組みとしている。この理論では、わが国の社会福祉の概念特性を、システム理論から「価値」「規範」「集合体」「役割」に類型化し[(94)]、これらの要素とソーシャルワークの要素とされる「価値」「知識」「方法」を対応させている。しかし、「わが国では知識要素の一部である制度や政策が突出して一大要件と位置づけられてきた[(95)]」ことを鑑み、「知識」を生活理解のための「状況知識」と状況改善のための「方策知識」に二分し、「価値」「知識」「方策」「方法」を四大構成要素と位置づけている。また「方法のない施策は、砂上の楼閣に等しく、しかし知識を欠いた方法は、暗中模索の慰めにすぎない。さらに福祉の心を忘れた知識の濫用は、人権軽視や人間疎外を誘発し、施策や方法をもたない福祉の心は、自己満足に終始する[(96)]」とされるように、これらの4要素は、不可分な関係にある（図Ｉ－１）。

このようなソーシャルワークの要素から表Ｉ－１における社会福祉の部分を見ると、理念は価値にあたり、政策は方策に、また、実践は方法にあたることになる。さらに、利用者の生活コスモスを理解するための支援ツールを

図Ⅰ−1　ソーシャルワークの構成要素

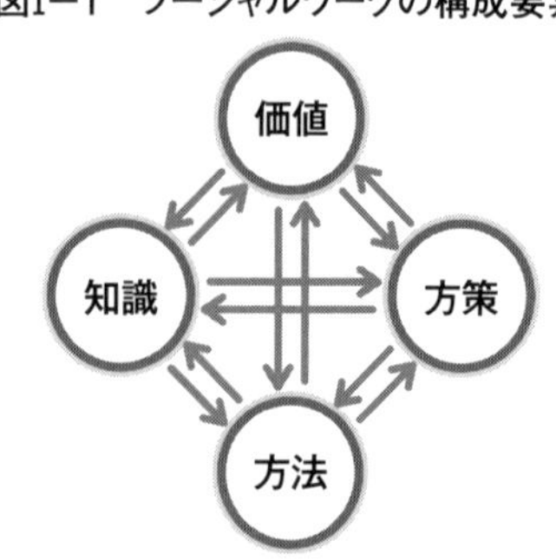
価値
知識
方策
方法

出典：太田義弘･中村佐織･石倉宏和『ソーシャルワークと生活支援方法のトレーニング――利用者参加へのコンピュータ支援』中央法規出版、2005年、9頁

表I－2　自立概念とソーシャルワークの構成要素

要素／カテゴリー	ソーシャルワーク			
	制度・政策	理念	実践	支援ツール
基　本	（障害者基本法の理念） 個人の尊厳にふさわしい生活 社会構成の一員	ノーマライゼーション ソーシャル・インクルージョン 共生	主体性と責任性への支援	コンピュータの活用
対　象	利用者	利用者の生活機能	利用者の生活	利用者の生活コスモス
目　的	自立した日常生活、社会生活	自己実現	生活の中での実感	生活コスモスの理解
視　点	環境調整施策	人と環境の相互作用	人と環境の相互変容関係	人と環境からなる生活とその変容
焦　点	生活基盤の安定	個人・家族・社会のもつ健康部分	社会的自律性	自己認識
形　態	制度整備	普遍化、共有	参加と協働	シミュレーション
特　性	トップダウン	利用者中心	ボトムアップ、循環 フィードバック	ビジュアル化
自立概念	（経済的）自立	自立（律）	自立（律）	自立（律）
	方策	価値	方法	知識

知識にあてはめると、表I－2のようになると考えられる。

すると、理念・実践・支援ツールと政策の自立概念が異なるために、価値・知識・方法と方策が乖離してしまうことになる。これを表したものが図I－2である。

図I－2　価値・知識・方法と方策の乖離

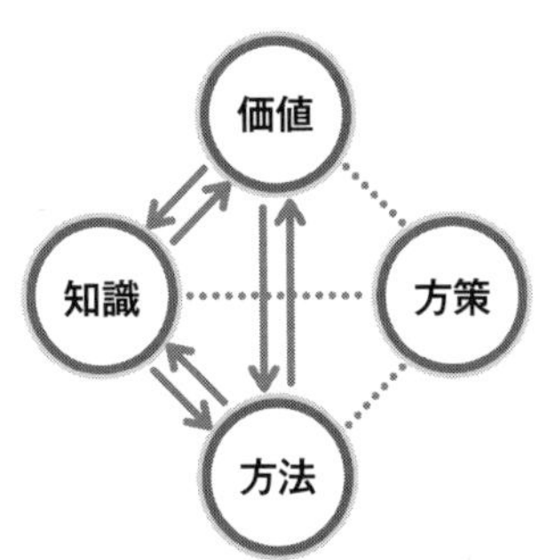
価値
知識
方策
方法

（2）本研究の理論的枠組み

わが国では、「理念や目的あるいは国家政策としての社会福祉という観点から、国家や地方自治体による公的な制度や政策が社会福祉の中心課題として先行[97]」し、問題は「『社会（福祉）制度』によって解消されなければならない[98]」とされてきた。制度・政策と理念における自立概念の相違は、このような「実践が追随するという特殊な事情にあった[99]」ことに起因すると考えられる。このため、「国民すなわちサービス利用者や現場従事者の意思が反映されたものではない。（中略）わが国では社会福祉の理念と科学的理論に裏づけられた研究成果が現実の政策に反映されることはほとんどないと言っても言いすぎではないだろう。初めに国民不在の政治判断があり、理論や研究成果は都合のよいところだけ利用されている観がある[100]」とされる。障害者の就労支援においても、社会福祉の理念がその政策に反映されず、社会福祉政策においても先述のように労働政策と同様、自立を経済的自立ととらえた制度整備が行われてきた結果、理念と制度・政策に乖離が生じているのである。

このような理念と制度・政策の乖離を克服するフィードバックという視点から、利用者の自己実現を支援する実践活動がソーシャルワークである。しかし、これまでは制度やサービスを適切に遂行し、利用者を一般就労にあてはめることを目的とした活動がソーシャルワークであるかのような誤解をされることが多かった[101]。このため、利用者主体の支援というソーシャルワーカーの態度のみをとらえ、ソーシャルワークの重要性を論じているもの[102]や、企業内の就労環境を整える活動といったソーシャルワークの一側面のみをとらえて、ソーシャルワークの必要性が論じられてきた[103]。ソーシャルワークは、制度・政策のトップダウン的なサービス提供のみを行うのではない。利用者の生活支援のための実践活動であるソーシャルワークを基本とし、その実践からフィードバックされ、制度・政策に反映していくというボトムアップの発想をもつ専門的な実践活動がソーシャルワークである。

本研究は、このような制度・政策の改善をも視野に入れたわが国独自の包括・統合的な実践理論として太田によって提唱されているジェネラル・ソーシャルワークを前提としている。このジェネラル・ソーシャルワークでは、中範囲概念[104]を用いて理論と実践をつなぐアイデアとして、コンピュータ支援ツールを活用するエコシステム構想が展開されている。このコンピュータ支援ツールは、利用者の多種多様で固有な生活コスモスをめぐるトータルな情報やその変容をビジュアル化することによって、生活支援に活用しようというものである。そこで、「知識」にこのコンピュータ支援ツールを用いることができると考えている。図Ⅰ－3は、「価値、方策、方法」に「理念、制度・政策、実践」を、そして、利用者の生活コスモスを理解するための「支援ツール」を「知識」にあてはめたものである。

図Ⅰ−3　本研究の理論的枠組み

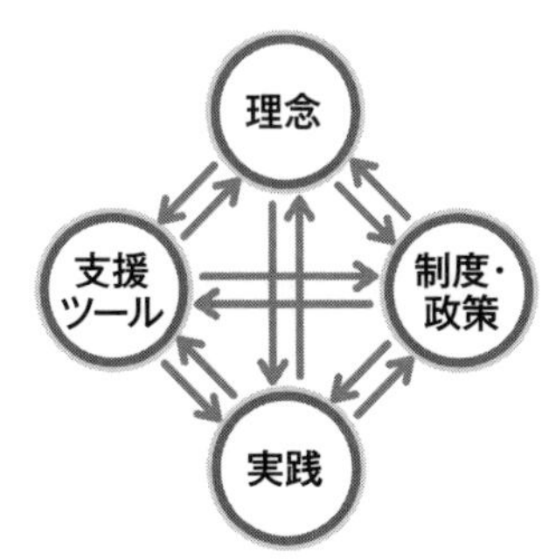
理念
支援
ツール
制度・
政策
実践

（3）本研究の仮説、目的、方法と流れ

医学分野では失った指が細胞外マトリックスによって再生するという研究[105]や生活習慣病の予防やがん治療などに体内時計を利用する研究[106]が行われている。仲村優一は「……人間は、自らの力で自身の生活を維持しようとする要求をもち、また本来それだけの力をもっているのだという人格（パーソナリティ）のもつ力に対する信頼がある[107]」と述べている。さらに、大谷京子、大場俊孝も、人間には自然治癒力ともいえる本来備わった力があるとしている[108]。このようなことから、経済的な自立以前に社会福祉の理念にもとづいた自立（律）

を焦点とし、精神障害者の本来もつ力を引き出し、生きがいのある地域生活を支援することが重要である。つまり、就労は目的ではなく、実感ある地域生活のための手段であるというとらえ方が必要であり、一般就労するために訓練をするのではなく、その人の特性を生かし、仕事を利用者に合わせていく[(109)]支援が必要である。そして、精神障害者がその人らしく生き生きと就労する姿によって、今まで精神障害者に対して抵抗を感じていた地域住民の理解も得ることができる[(110)]のではないかと考えている。このようなことから、次のような仮説を提示したい。

① 精神障害者にとって就労は、人生の鍵をにぎるといえるのではないか。

② 精神障害者の就労には、仕事に人を合わせるのではなく、人に仕事を合わせる必要があるのではないか。

③ 精神障害者が就労することにより、これまで精神障害を身近に感じていなかった地域住民の理解や協力も得られるのではないか。

また、これらの仮説に対し、次のような目的を提示する。

① 精神障害者に対する就労支援における問題を明確にする（第Ⅱ章）。

② 精神障害者の就労に焦点をあてたソーシャルワークを展開する（第Ⅲ章）。

③ エコシステム構想による精神障害者の就労に焦点をあてたソーシャルワークの実証的研究を行い（第Ⅳ章）、社会福祉理念にもとづく理論と実践をつなぐとともに、制度・政策に反映していく実践方法としてのソーシャルワークによる精神障害者の地域生活支援方法を提示する（第Ⅴ章）。

そして、このような目的に対し、以下のような方法によって考察を進めることにする。

① 精神障害者に対する就労支援における問題を明確にする。

a 就労支援施策の現状を整理する。

b 職業リハビリテーションによる就労支援方法を整理する。

c　aとbより、精神障害者に対する就労支援における問題を明確にする。

② 精神障害者の就労に焦点をあてたソーシャルワークを展開する。

a　ソーシャルワークの概念を整理する。

b　エコシステム構想の概念を整理する。

c　先行研究から、精神障害者の生活コスモスにおける就労に関する構成子を抽出し、ソーシャルワーク実践支援ツールを用いて、精神障害者就労・生活支援ツールを開発する。

③ エコシステム構想による精神障害者の就労に焦点をあてたソーシャルワークの実証的研究を行い、社会福祉理念にもとづく理論と実践をつなぐとともに、制度・政策に反映していく実践方法としてのソーシャルワークによる精神障害者の地域生活支援方法を提示する。

a　エコシステム構想による精神障害者の就労に焦点をあてたソーシャルワーク実践を行う。

b　精神障害者の意欲や自信を高める就労サービスをつくりだすとともに、地域資源を活用したＮＰＯ活動を行う。

c　精神障害者就労・生活支援ツールの意義とＮＰＯ活動の意義を考察し、ソーシャルワークによる精神障害者の就労支援を通じた地域生活支援方法を提示する。

また、本研究の流れをフローチャートにしたものが次ページの図Ⅰ－４である。

図I−4　本研究の流れ

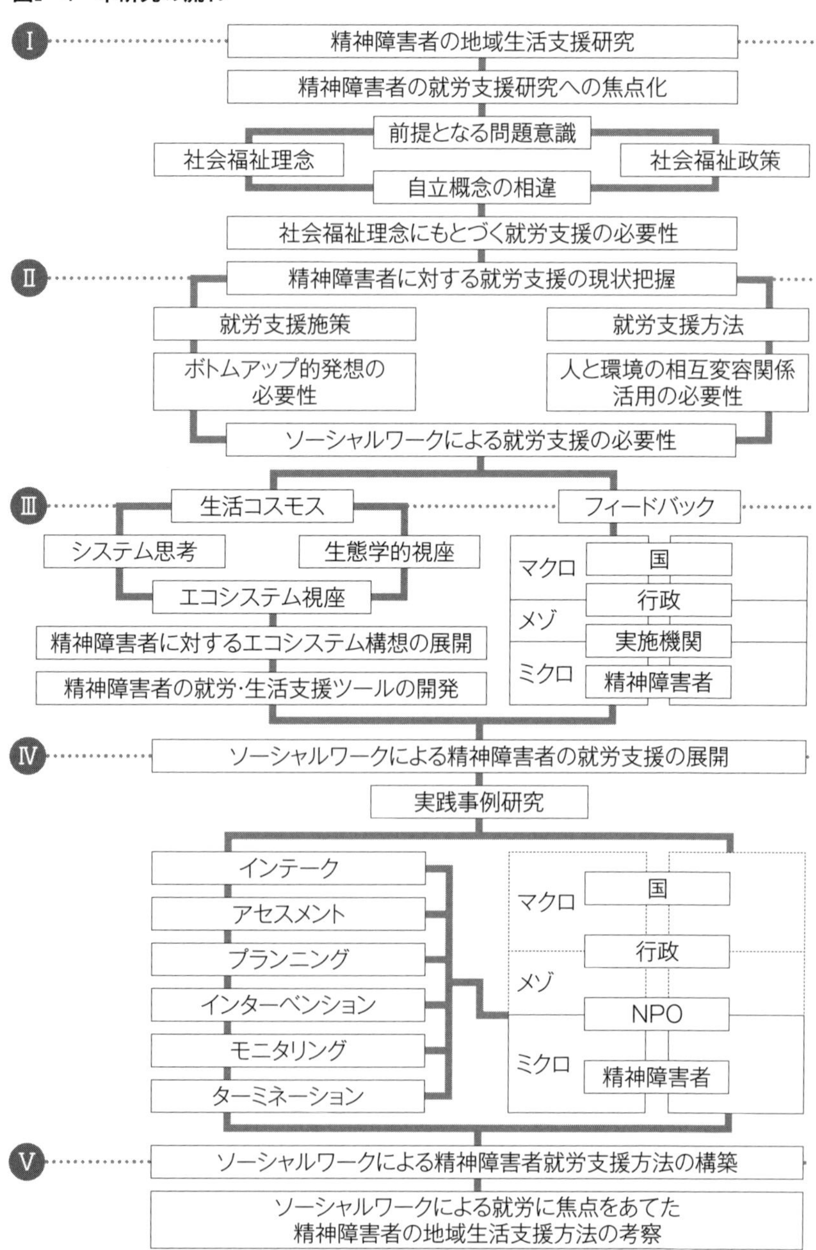

I
精神障害者の地域生活支援研究
精神障害者の就労支援研究への焦点化
前提となる問題意識
社会福祉理念
社会福祉政策
自立概念の相違
社会福祉理念にもとづく就労支援の必要性
II
精神障害者に対する就労支援の現状把握
就労支援施策
就労支援方法
ボトムアップ的発想の必要性
人と環境の相互変容関係活用の必要性
ソーシャルワークによる就労支援の必要性
III
生活コスモス
フィードバック
システム思考
生態学的視座
エコシステム視座
精神障害者に対するエコシステム構想の展開
精神障害者の就労･生活支援ツールの開発
マクロ
国
メゾ
行政
実施機関
ミクロ
精神障害者
IV
ソーシャルワークによる精神障害者の就労支援の展開
実践事例研究
インテーク
アセスメント
プランニング
インターベンション
モニタリング
ターミネーション
マクロ
国
メゾ
行政
NPO
ミクロ
精神障害者
V
ソーシャルワークによる精神障害者就労支援方法の構築
ソーシャルワークによる就労に焦点をあてた精神障害者の地域生活支援方法の考察

[注および引用・参考文献]

(1)　芹沢一也『狂気と犯罪』講談社、2005年、45頁
(2)　呉秀三『我邦ニ於ケル精神病ニ関スル最近ノ施設　附日本ニ於ケル精神病学ノ日乗』(復刻版) 創造出版、2003年、154頁
(3)　金子準二編『日本精神医学年表』日本精神病院協会、1973年、225頁
(4)　呉秀三・樫田五郎『精神病者私宅監置ノ實況及ビ其統計的觀察』(復刻版) 創造出版、2000年
(5)　岡田靖雄編『呉秀三著作集　第2巻』思文閣、1982年、134, 200頁
(6)　大熊一夫『精神病院の話——この国に生まれたる不幸1』晩聲社、1991年、206-209頁
(7)　高柳功「精神保健福祉法と精神病院」『こころの科学』79、1998年、43-48頁
(8)　滝沢武久『精神障害者の事件と犯罪』中央法規出版、2003年、30頁
(9)　風祭元「日本における精神病院の歴史」『こころの科学』79、1998年、26-31頁
(10)　倉知延章「精神障害者に対する職業リハビリテーションの歴史と展望」『精神障害とリハビリテーション』4、1998年
(11)　山辺朗子「精神障害者ソーシャルワークへの視角」『龍谷大学社会学部紀要』22、2003年
(12)　平林恵美・相川章子「わが国における精神障害者社会復帰論の展開Ⅰ」『目白大学　総合科学研究』1、2005年
(13)　WHO (2004年) では「現在、統合失調症で長期の入院を必要とする人は少ない。あったとしても平均入院期間は2週間から4週間にすぎない」とされているにもかかわらず、日本においては3年以上入院している患者は54.2%であり、そのうち、「現在の状態でも、居住先・支援が整えば退院可能」な患者について、3年以上入院している患者が41.6%であり、20年以上の入院は9.7%もあった (「精神障害者社会復帰サービスニーズ等調査　平成15年」http://www.mhlw.go.jp/shingi/2003/11/s1111-2e.html)。
(14)　厚生統計協会『国民衛生の動向』52(9)、厚生統計協会、2005年、111頁
(15)　荻原喜茂「精神障害の人が『働くこと』の課題と展望：特集にあたって」『精神障害とリハビリテーション』4 (1)、2000年
(16)　焼山和憲・伊藤直子・石井美紀代他「精神障害者に対する地域住民の社会的距離に関する研究——地域ケアを阻む要因分析」『西南女学院大学紀要』7、2003年
　竹島正・平井右助・田中薫他「地域住民の精神障害者に対する見方について」『社会精神医学』15(3)、1992年
　谷口房枝・森澤幸子・福原ひづる他「地域住民の精神障害者への意識調査を実施して」『日本精神科看護学会誌』45(2)、2002年
　相澤譲治・橋本好市編『シリーズ・福祉新時代を学ぶ　障害者福祉論』みらい、2007年、193頁
　社団法人日本精神保健福祉士協会編『障害者自立支援法——地域生活支援の今後と精神保健福祉士の実践課題』へるす出版、2006年、166頁
　「放火などの重大事件をおこす割合は、精神障害者が多い」という報道が最近でもされている (関西テレビ「NEWSゆうプラス」2010年3月18日放送分)。
(17)　竹島正・寺峰いつ子・須藤恵子他「精神保健領域におけるノーマライゼーション推進の視点について」『精神保健研究』43、1997年
　田中悟郎「精神障害者に対する住民意識——自由回答の分析」『共生社会学』4、2004年
　澤村誠志編『最新介護福祉全書4巻　リハビリテーション論』メヂカルフレンド社、2000年、206頁
(18)　野中猛『図説　精神障害リハビリテーション』中央法規出版、2003年、37頁

(19)　2008年に和歌山市が行ったアンケートによると、差別や偏見を受けたことについて「特に感じることはない」と答えた精神障害者は41.1%であるのに対し、「他の人の目が気になる」「親せき関係の集まりの場」がそれぞれ32.7%、14.1%となっている（和歌山市『和歌山市障害者計画及び和歌山市障害福祉計画』平成21年３月）。
(20)　渡部鏡子「授産施設を利用している精神障害者にとっての就労体験の意味」『神奈川県立保健福祉大学誌』２(1)、2005年
　小池磨美編『精神障害のある人たちへ１　働きたいあなたへのＱ＆Ａ』やどかり出版、2007年
(21)　前掲論文17（田中悟郎）
(22)　太田義弘編『ソーシャルワーク実践と支援科学――理論・方法・支援ツール・生活支援過程』相川書房、2009年、90-91頁
(23)　村上清「精神障害の就労と社会的協同組合」『地域総合研究所報』１(1)、2003年
(24)　早野禎二「精神障害者における就労の意義と就労支援の課題」『東海学園大学紀要』10、2005年
(25)　1960年頃から、実利的な面も含めて「働くこと」へのさまざまな実践が行われてきた（荻原喜茂「精神障害の人が『働くこと』の課題と展望：特集にあたって」『精神障害とリハビリテーション』４(1)、2000年）。
(26)　田中良雄『職業と人生』ごま書房、1993年
　日本経済新聞社編『働くということ』日本経済新聞社、2004年
　鳥居徹也『親が子に語る「働く」意味』ＷＡＶＥ出版、2006年
　河原宏『日本人はなんのために働いてきたのか』ＫＴＣ中央出版、2006年
　橘木俊詔『叢書・働くということ！　働くことの意味』ミネルヴァ書房、2009年
(27)　山根常男・森岡清美・本間康平他編『テキストブック社会学(４)　職業』有斐閣ブックス、1977年、３頁
(28)　同書５頁
(29)　安井秀作『職業リハビリテーション――障害者の職業的自律をめざして』中央法規出版、1989年、５頁
(30)　野中猛「精神障害をもつ人が働くことの意義」野中猛・松為信雄編『精神障害者のための就労支援ガイドブック』金剛出版、2005年、９頁
(31)　障害者職業総合センター『調査研究報告書No.48　障害者の就業の多様化とセーフティネット』障害者職業総合センター、2002年、123頁
(32)　内閣府大臣官房政府広報室「国民生活に関する世論調査」
http://www8.cao.go.jp/survey/index-ko.html
(33)　關宏之「就業に向けて……障害者福祉の今日的な課題として」『広島国際大学医療福祉学科紀要』３、2007年
(34)　島本久「精神障害者の就業・雇用の進展を目指して――“職業訓練～職業能力開発～一般就業”の円滑有効な道程の構築を」『第13回職業リハビリテーション研究発表会発表論文集』2005年
(35)　舘暁夫「障害者雇用促進法改正と精神障害者就業促進の課題」『リハビリテーション研究』124、2005年
(36)　桐原広行編『社会福祉士シリーズ18　就労支援サービス』弘文堂、2008年、18頁
(37)　厚生労働省「社会保障審議会障害者部会　就業形態別に見た就業状況（推計）」
http://www.mhlw.go.jp/shingi/2004/04/s0414-7c.html
(38)　全国社会就労センター協議会編『社会就労センターハンドブック』エンパワメント研究所、2001年、93頁

(39)　「新・社会福祉学習双書」編集委員会編『新・社会福祉学習双書　第19巻リハビリテーション論』全国社会福祉協議会、2000年、19頁
(40)　前掲書31、10, 22頁
(41)　前掲論文33
(42)　精神保健福祉士養成セミナー編集委員会編『改訂　精神保健福祉士養成セミナー第４巻　精神保健福祉論』へるす出版、2003年、325頁
(43)　前掲論文33
　福祉士養成講座編集委員会編『新版　介護福祉士養成講座３　障害者福祉論』中央法規出版、2007年、179頁
(44)　廣江仁「一般就労と福祉的就労」『精神保健福祉』38(4)、2007年
(45)　飯川勉「障害者が働く意味」『障害者の福祉』９、1985年
(46)　相澤欽一「当事者にとっての働く意義と就労支援」『精神科臨床サービス』９、2009年
(47)　Liberman, R. P., *Recovery from Disability / Manual of Psychiatric Rehabilitation*, American Psychiatric Publishing, 2008, pp.366-367.
(48)　東雄司編『精神障害者・自立への道』ミネルヴァ書房、1991年、137頁
(49)　ＮＰＯ法人全国精神障害者就労支援事業所連合会『働く生活ストーリー』ＮＰＯ法人全国精神障害者就労支援事業所連合会、2008年、８-12, 35-39, 61-73頁
(50)　Honey, A., “Psychiatric Vocational Rehabilitation: Where Are the Customers' Views?” *Psychiatric Rehabilitation Journal*, 23(3), 2000.
(51)　Marrone, J., Golowka, E., “If Work Makes People with Mental Illness Sick, What Do Unemployment, Poverty, and Social Isolation Cause?” *Psychiatric Rehabilitation Journal*, 23(2), 1999.
(52)　渡部鏡子「授産施設を利用している精神障害者にとっての就労体験の意味」『神奈川県立保健福祉大学誌』２(1)、2005年
(53)　前掲書16（相澤譲治・橋本好市編）、86頁
(54)　高畠克子「精神科リハビリテーションを考える(3)　作業所における働くことの意味」『病院・地域精神医学』35(1)、1992年
(55)　端田篤人「精神障害者に対する就労支援のあり方に関する一考察」『長野大学紀要』27(3)、2005年
(56)　前掲論文24
(57)　中村佐織「精神障害者の就労援助におけるＰＳＷのアセスメント状況と課題」『社会福祉』31、1990年
(58)　太田幸治「精神障害者作業所通所者の利用満足度に関する研究」『帝京大学　心理学紀要』８、2004年
(59)　鎌田澄子・北原佳代「精神障害者小規模作業所利用者における働く体験の意味――利用者のインタビュー調査から」『聖母大学紀要』４、2007年
(60)　日本障害者雇用促進協会障害者職業総合センター『調査研究報告書 No.76の１　障害者雇用に係る需給の結合を促進するための方策に関する研究（その１）』2007年、35頁
(61)　田中敦士・朝日雅也・星野泰啓他「福祉的就労障害者における雇用への移行と自立生活に向けた意識」『琉球大学教育学部障害児教育実践センター紀要』６、2004年
(62)　星野文男・大村祐二・香野英勇・やどかりブックレット編集委員会編『精神障害者にとって働くとは』やどかり出版、2004年、45-55頁
(63)　全国精神障害者社会復帰施設協会『精神障害者生活支援の体系と方法』中央法規出版、2002年、33頁
　津田耕一『利用者支援の実践研究　福祉職員の実践力向上を目指して』久美、2008年、117

頁

(64)　ＰＳＷは、精神障害者の就労が、社会生活を営むうえでの一つの手段にすぎないという前提をもっているとされる（前掲論文57）。

武田幸治・手塚直樹『知的障害者の就労と社会参加』光生館、1995年、235頁

(65)　花村春樹『「ノーマリゼーションの父」Ｎ.Ｅ.バンク-ミケルセン』ミネルヴァ書房、2004年、155頁

(66)　同書、157頁

(67)　同書、163頁

(68)　http://law.e-gov.go.jp/htmldata/S45/S45HO084.html

2004年の改定では、「障害者の自主性」の尊重や「日常生活における自立」の提起によって、経済的自立ではない身体的、精神的自立に着目されている（船橋秀彦・岡崎喜一郎・鈴木宏哉「障がい者法定雇用率の達成をめざす調査研究」『障害者問題研究』36(2)、2008年)。

(69)　前掲書65、178頁

ニィリエ，Ｂ．（河東田博・橋本由紀子・杉田穏子・和泉とみ代訳編）『新訂版　ノーマライゼーションの原理』現代書館、1998年、110頁

(70)　社団法人日本社会福祉士会『新社会福祉援助の共通基盤（上）』中央法規出版、2004年、126頁

(71)　上田敏「ＡＤＬからＱＯＬへ：リハビリテーションにおける目標の転換」『総合リハビリテーション』12(4)、1984年、263頁

(72)　社団法人日本社会福祉士会『新社会福祉援助の共通基盤（下）』中央法規出版、2004年、17頁

(73)　寺田明代「障害者自立支援法における障害者」『関西福祉科学大学紀要』10、2006年

(74)　自立についての表記は、independenceを意味する場合は「自立」を、またenhancementを意味する場合は「自立（律）」を用いている。

(75)　福祉士養成講座編集委員会編『障害者福祉論』中央法規出版、2007年、170頁

(76)　http://www.amnesty.or.jp/modules/wfsection/article.php?articledid=908

(77)　新保祐元『精神障害者の自立支援活動』中央法規出版、2006年、96頁

(78)　厚生労働省「雇用対策法」http://wwwhourei.mhlw.go.jp/cgi-bint/t_docframe.cgi?MODE=hourei&DNODE=CONTENTS&SMODE=NORMAL&KEYWORD=&EFSNO=1137

(79)　厚生労働省「職業安定法」http://wwwhourei.mhlw.go.jp/cgi-bint/t_docframe.cgi?MODE=hourei&DNODE=CONTENTS&SMODE=NORMAL&KEYWORD=&EFSNO=1126

(80)　厚生労働省「障害者の雇用の促進等に関する法律」http://wwwhourei.mhlw.go.jp/cgi-bint/t_docframe.cgi?MODE=hourei&DNODE=CONTENTS&SMODE=NORMAL&KEYWORD=&EFSNO=1247

(81)　岡田武世『人間発達と社会福祉』川島書店、1996年、79頁

(82)　厚生労働省「障害者自立支援法」http://www.mhlw.go.jp/topics/2005/02/dl/tp0214-lcl.pdf

(83)　日本精神保健福祉士協会『障害者自立支援法』へるす出版、2006年、28頁

(84)　厚生労働省「障害者自立支援法の概要」

http://www.mhlw.go.jp/topics/2005/02/tp0214-1a.html

(85)　前掲書83、78頁

(86)　工藤正「多様な働き方」松為信雄・菊池恵美子編『職業リハビリテーション学――キャリア発達と社会参加に向けた就労支援体系』協同医書出版社、2006年、25頁

(87)　前掲書83、77頁

(88)　太田義弘・中村佐織・石倉宏和編『ソーシャルワークと生活支援方法のトレーニング――利用者参加へのコンピュータ支援』中央法規出版、2005年、５頁

(89)　日本精神保健福祉士養成校協会編『精神保健福祉士養成講座3　改訂精神科リハビリテーション学』中央法規出版、2007年、53頁
　前掲書69、131頁
(90)　岩崎晋也「『自立』支援——社会福祉に求められていること」『社会福祉学』48(3)、2007年、123頁
(91)　前掲書16（社団法人日本精神保健福祉士協会編）、112頁
(92)　戸島大樹・田中直樹・永津典寿他「東京都精神障害者共同作業所連絡会緊急アンケート報告——障害者自立支援法施行による東京の“作業所”の今までとこれからの方向性」『病院・地域精神医学』50(2)、2008年、147頁
(93)　鈴木武幸「『障害者自立支援』と社会福祉実践をめぐって」『東海女子大学紀要』24、2005年
(94)　太田義弘『ソーシャル・ワーク実践とエコシステム』誠信書房、1999年、34-36頁
(95)　前掲書88、9頁
(96)　同書、9頁
(97)　太田義弘「ジェネラル・ソーシャルワークへの再論」『龍谷大学社会学部紀要』17、2000年、13頁
(98)　前掲論文33、67頁
(99)　前掲論文97、13頁
(100)　柏木昭・簱野脩一編『医療と福祉のインテグレーション』へるす出版、1997年、38-40頁
(101)　社会福祉援助は、社会制度や施策を補完するものと理解されてきた（岡村重夫『社会福祉原論』全国社会福祉協議会、1988年、131頁）。
(102)　長谷川恵子「精神障害者の就労支援の現状」『高崎健康福祉大学総合福祉研究所紀要』3(1)、2006年
(103)　立石宏昭「精神障害者の就労支援に求められる精神保健福祉士の専門職性」『日本福祉図書文献学会研究紀要』6、2007年
(104)　太田義弘は、理論と実証を統合させていくための社会学理論に示唆を得て、ソーシャルワークにおける理論と実践のかけ橋となる概念を「中範囲概念」とした（前掲書94、243-246頁）。
(105)　日本テレビ「世界一受けたい授業」2009年1月31日放送分
(106)　朝日放送「たけしの健康エンターテインメント！　みんなの家庭の医学」2010年5月25日放送分
(107)　仲村優一『ケースワークの原理と技術〔改定版〕』全国社会福祉協議会、1978年、71頁
(108)　大谷京子「精神科ソーシャルワーカーの実践を支える要素——ベテランＰＳＷのインタビュー調査より」『精神保健福祉』38(4)、2007年
　大場俊孝「精神障害のある方の就労実践について——企業における実践現場から」『日本精神科病院協会雑誌』27(6)、2008年
(109)　ＮＰＯストローク会「人に仕事を合わせていく努力を」『ストロークグループニュース』33、2007年
(110)　自然な交流によって、施設の精神障害者と近隣住民が良好な関係を生みだしていることが報告されている（中村佐織「施設と地域の関わりの現状(2)　精神障害者の生活を抱え込んだ職親たちの存在」大島巌編『新しいコミュニティづくりと精神障害者施設——「施設摩擦」への挑戦』星和書店、1992年、30-32頁）。

Ⅱ　精神障害者の就労支援における問題の明確化

1．就労支援施策

（1）国の就労支援施策

障害者自立支援法は2012年（平成24年）度に廃止となり、2013年４月から新制度である「障害者の日常生活及び社会生活を総合的に支援するための法律（障害者総合支援法）」が施行されている。当面の措置として、2010年（平成22年）度からは、低所得者の利用料を無料とする軽減措置が導入されてきたが、これ以外については、これまで支援対象ではなかった発達障害、難病、高次脳機能障害などへの拡大、利用料の応能負担の導入もなされている。

障害者総合支援法においても、就労支援の強化を主要な柱として、授産施設を中心とした施設等を図Ⅱ－１のような就労移行支援、就労継続支援の事業体系としている。就労移行支援事業は、事業所や企業内での作業や実習、適性に合った職場探し、就労後の職場定着支援等を行うものであり、就労継続支援事業の雇用型は、雇用にもとづく就労の機会の提供や一般就労に向けた支援を行い、非雇用型は、就労や生産活動の機会の提供や一般就労等への移行に向けた支援を行うものである[(1)]。そして、非雇用型、雇用型、一般就労へと就労形態は福祉から雇用に向かい、賃金は向上していくという図である。また、その支援内容は、就労に向けた相談、準備・訓練、就職活動、雇用前・定着支援、事業主支援、離職・転職時の支援、再チャレンジへの支援、

図Ⅱ−1　就労支援と事業

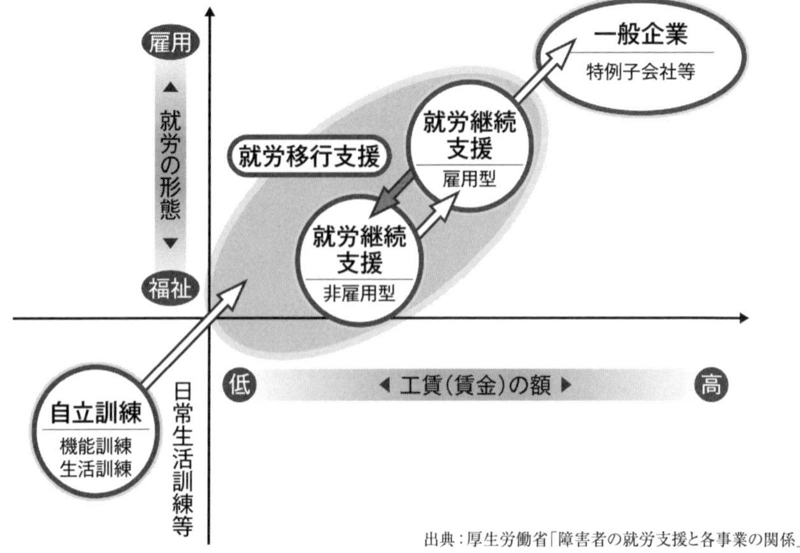
雇用
就労の形態
福祉
一般企業
特例子会社等
就労継続支援
雇用型
就労移行支援
就労継続支援
非雇用型
自立訓練
機能訓練
生活訓練
日常生活訓練等
低
工賃（賃金）の額
高

出典：厚生労働省「障害者の就労支援と各事業の関係」

在宅就業となっている。

また、精神障害者に特化した施策としては、精神障害者総合雇用支援として、精神障害者の職場復帰（リワーク）支援、精神障害者ステップアップ雇用、精神障害者ジョブガイダンス事業がある。2008年（平成20年）度に創設された精神障害者ステップアップ雇用は、短時間の就労から始め、精神障害者の適応状況に応じて就労時間を延長していくものであり、トライアル雇用と同様に、期間中は雇用契約が結ばれる[(2)]。また、精神障害者ジョブガイダンス事業は、就労意欲は高いが就職への準備が十分に整っていない人に対し、ハローワークが医療機関等と連携し、就職活動に関する知識などを習得できるように支援するものである[(3)]。さらに、精神障害者社会適応訓練事業（職親制度）は、精神保健福祉法にもとづくもので、協力事業所（職親）に一定期間通いながら、実際の業務を通じて集中力、持久力、対人関係能力などを向上させ、訓練の終了後に引き続き雇用されることをめざす事業であるが[(4)]、全国的には縮小傾向にある[(5)]。これらを整理したものが表Ⅱ−1である。

表II−1　就労支援メニューと支援機関

支援項目	支援メニュー	相談窓口・支援機関
❶就職に向けての相談	●就労に関する相談 ●職業相談・職業紹介 ●相談支援事業	●障害者就業・生活支援センター ●ハローワーク ●相談支援事業者
❷就労に向けての準備、訓練	●職業準備支援 ●就労移行支援事業 ●公共職業訓練 ●多様な委託訓練 ●職場適応訓練 ●グループ就労訓練に対する助成	●地域障害者職業センター ●就労移行支援事業者 ●障害者職業能力開発校、ハローワーク ●職業能力開発校、ハローワーク ●都道府県、ハローワーク ●都道府県高齢・障害者雇用支援協会等
❸就職活動、雇用前・定着支援	●求職登録、職業紹介 ●障害者試行雇用(トライアル)事業 ●職場適応援助者(ジョブコーチ)支援事業 ●就業面・生活面の一体的支援 ●継続雇用支援	●ハローワーク ●ハローワーク ●地域障害者職業センター、社会福祉法人等 ●障害者就業・生活支援センター ●ハローワーク
❹離職・転職時の支援、再チャレンジへの支援	●職業相談、職業紹介雇用保険の給付 ●就労継続支援事業(A型) ●❶❷のメニュー ●就労継続支援事業(B型)	●ハローワーク ●就労継続支援事業A型事業者 ●就労継続支援事業B型事業者
❺事業主支援	●求人受理、職業紹介 ●障害者試行雇用(トライアル)事業 ●雇用管理等に関する専門的な相談・助言 ●特定求職者雇用開発助成金 ●障害者雇用納付金制度に基づく各種助成金 ●障害者雇用に係る税制上の優遇措置	●ハローワーク ●ハローワーク ●地域障害者職業センター ●都道府県労働局、ハローワーク ●都道府県高齢・障害者雇用支援協会等 ●税務署等
❻在宅就業の支援	●在宅就業支援団体による援助 ●在宅就業障害者特例調整金・特例報奨金の支給	●在宅就業支援団体 ●都道府県高齢・障害者雇用支援協会等

支援項目	精神障害者に特化した支援メニュー	相談窓口・支援機関
就職活動、雇用前・定着支援	●精神障害者の職場復帰(リワーク)支援 ●精神障害者ステップアップ雇用	●地域障害者職業センター ●ハローワーク
事業主支援	●精神障害者ステップアップ雇用	●ハローワーク
就労準備性の向上支援	●精神障害者ジョブガイダンス事業 ●精神障害者社会適応訓練事業(職親制度)	●ハローワーク ●保健所

厚生労働省「就労支援のためのメニュー一覧」2006年、福祉臨床シリーズ編集委員会編『社会福祉士シリーズ　就労支援サービス』弘文堂、2008年、89−92頁、独立行政法人高齢・障害者雇用支援機構『事業主と障害者のための雇用ガイド――障害者の雇用支援のために(平成20年度版)』2008年、25−29頁をもとに作成

そして、可能な限り就労による自立・生活の向上を図るために、2007年(平成19年) 2月にとりまとめた「成長力底上げ戦略」の中の一つである「就労支援戦略」として、「『福祉から雇用へ』推進5か年計画」が策定されている[(6)]。この計画では、障害者就業・生活支援センターの全障害保健福祉圏域への設置、各省庁・各自治体における「チャレンジ雇用[(7)]」の推進・拡大、全都道府県における「工賃倍増5か年計画」による福祉的就労の賃金底上げの推進等、ハローワークを中心とした「チーム支援」の体制・機能強化、障害者雇用促進法制の整備、関係者の意識改革をあげている。そしてこの計画は、都道府県の「工賃倍増5か年計画」における2011年 (平成23年) 度の就労継続支援B型事業所、授産施設の目標工賃、事業所支援の具体的方策を盛り込み、PDCAサイクル[(8)]による工賃引き上げ計画の推進を行うとされている[(9)]。

さらに、2009年 (平成21年) 度からは、特例子会社などに委託して精神障害者の雇用・定着のノウハウを構築することで、精神障害者の雇用促進に取り組む意欲はあるが、経験やノウハウの十分でない企業にノウハウを普及するための「精神障害者雇用促進モデル事業」が実施されている[(10)]。

(2) 地方自治体の就労支援施策

①都道府県

都道府県では、障害者基本法にもとづき施策に関する基本計画である障害者計画を、そして、障害者自立支援法にもとづくサービス量の数値目標や数値目標達成のための方策等を定めた都道府県、市町村障害福祉計画を策定することとなっている。また、障害者自立支援法では、地域の実情にあわせて市町村や都道府県が柔軟に事業を実施する地域生活支援事業を規定している[(11)]。この都道府県地域生活支援事業として必須の事業は、障害者就業・生活支援センター事業や発達障害者支援センター運営事業などの専門性の高い相談支援事業と都道府県相談支援体制整備事業などの広域的な支援事業である。また、任意の事業として、サービス管理責任者研究事業などのサービス・相談支援者、指導者育成事業、その他の事業がある[(12)]。

自治体の施策の一例として、和歌山県と和歌山市をとりあげてみる。和歌山県では、和歌山県障害者計画とその数値目標と目標達成のための方策を定めた和歌山県障害福祉計画を一体化し、「紀の国障害者プラン2004改定」が策定されている。また、「工賃倍増５か年計画」を含み、和歌山県障害福祉計画における就労支援に関する方策の具体的な行動計画として、「障害者就労支援５か年計画」が策定されている(図Ⅱ－２)。本計画では、経済的自立を促進するために原則としては一般就労を目指すが、一般就労が困難な障害者については必要な収入を得るための支援が必要であるとして、一般就労促進支援、福祉施設における工賃水準向上支援、これらに共通する支援施策を加えた３本の柱を設定している。そして、福祉施設の工賃向上については、2006年(平成18年)度における社会福祉施設の月額平均工賃が12,045円であったのに対し、2011年(平成23年)度には25,000円以上にすることを目標としている。[13]

図Ⅱ−2　障害者就労支援5か年計画

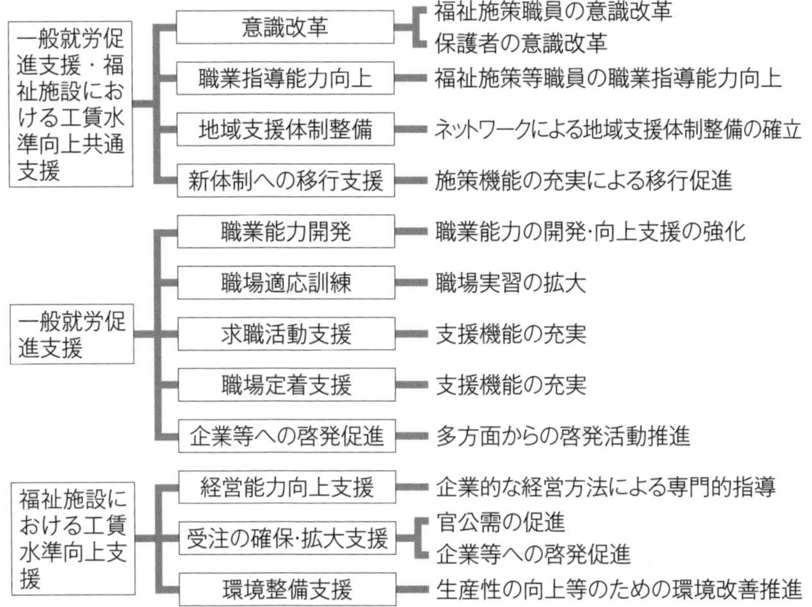
一般就労促進支援・福祉施設における工賃水準向上共通支援
意識改革
福祉施策職員の意識改革
保護者の意識改革
職業指導能力向上
福祉施策等職員の職業指導能力向上
地域支援体制整備
ネットワークによる地域支援体制整備の確立
新体制への移行支援
施策機能の充実による移行促進
一般就労促進支援
職業能力開発
職業能力の開発･向上支援の強化
職場適応訓練
職場実習の拡大
求職活動支援
支援機能の充実
職場定着支援
支援機能の充実
企業等への啓発促進
多方面からの啓発活動推進
福祉施設における工賃水準向上支援
経営能力向上支援
企業的な経営方法による専門的指導
受注の確保･拡大支援
官公需の促進
企業等への啓発促進
環境整備支援
生産性の向上等のための環境改善推進

出典：和歌山県「障害者就労支援5か年計画」2008年

②市町村

市町村では、障害者基本法にもとづく障害者計画と障害者自立支援法にもとづく障害福祉計画が策定されている。また、障害者自立支援法において、相談支援事業、コミュニケーション支援事業、日常生活用具給付事業、移動支援事業、地域活動支援センター機能強化事業は、必須の市町村地域生活支援事業とされている[(14)]。しかし、任意の地域生活支援事業は市町村裁量とされているため、実施している市町村は少ない[(15)]。

和歌山市では、和歌山市障害者計画と和歌山市障害福祉計画を一体化した図Ⅱ－3のような「和歌山市障害者計画及び和歌山市障害福祉計画[(16)]」が策定されている。そして、障害者の雇用・就労については、社会経済活動への「完全参加と平等」に向けた課題として、障害のある人の雇用に関する啓発の推進、精神障害のある人、発達障害のある人等の雇用の推進、就労支援に向けたネットワークの構築、就労に関するサービスの充実、工賃アップに向けた取り組みの促進などの支援をあげている（図のアミかけ部分）。

図Ⅱ－3　障害者計画及び障害福祉計画

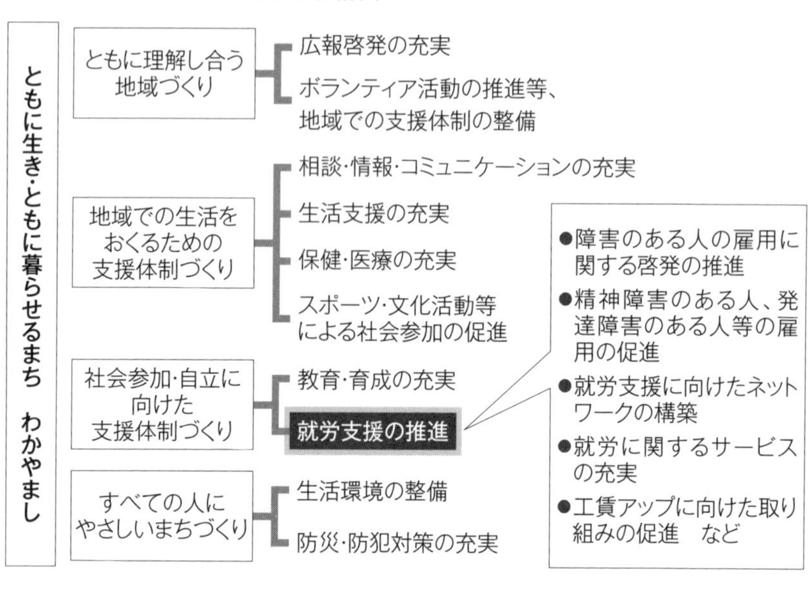
ともに生き・ともに暮らせるまち　わかやまし
ともに理解し合う地域づくり
広報啓発の充実
ボランティア活動の推進等、地域での支援体制の整備
地域での生活をおくるための支援体制づくり
相談・情報・コミュニケーションの充実
生活支援の充実
保健・医療の充実
スポーツ・文化活動等による社会参加の促進
社会参加・自立に向けた支援体制づくり
教育・育成の充実
就労支援の推進
すべての人にやさしいまちづくり
生活環境の整備
防災・防犯対策の充実
●障害のある人の雇用に関する啓発の推進
●精神障害のある人、発達障害のある人等の雇用の促進
●就労支援に向けたネットワークの構築
●就労に関するサービスの充実
●工賃アップに向けた取り組みの促進　など

出典：和歌山市障害者計画及び和歌山市障害福祉計画、平成21年3月

国が雇用施策全体の企画立案を行い、都道府県が連絡調整にあたり、市町村が地域と直結した具体的な就労支援サービスを担当する[17]という役割について、川村宣輝は、表Ⅱ－2のように整理している。

表Ⅱ－2　就労支援施策における国と地方の役割分担

	役　割
国	●基本的な施策·制度の企画立案、全国的な計画の策定 ●全国的に確保されるべき最低水準の設定 ●都道府県、市町村に対する支援、助言、指導 ●高度なサービスの提供、研究の推進
都道府県	●市町村の区域を超える広域的、モデル的な事業の実施 ●市町村間の連絡調整、市町村に対する支援、助言、指導 ●人材育成、専門研修などの専門性の高い事業の実施 ●都道府県独自の事業の実施
市町村	●市町村全域を対象とした総合的な施策の企画·調整 ●地域住民に密着した基本的なサービスの提供

出典：福祉臨床シリーズ編集委員会編『就労支援サービス』弘文堂、2008年、96頁

（3）就労支援機関とサービス内容

就職に向けた支援を行う機関としては、まず、求職登録、職業相談・指導を行うハローワークがある。ハローワークでは、精神障害者の障害特性を十分理解しながら求職活動や職場定着支援を行うために、2008年（平成20年）度から精神障害者就職サポーターが配置されている[18]。

次に、障害者職業センターであるが、これは、職業リハビリテーションの専門機関とされており、中でも地域障害者職業センターは、地域に密着した職業リハビリテーションを実施する施設として全国の主要都市に設置されている。ここでは、障害者職業カウンセラーを配置し、求職登録や障害の種類・程度に応じた職業相談や紹介のほか、職業準備支援として職業能力評価、職業リハビリテーション計画の策定や職場定着指導を行っている。そして訓練については、基本的な労働習慣の習得、作業遂行力の向上、コミュニケーション能力・対人対応力の向上を目的とした「職業準備講習カリキュラム」

(主に知的障害者を対象）や「精神障害者自立支援カリキュラム」(精神障害者を対象）にもとづき行われている。また、障害者職業能力開発校、障害者職業訓練校では、訓練指導員により電子機器、ＯＡ事務、園芸等の職業技術訓練や能力開発が行われている。

さらに、障害者雇用支援センターでは、就労自立に継続的支援を必要とする障害者に対する職業訓練を中心に、職場見学、職場実習、職場開拓、職場定着支援、事業主の相談や情報提供など就職・職場定着に至るまでの相談が一貫して行われ、また、障害者就業・生活支援センターでは、雇用・保健福祉・教育等の関係機関の連携拠点として、就業面と生活面の一体的な相談に応じている。これらの機関では、指導員、ソーシャルワーカー、就労支援コーディネーター等が配置されている。

一方、授産施設や福祉工場は、障害者自立支援法により2012年（平成24年）までに就労移行支援事業と就労継続支援事業に移行している。就労移行支援事業は、一般就労を希望し一定期間に知識・能力の向上があり、企業等のマッチングにより、雇用または在宅就労等が見込まれる者に対し、「就労に必要な知識及び能力の向上のために必要な訓練その他の厚生労働省令で定める便宜を供与する[(19)]」事業である。これを行う事業所では、サービス管理責任者、職業指導員、生活支援員、就労支援員を配置し、個別支援計画の作成、生産活動等の実施、相談支援、職場開拓、職場定着支援等を行い、その支援は２年間である。就労継続支援事業にはＡ型とＢ型があり、Ａ型は、就労移行事業を利用したが企業等の雇用に結びつかなかった者や企業等を離職した者で、就労の機会を通じ就労に必要な知識や能力の向上を図ることにより雇用が見込まれる者を対象としている。また、Ｂ型は、就労移行支援事業を利用したが企業等または就労継続支援事業（Ａ型）の雇用に結びつかなかった者や年齢や体力の面で雇用されることが困難となった者等で、就労の機会を通じ就労に必要な知識および能力の向上・維持が期待される者を対象としている。サービス内容はＡ型とほとんど同じであるが、Ａ型は雇用であるため労働基準法が適用されるのに対し、Ｂ型は非雇用のため適用されないという違いがある。これらの事業では、個別支援計画の作成、生産活動の実施、職場規律の指導、相談支援等が行われている。表Ⅱ－３は、これらの機関・事業と主なサービス内容を整理したものである。

表Ⅱ−3　主な就労支援機関･事業とサービス内容

機関･事業	主なサービス内容
ハローワーク	●職業相談 ●職業指導 ●職業紹介 ●職業リハビリテーションサービスの斡旋
障害者職業センター	●職業カウンセリング ●職業評価 ●職業訓練 ●職域開発 ●職業講習 ●職場適応指導
障害者職業能力開発校	●職業技術訓練 ●職場適応訓練 ●自立生活訓練 ●能力開発
障害者雇用支援センター 障害者就業･生活支援センター 障害者就労支援センター等	●職業訓練 ●職場見学／実習 ●職場開拓 ●職場定着支援 ●事業主への情報提供 ●施設から職場への移行支援
就労移行支援事業 就労継続支援事業	●職業相談 ●職業評価 ●支援計画の作成 ●職業訓練 ●職業紹介 ●職場開拓 ●職場定着支援

松為信雄･菊池恵美子編『職業リハビリテーション学』協同医書出版社、2006年、127頁。独立行政法人高齢･障害者雇用支援機構『事業主と障害者のための雇用ガイド――障害者の雇用支援のために（平成20年度版）』2008年。日本精神保健福祉士養成協会編『精神保健福祉士養成講座　精神科リハビリテーション学』中央法規出版、2007年、119頁を参考に作成

2. 就労支援方法

（1）就労支援と職業リハビリテーション

次に、就労支援と就労支援方法の関係を概観する。1955年（昭和30年）の国際労働機関（ＩＬＯ）が採択した「障害者の職業リハビリテーションに関する勧告（第99号勧告）」において、職業リハビリテーションは、「障害者が適切な職業に就きそれを維持することができるようにするために計画された職業的なサービス（例えば、職業指導、職業訓練及び選択方式による職業紹介）の提供を含む、継続的で調整されたリハビリテーションプロセスの一部[20]」であると定義されていた。その後、国際障害者年（1981年〈昭和56年〉）のテーマを「完全参加と平等」としたことから、1983年（昭和58年）には、第99号勧告を補足するものとして、「職業リハビリテーションおよび雇用（障害者）に関する条約（第159号勧告）」及び「職業リハビリテーションおよび雇用（障害者）に関する勧告（第168号勧告）」が採択された。そして、第168号勧告では、職業リハビリテーションの目的を「障害者が適切な職業に就き、それを維持し、その職業において向上することを可能にし、それにより障害者の社会への統合または再統合を促進することにあるとみなす[21]」とし、これが、職業リハビリテーションの国際基準とされた。しかし、表題に「雇用」が加えられたことで、わが国では「身体障害者雇用促進法」が「障害者の雇用の促進等に関する法律」（以下、障害者雇用促進法）に改正（1987年〈昭和62年〉）され、職業リハビリテーションは「障害者に対して職業生活における自立を図る」ものと規定された。このため、1990年代以降、就労支援の内容は、福祉領域よりも職業リハビリテーション領域において積極的に紹介されるようになった[22]。そして、一般労働市場に誘導し[23]「雇用」を目標とした職業リハビリテーション[24]を実施してきた結果、職業リハビリテーションは、雇用就労が可能な人を特定し、雇用を進めることと同じような意味になったとされる[25]。

一方、福祉的就労のための施設である授産施設は、本来、雇用に移行するための通過施設とされていたが[26]、実態は福祉的就労の継続の場[27]や生活支援施設など多様で柔軟な機能を担ってきており[(28)]、大きな目的は「活動の場」を提供することであった[(29)]。特に、1987年（昭和62年）に制度化された精神障害者授産施設は、他の障害者授産施設とは異なり、「社会復帰」以前の状態にある利用者という発想があったとされ[(30)]、職業リハビリテーションは、授産施設や作業所等での福祉的就労の後に行われていた[(31)]。

厚生省では福祉的就労支援、生活支援、そして、労働省では事業所での雇用支援を目的として[(32)]それぞれが固有な社会制度を整備してきたが[(33)]、2001年（平成13年）の統合により厚生労働省が発足したことで、「障害者雇用施策と福祉施策の連携」が示された。そして、「障害者の福祉（生活支援）と雇用（就労支援）を統合し、雇用と福祉的就労の隙間を埋める策や安定した所得保障のあり方が検討されるべき[(34)]」とされた。これにともない、2002年（平成14年）の障害者雇用促進法改正では、障害者就業・生活支援センターが制度化され[(35)]、さらに、障害者自立支援法の制定によって「厚生省と労働省が合体した実質的な成果である『就業』が社会福祉の主要な領域の一つ[(36)]」になった。このような結果、「実践の場面を切り取ってみれば、『就労支援』も『職業リハビリテーション』も同じである[(37)]」と小川浩が述べるように、現在では、職業リハビリテーションがその支援方法として適切であるとされている[(38)]。

このような就労支援と職業リハビリテーションの関係を整理したものが図Ⅱ－4である。横軸には、施策としての労働と事務的、専従的活動を含む制度としての社会福祉、そして実践活動としてのソーシャルワークを配置し、縦軸は時間軸とした。Aは旧厚生省・旧労働省時代の施策である。厚生省では福祉的就労支援、生活支援を対象とし、労働省では事業所での雇用支援を対象としていた。また、障害者の就労は、労働分野における雇用を指すことがほとんどであり、その支援方法の中心は職業リハビリテーションであった。一方、作業所などでは、職業リハビリテーションの対象とはされていなかった福祉的就労としての就労支援が行われていた。Bは生活支援と雇用の連携が必要とされた厚生労働省への統合時代以降である。そして、Cは一般就労に焦点があてられるようになった障害者自立支援法施行後の現在の状況である。

図Ⅱ－4　就労支援と職業リハビリテーション

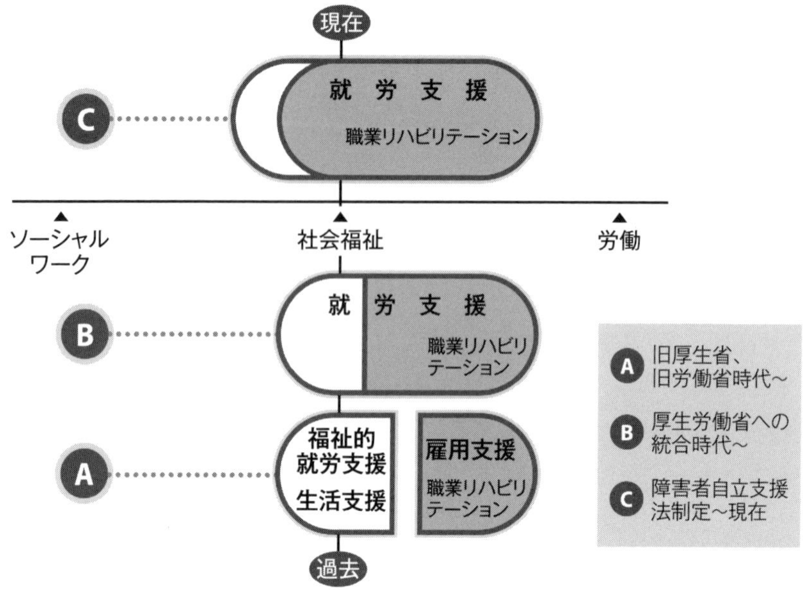
現在
C
就　労　支　援
職業リハビリテーション
ソーシャル
ワーク
社会福祉
労働
B
就　労　支　援
職業リハビリ
テーション
A
福祉的
就労支援
生活支援
雇用支援
職業リハビリ
テーション
過去
A 旧厚生省、
旧労働省時代～
B 厚生労働省への
統合時代～
C 障害者自立支援
法制定～現在

（2）職業リハビリテーションの概念と流れ

職業リハビリテーションの概念は、松為信雄によって図Ⅱ－5のように表されている。個人のニーズは集団での役割を果たすことで満足や充足が得られる。これらの満足と充足をもたらす対処行動を通して適応の向上に向かうのであり、その生涯にわたって継続する過程の全体がキャリア発達であるとしている。そして、キャリア発達を通してＱＯＬが向上する[(39)]。そのために機能面の発達と資源の開発からの支援と介入によって、個人と職場のニーズに応える対処行動にもとづき集団や地域社会への適応[(40)]を支援する活動が、職業リハビリテーションであるとしている[(41)]。

また、職業リハビリテーションの流れは、インテーク→アセスメント→プランニング→インターベンション→モニタリング（フォローアップ）→ターミネーションであり[(42)]、基本的にはケアマネジメントと同様であるとされる[(43)]。

図II－5　職業リハビリテーションの概念図

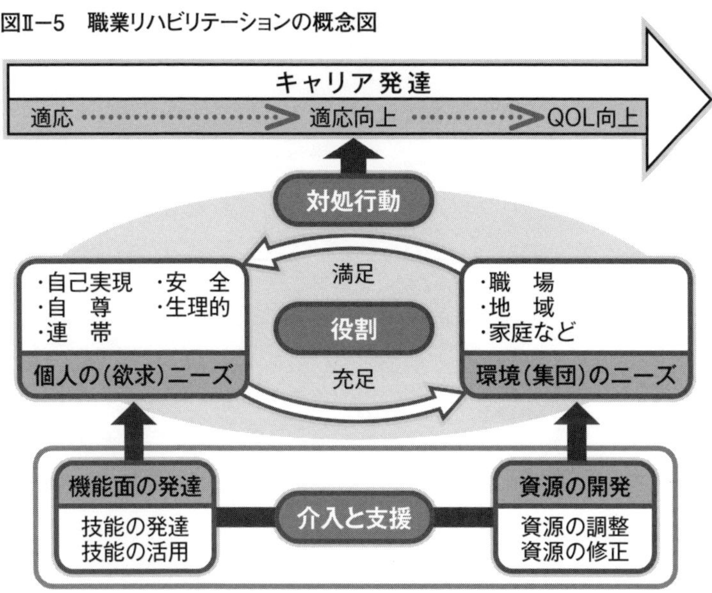
キャリア発達
適応
適応向上
QOL向上
対処行動
満足
役割
充足
・自己実現　・安　全
・自　尊　　・生理的
・連　帯
個人の（欲求）ニーズ
・職　場
・地　域
・家庭など
環境（集団）のニーズ
機能面の発達
技能の発達
技能の活用
介入と支援
資源の開発
資源の調整
資源の修正

出典：松為信雄・朝日雅也他「あらためて職業リハビリテーションの概念を問う」『職業リハビリテーション』22(1)、2008年

この流れに表II－3のサービス内容を加え、利用者に対する直接的な支援内容を上側に、間接的なものを下側にして整理したものが図II－6である。

図II－6　職業リハビリテーションの流れ

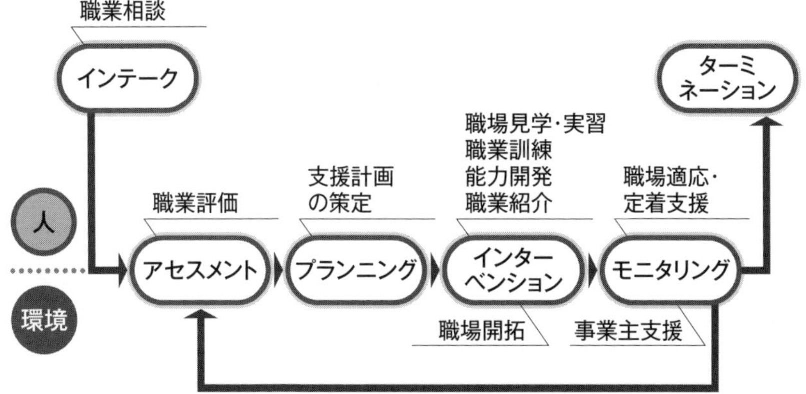
職業相談
インテーク
ターミネーション
人
環境
職業評価
アセスメント
支援計画の策定
プランニング
職場見学・実習
職業訓練
能力開発
職業紹介
インターベンション
職場適応・定着支援
モニタリング
職場開拓
事業主支援

（3）職業リハビリテーションの内容

職業リハビリテーションの主な内容は、職業評価、職業リハビリテーション計画の策定、職業（準備）訓練、職場開拓、職場定着支援とされている。しかし、職場開拓と職場定着支援に関しては、継続的、組織的な支援による成果は十分でないとされる[(44)]。このため、職業評価と職業（準備）訓練について見ていくことにする。

①職業評価

現在、職業評価の目的は、「各種の方法をとおして障害者の職業的諸能力を把握することであり、現在及び将来にわたる職業的可能性を予測し、それにもとづいて具体的な職業的ゴール達成に向け、どのようなプロセスをふんでいくことが適切かを障害者と一緒に検討し、職業リハビリテーション計画をつくること[(45)]」であり、職業評価は、図Ⅱ－7のように個人と周囲の状況、能力、パーソナリティから構成される。

また、職業評価の方法としては、「心理検査」と「行動観察」に基礎を置き[(46)]、直接行動観察、面接、チェックリスト等によって行われている。1981年

図Ⅱ－7　職業評価の構成

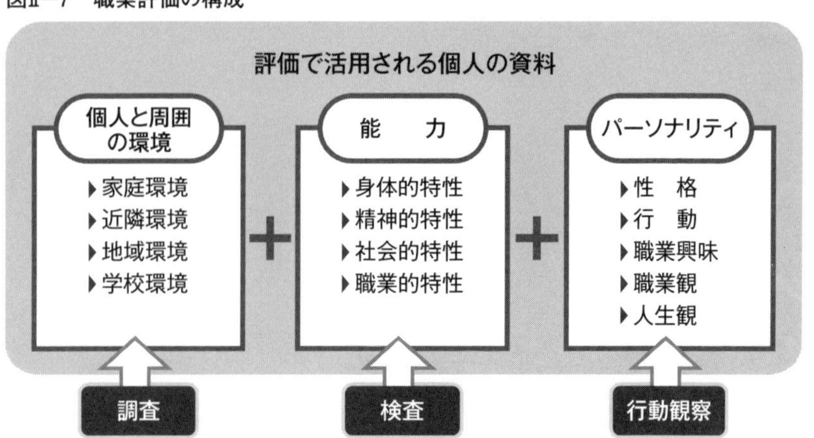
評価で活用される個人の資料
個人と周囲の環境
家庭環境
近隣環境
地域環境
学校環境
能　力
身体的特性
精神的特性
社会的特性
職業的特性
パーソナリティ
性　格
行　動
職業興味
職業観
人生観
調査
検査
行動観察

出典：福祉臨床シリーズ編集委員会編『就労支援サービス』弘文堂、2008年、12頁

（昭和56年）の国際障害者年以降、国際障害者分類の広まりにつれ、さまざまな評価尺度や基準が整備されてきた[47]（表II－4）。これは、成果の客観性等の確保や費用対効果の判断のために、得られた個人の結果に普遍性を与え、個人間の比較を可能にするためのものである[48]。

表II−4　就労条件とその要素、評価法

条件		要素	評価法、尺度
個人条件	準備条件	臨床症状の程度	BPRS SANS PANSS
		基本的社会生活能力	生活障害評価、社会適応測定尺度 社会生活技能評価尺度、LASMI （精神障害者社会生活評価尺度）
		自己管理能力	生活障害評価、社会適応測定尺度 社会生活技能評価尺度、LASMI
		ワークパーソナリティ	ワークパーソナリティ障害評価表
		体力	体力測定
	職種選択条件	作業遂行能力	マイクロタワー 一般職業適性検査（GATB） ワークサンプル法 場面設定法、職務試行法
		就業意欲	行動観察
		職業興味	職業興味検査（VPI） 職業レディネス・テスト 職業指向検査 CDT（職業的な発達検査）
	定着条件	ストレス耐性	行動観察
		満足度	QLS 生活満足度スケール 行動観察
環境条件	職場条件	職務内容	
		雇用条件	
		雇用主の姿勢	
		職場の対人環境	
	サポート体制条件	住居・所得の保障	
		家族関係	
		自助グループ	
		雇用促進対策	

野中猛・松為信雄編『精神障害者のための就労支援ガイドブック』金剛出版、2005年、51－57、137頁。日本精神保健福祉士養成協会編『精神保健福祉士養成講座　精神科リハビリテーション学』中央法規出版、2007年、102－107頁。松為信雄・菊池恵美子編『職業リハビリテーション学』協同医書出版社、2006年、158頁をもとに作成

この中で、障害者労働医療研究会精神障害者部会によって1993年（平成５年）に開発されたLASMI（Life Assessment Scale for the Mentally Ill ＝精神障害者社会生活評価尺度）は、精神障害者の「生活障害」の状況を包括的にとらえることを目的として開発された尺度である。これは、医学的な行動評価尺度にはない５領域（「持続性・安定性」「自己認識」「日常生活」「対人関係」「労働または課題の遂行」）についての観察結果をまとめるようになっている[(49)]。また、障害者職業総合センターによって開発された「職場適応促進のためのトータルパッケージ」は、「評価・指導用ワークサンプル」を中核にしたシステムであり、「訓練を通じての効果を実際的に確かめ、その結果を本人とともに検証する中で、自己認知を進めさせ、次の段階をともに考え、進めていくことを狙いとするものである[(50)]」とされている。

②職業（準備）訓練

職業リハビリテーションにおいて、職業訓練あるいは職業能力開発が重要な一環を占めるとされる[(51)]。一般就労をするためには職業（準備）訓練を積む必要があるという仮説的な従来の議論から、多くの施設は全段階のトレーニングに力を入れ、訓練してから就職するという段階的アプローチがとられてきたのである[(52)]。

松為は、精神障害者の職業能力の階層を「職業的な能力は、地域生活に不可欠であるとともに、働くためにも必要となる基礎的な能力を土台として、その上に、ある特定の職務を行うための能力を設けた、階層的な構造として捉えることが便利であることが指摘されています。特に、社会生活や職業生活のための基礎的な能力層があること、しかも、それが就業の可能性やその後の職場適応の成果に大きな影響をおよぼすことは（中略）指摘されています[(53)]」と述べている。そして、国立職業リハビリテーションセンターが2006年（平成18年）に示した精神障害者の職業能力では、日常生活・社会生活能力に疾病・障害管理も含め、これを基盤に職業準備性・職業準備行動を、その上に職業・職務の適合性を位置づけている。ＩＬＯ第168号勧告における職業リハビリテーションの範囲[54]から精神障害者の訓練は広く理解されており、このような職業能力の階層に技能訓練、職業準備訓練、生活訓練を対応させている。そして、技能訓練では職業・職務の適合性を高めるための知識と技術の習得を目的とし、職業準備訓練では仕事の正確さや能率をあげること、不良品を出さないことが主な内容とされている[55]。また、職業準備訓練、生活訓練は、職業準備性・職業準備行動や日常生活・社会生活能力に働きかけるための適応支援と位置づけている[56]（図Ⅱ－8）。

図Ⅱ－8　精神障害者の職業能力の階層性と訓練

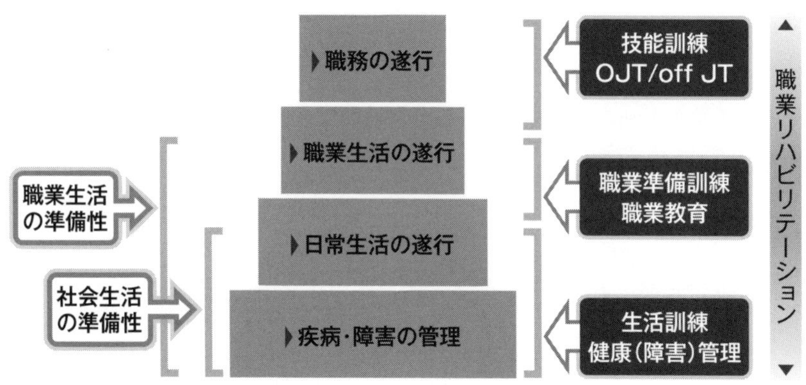

職務の遂行
職業生活の遂行
日常生活の遂行
疾病・障害の管理
職業生活の準備性
社会生活の準備性
技能訓練
OJT/off JT
職業準備訓練
職業教育
生活訓練
健康（障害）管理
職業リハビリテーション

障害者職業総合センター『調査研究報告書　No.70』2006年、117頁。松為信雄・菊池恵美子編『職業リハビリテーション学』協同医書出版社、2006年、42頁をもとに作成

3．問題の明確化

（1）ボトムアップ的発想の必要性

ここまで就労支援に対する現状を概観してきたが、その施策と方法における問題点を指摘したい。まず、施策についてである。

和歌山市では和歌山市障害者計画等を策定するにあたり、利用者にアンケート調査を行っている。これによると、「仕事ができる健康状態ではない」ため仕事をしていない精神障害者が61.0%である。また、日中の過ごし方として32.2%が「特に何もしていない」と答えているにもかかわらず、44.8%が障害福祉サービスを利用していない。さらに、そのうちの23.3%は、今後もサービスを利用するつもりはないと答えている。これは、精神障害者のニーズに合ったサービスが行われていないことを意味していると考えられる。

また、障害者就労支援5か年計画の策定にあたっても施設職員や利用者、家族に対してアンケート調査を行っている。これによると、職員としては、官公庁の仕事をまわしてほしいなどの工賃アップへの要望がある一方で、無理な労働や精神的なプレッシャーへの心配があるという意見も多い。また、利用者や家族の意見として、利用者の作業負担が増すことへの心配や高工賃をもらうことが自立とは思えないという意見もある。この調査から、施設職員は、利用者の一般就労への移行や工賃アップのための業務を遂行しようとするのに対し、利用者や家族の中には一般就労への移行に消極的な人もいることがわかる。つまり、一般就労や工賃向上によって経済的自立を目的とした就労支援政策がトップダウン的に流れ、利用者にサービスが提供されている。そして、一般就労に結びついた人数によってサービス事業者への報酬が変わることもあるため[(57)]、職員はこれに従いサービスを提供しようとする。しかし、利用者の就労ニーズは経済的自立のみではないため、サービス内容と利用者のニーズの不一致が起きているのである。本来、アンケートは、このようなニーズを把握し施策を改善していくために行われるはずであるにもかかわらず、策定された自治体の計画にニーズは反映されておらず、施策をつくるためのアンケートになってしまっている。図Ⅱ－9は、このような国から自治体、自治体から実施機関、実施機関から利用者へというトップダウン

図Ⅱ−9　サービス提供の流れ

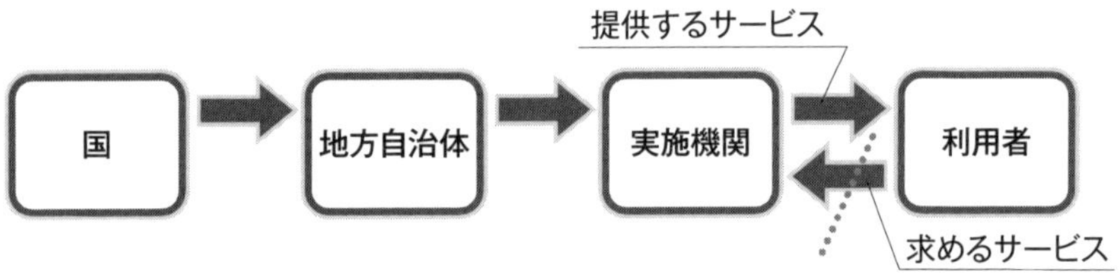
提供するサービス
国
地方自治体
実施機関
利用者
求めるサービス

的なサービス提供の流れを表したものである。

「サービスがはじめにありきで、利用者はそのサービスに合わせていた」という「ハコに利用者を合わせる支援」への反省から、最近では、「利用者のニーズを明らかにし、利用者に合わせてサービスをつくり上げていく」という「利用者にサービスを合わせる支援」への意識変革の必要性がいわれてきている[(58)]。このように、利用者のニーズに合わせたサービスの提供や、それを施策に反映していくというボトムアップの発想が必要とされている。

（2）人と環境の相互変容関係を活用した支援の必要性

次に、支援方法における職業評価と訓練についての問題点である。

①職業評価

職業評価は、「健常者のために形成されている現在の労働中心社会に、障害者達がどこで、どうすれば最もよく適合することができるかを追求し、決定づけようとするものである。この挑戦に応じて生まれた概念[(59)]」であるとされる。障害者雇用促進法において「障害者の職業能力、適性等を評価し、及び必要な職業リハビリテーションの措置を判定することをいう[(60)]」とされていた職業評価は、時代とともに専門家による判定から計画策定に必要となる情報収集へと中心的な役割を移してきている[(61)]。しかし、前述のように基準を整備し、結果への普遍性や個人間の比較を目的としているため、職業評価は、一般的に「職業能力・適性等の評価」のみを指すことが多いとされる[(62)]。これについては、図Ⅱ－7の職業評価の構成に対して、表Ⅱ－4では、環境条件に関する評価がほとんど行われていないということからもわかる。

熊谷直樹は、「障害者が持つある特性が、時に障害となったり、時には『長所』として他の特性をカバーしている場合もあります[(63)]」と述べている。そして、精神障害者の能力や特性を判断する評価ソフトを用いる中で、すべての評価がボーダーラインを上回っているにもかかわらず、地域生活ができない人がいる一方で、それぞれの項目において社会復帰の困難な状態であるにもかかわらず、地域生活ができている人がいる[64]とされることが、これを裏づけている。このようなことから、評価は、個人の能力のみならず、環境との関係性への視野が必要であると考えている。

②訓練

訓練については、身体障害者や知的障害者のモデルを拡大・応用してきたものであり[65]、実際の職場で必要とされる技能と関連が少ないことや[66]、実際の職場への環境変化によって訓練効果を発揮できなくなるという指摘がなされている[67]。また、支援者からは、利用者の自己理解や体調維持の難しさ、集団訓練の難しさが指摘され[68]、また、利用者にとっても達成感を得られない場合や訓練時間の長さに耐えられない場合が多いということも問題とされてきた[69]。

このため、2002年（平成14年）からは国立職業リハビリテーションセンターにおいて、精神障害者の障害特性に応じた訓練カリキュラムや技法による職業訓練が開始されているが[70]、まだ、その開発や蓄積は十分とはいえない[71]。

また、ＩＣＦに大きく影響を受け、障害者個人とそれを取り巻くさまざまな環境条件の双方に対して均等に焦点をあてる視点が不可欠であり、これが医学的リハビリテーションと職業リハビリテーションの違いであるとしている[72]。このような流れから、アメリカでは、訓練により職業準備性を高めてから就労するのではなく、発達障害の領域で行われた「プレイス－トレイン」(Place-Train) アプローチをもとに、実際に就労する場面での評価や職場環境、人間関係の調整に重点を置き、チーム支援を行うＩＰＳ（Individual Placement and Support ＝個別職業紹介とサポート）による支援が行われている[73]。日本においては、2003年（平成15年）から ACT-J（Assertive Community Treatment-Japan ＝包括型〈積極的〉地域生活支援プログラム）が行われている[74]。しかし、ＩＰＳによる就労支援で就労率が９％から40％に向上したという報告もある[75]一方、大きな効果は認められなかったという報告[76]やその道筋はついていないとするものもある[77]。従来通りの職業（準備）訓練、ＩＰＳ、いずれにしても訓練に焦点をあてた支援となっていることに変わりはないであろう。

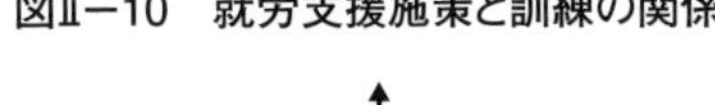
図Ⅱ−10　就労支援施策と訓練の関係

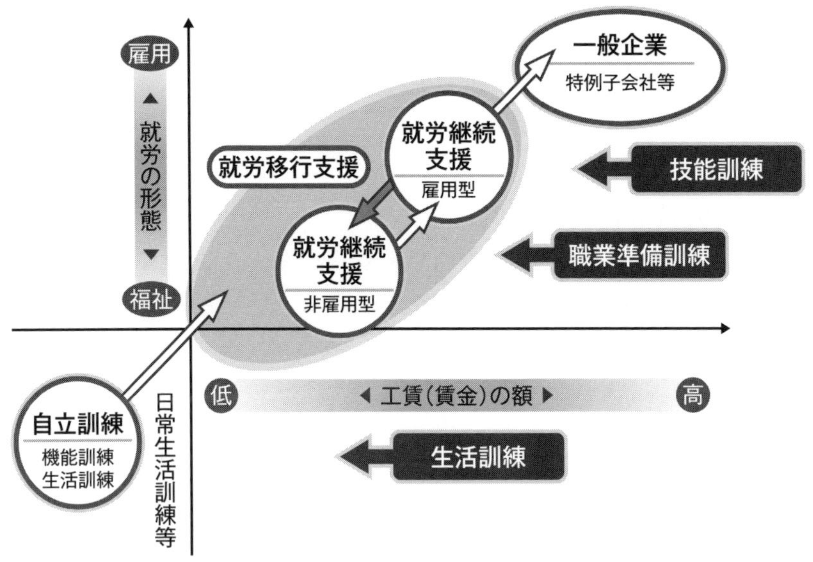
雇用
就労の形態
福祉
一般企業
特例子会社等
就労継続支援
雇用型
就労移行支援
就労継続支援
非雇用型
技能訓練
職業準備訓練
自立訓練
機能訓練
生活訓練
日常生活訓練等
低
工賃（賃金）の額
高
生活訓練

前述の図Ⅱ－１に図Ⅱ－８の訓練部分を加えたものが図Ⅱ－10であり、就労支援施策に対応して訓練による支援が一貫して行われているのがわかる。

しかし、岡上和雄によると、「精神障害者の場合、訓練で成果を得られるほど障害の改善は容易ではない[78]」し、「自信や対人関係は訓練で回復するものではなく、日常生活の習熟が働くステップになるとはいえない[79]」とされ、また、熊谷も「環境の変化により、障害自体変化する[80]」と述べている。さらに、丸山裕子は、「本人をとりまく状況が少しずつ変化することにより、その影響を受けて本人が変化し、さらに状況に影響を与える、といったダイナミックな相互作用のくりかえしと、その積み重ねによって全体状況が変化していく[81]」という円環的な作用の重要性を指摘している。適応は、「人間が物理的・社会的環境を作ったり、逆に環境によって作られたりする交互作用的なプロセス[82]」であり、環境へのかかわりを含む積極的な概念として理解をされている[83]。したがって、利用者を仕事にあてはめて順応させる[84]ために訓練を行うのではなく、人と環境の相互変容関係を引き出し、適応を支援するという視点が必要であると考えている。

（3）ソーシャルワークの必要性

多くのサービスが、制度・政策からのトップダウン的な流れであり、また、その支援方法とされる職業リハビリテーションは、訓練中心の病理モデルであるといわざるをえないであろう。

提供されるサービスは、利用者のニーズに合致したものでなければ意味がない。したがって、利用者に対する実践の成果や課題を地方自治体の施策の改善へ、さらに地方自治体は国の制度・政策の改善[85]へとフィードバックしていくという発想が必要となるのである。これを図にしたものが図Ⅱ－11である。

図Ⅱ−11　利用者支援の流れ

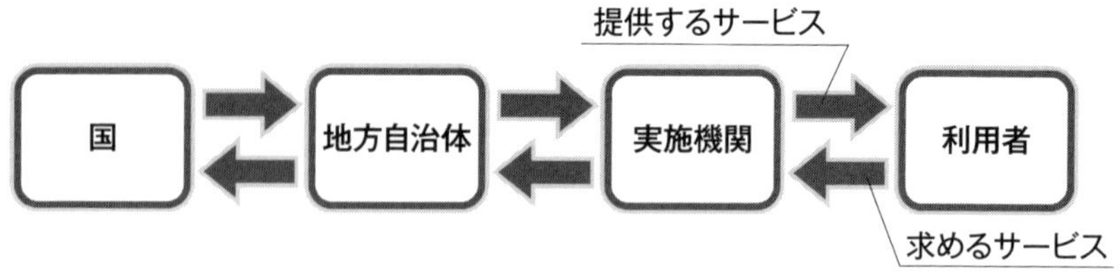
提供するサービス
国
地方自治体
実施機関
利用者
求めるサービス

これまで、職業リハビリテーションによる支援がほとんどであったのは、社会福祉の理念にもとづく実践方法が就労支援に生かされてこなかったためであると考えられる。

社会福祉の究極目標は、利用者の自己実現である。そして、自立概念は、経済的自立のみでも税金を払う障害者になること[86]でもなく、自立（律）である。特に精神障害者にとって就労は、単純に「就労すればよい」というものではなく[87]、地域生活を送るための手段であるという視点[88]での支援が必要である。ソーシャルワークは「仕事を探すことでも職業訓練をすることでもない[89]」。参加と協働によって人と環境の相互変容関係を引き出し、生活を支援する実践から制度・政策の改善をも視野に含んだ包括・統合的な実践活動なのである。そのためには、必要なサービスがない場合、サービスをもつくりだすという活動も含まれてくる。そして、その人らしい生き方を目指し[90]、利用者が生活の中で実感できるように支援するのである。したがって、職業リハビリテーションという発想のみでは就労支援として不十分であり、一般就労のための能力開発などには職業リハビリテーションによる支援、一般就労が困難な状態の利用者には生活に焦点をあてたソーシャルワークによる支援、あるいはどちらも利用するというように、利用者のニーズにあわせた支援が必要であろう。このような筆者の考える将来のあるべき姿を示したものが、図Ⅱ－12である。

図Ⅱ－12　将来の就労支援

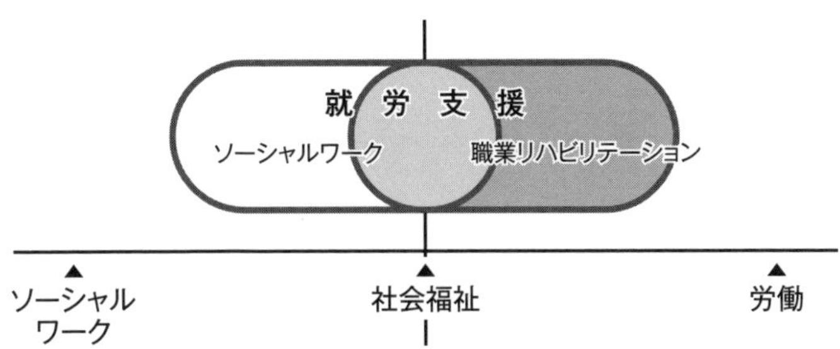
就　労　支　援
ソーシャルワーク
職業リハビリテーション
ソーシャルワーク
社会福祉
労働

また、表Ⅱ－5は、職業リハビリテーションとソーシャルワークを整理したものである。

表Ⅱ－5　職業リハビリテーションとソーシャルワークの比較

カテゴリー＼方法	職業リハビリテーション	ソーシャルワーク
目的	●経済的自立	●自己実現
姿勢	●支援策中心	●利用者中心
視点	●適応	●人と環境の相互変容関係
焦点	●能力	●社会的自律性
特性	●一方向	●ボトムアップ ●フィードバック、循環
形態	●評価、訓練	●参加と協働
領域	●一般就労	●生活（コスモス）

ソーシャルワーカーが利用者の生活に関わるべき存在[91]であるという認識は、

リハビリテーション分野からももたれている。そして、リハビリテーションは、ソーシャルワークの影響を受けて変化をとげてきたとされており[92]、職業リハビリテーションをより包括的な視点で再検討する必要性も指摘されている[93]。しかし、職業リハビリテーションは疾病・障害の管理まで含んで生活へと領域を拡大するのではなく、元来、生活支援を目指したボトムアップの発想をもった方法こそがソーシャルワークであり、利用者の自己実現に向けた就労支援方法であると考えている。そこで、人と環境の相互変容関係を活用したソーシャルワークによる精神障害者の就労支援方法を提示することを本研究の課題とした。また、本研究の枠組みを表したものが図Ⅱ－13であり、第Ⅲ章では支援ツールの開発を行い（点線で囲んだ部分）、第Ⅳ章で支援ツールを活用したアセスメントとＮＰＯ活動による実証研究を行っていきたい（太線で囲んだ部分）。

図Ⅱ－13　本研究の枠組み

相互変容関係
人
環境
参加・協働
参加・協働
SWer
利用者
NPO
社会資源
アセスメント
インターベンション

[注および引用・参考文献]

(1)　厚生労働省「障害者自立支援法における就労支援と障害福祉計画」
http://www.mhlw.go.jp/bunya/shougaihoken/shingikai01/pdf/3-1.pdf
(2)　福祉臨床シリーズ編集委員会編（桐原宏行）『社会福祉士シリーズ18　就労支援サービス――雇用支援　雇用政策』弘文堂、2008年、99頁
(3)　同書、98頁
(4)　日本精神保健福祉士養成校協会編『改訂　精神科リハビリテーション学』中央法規出版、2007年、258頁
森谷康文・杉本豊和・ゆうゆう編集部編『精神障害のある人と家族のための生活・医療・福祉制度のすべてQ＆A［第7版］』萌文社、2008年
(5)　精神保健福祉白書編集委員会編『精神保健福祉白書2009年版』中央法規出版、2008年、89頁
(6)　厚生労働省「『福祉から雇用へ』推進5か年計画のイメージ」
http://www.wam.go.jp/wamappl/bb15GS60.nsf/0/908e0958554278874925735b001bc113/$FILE/20070919_1shiryou5.pdf
(7)　チャレンジ雇用とは、1年以内の期間を単位として、各府省・各自治体において、非常勤職員として雇用し、各府省・各自治体での1～3年の業務の経験を踏まえ、ハローワーク等を通じた一般企業等への就職を実現しようとするものである（厚生労働省「障害者の自立の促進に向けた雇用・就労支援『チャレンジ雇用』の推進・拡大」）。
(8)　ＰＤＣＡサイクルとは、「Plan（計画）：従来の実績や将来の予測などをもとにして業務計画を作成する。Do（実施・実行）：計画に沿って業務を行う。Check（点検・評価）：業務の実施が計画に沿っているかどうか確認する。Act（処置・改善）：実施が計画に沿っていない部分を調べて処置する」とされている（厚生労働省「ＰＤＣＡサイクル」）。
http://www.wam.go.jp/wamappl/bb15GS60.nsf/0/908e0958554278874925735b001bc113/$FILE/20070919_1shiryou5.pdf
(9)　厚生労働省「『工賃倍増5か年計画』のイメージ」
http://www.wam.go.jp/wamappl/bb15GS60.nsf/0/908e0958554278874925735b001bc113/$FILE/20070919_1shiryou5.pdf
(10)　厚生労働省ホームページ　http://www.mhlw.go.jp/houdou/2009/05/h0501-5.html
(11)　前掲書2、78頁
(12)　同書、78頁
(13)　和歌山県「障害者就労支援5か年計画」
http://www.pref.wakayama.lg.jp/prefg/040400/shurosien/shurosien5html
(14)　前掲書2、78頁
(15)　前掲書5、35頁
(16)　和歌山市障害者計画及び和歌山市障害福祉計画、平成21年
(17)　前掲書2、96頁
(18)　前掲書5、19頁
(19)　坂本洋一『図説　よくわかる障害者自立支援法』中央法規出版、2008年、79, 86頁
(20)　日本精神保健福祉士養成校協会編『改訂　精神科リハビリテーション学』中央法規出版、2007年、4頁
(21)　安井秀作『職業リハビリテーション――障害者の職業的自立をめざして』中央法規出版、1989年、260頁

(22) 村社卓『ソーシャルワーク実践の相互変容関係過程の研究』川島書店、2005年、23頁
(23) 關宏之「就業に向けて……障害者福祉の今日的な課題として」『広島国際大学医療福祉学科紀要』3、2007年
(24) 前掲書21、15頁
(25) 福祉士養成講座編集委員会編『新版　介護福祉士養成講座3　障害者福祉論』中央法規出版、2007年、179頁
(26) 前掲書2、14頁
(27) 朝日雅也「障害者福祉の現状」松為信雄・菊池恵美子編『職業リハビリテーション学』協同医書出版社、2006年、71頁
(28) 独立行政法人高齢・障害者雇用支援機構障害者職業総合センター『調査研究報告書 No.48　障害者の就業の多様化とセーフティネット』障害者職業総合センター、2002年、10, 22頁
(29) 前掲論文23
(30) 全国社会就労センター協議会　調査・研究・研修委員会編『社会就労センターハンドブック』エンパワメント研究所、2001年、41頁
(31) 松下正明編『臨床精神医学講座　第20巻　精神科リハビリテーション・地域精神医療』中山書店、1999年、269頁
(32) 前掲書30、65頁
(33) 前掲論文23
(34) 前掲書30、65頁
(35) 相澤譲治・橋本好市編『シリーズ・福祉新時代を学ぶ　障害者福祉論』みらい、2007年、146頁
(36) 前掲論文23、61頁
(37) 小川浩「就労支援とリハビリテーション」『リハビリテーション研究』103、2000年、16頁
(38) 社会福祉士養成講座編集委員会『新・社会福祉士養成講座18　就労支援サービス』中央法規出版、2009年、13頁
(39) 松為信雄・朝日雅也・八重田淳他「あらためて職業リハビリテーションの概念を問う」『職業リハビリテーション』22(1)、2008年
(40) ワッツ（Watts, F. N.）とベネット（Bennett, D.）（1991）は、「リハビリテーションの成功の基準は、個人が可能な限り最高の適応を達成することであり、それは著しい生活能力の改善によるものであって、そうでなくてもよい」とし、伝統的な「生活能力の改善」というリハビリテーション目標に新しい視点である環境の改善目標も導入した。さらに、ヒューム（Hume, C.）（1994）は、「リハビリテーションとは、ある人が能力障害を抱えながら適応していくのを援助していく過程である」として、リハビリテーションの目標を「改善」から「適応」に移行した。松為信雄は、このような「適応」という目標を職業リハビリテーションの概念に取り入れた（蜂矢英彦・岡上和男『精神障害リハビリテーション学』金剛出版、2000年、19頁）。
(41) 松為信雄「職業リハビリテーションをめぐる概念」野中猛・松為信雄編『精神障害者のための就労支援ガイドブック』金剛出版、2005年、33頁
(42) 就労支援のプロセスとして、インテークにおいては「主訴の把握」としているものもある（独立行政法人高齢・障害者雇用支援機構障害者職業総合センター職業リハビリテーション部編著『2009年度版　就業支援ハンドブック　障害者の就業支援に取り組む方のために』大誠社、2009年、58頁。山﨑順子他編『地域でささえる障害者の就労支援』中央法規出版、2009年、9頁）。
(43) 相澤欽一『精神障害者雇用支援ハンドブック』金剛出版、2007年、29-30頁
(44) 志賀利一「職場開拓の方法」「職場定着の支援と再就職」松為信雄・菊池恵美子編『職業

リハビリテーション学』協同医書出版社、2006年、174, 178頁
(45)　新・社会福祉学習双書編集委員会編『新・社会福祉学習双書　リハビリテーション論』全国社会福祉協議会、2000年、107頁
(46)　吉光清「職業評価の方法」松為信雄・菊池恵美子編『職業リハビリテーション学』協同医書出版社、2006年、155頁
(47)　豊田志保「統合失調症者における福祉的就労の関連要因の検討」『関西国際大学地域研究所叢書』4、2007年
(48)　前掲論文46、155頁
(49)　岩崎晋也・宮内勝・大島巌他「精神障害者社会生活評価尺度の開発」『精神医学』36(11)、1994年
(50)　前掲論文46、161頁
(51)　佐藤宏「能力開発」松為信雄・菊池恵美子編『職業リハビリテーション学』協同医書出版社、2006年、74頁
(52)　田中英樹「精神障害者の職業的自立と地域ネットワーク」『リハビリテーション研究』124、2005年
(53)　松為信雄「職業準備性」野中猛・松為信雄編『精神障害者のための就労支援ガイドブック』金剛出版、2005年、42頁
(54)　第168号勧告では、職業リハビリテーションの範囲を「職業準備、職業訓練、単位制（モジュール）訓練、日常生活のための行動訓練及び読み書きその他職業リハビリテーションに関連する分野の訓練を含むべきである」とされている（前掲書4、15頁)。
(55)　吉光清「職業能力の評価」『精神障害とリハビリテーション』5(2)、2001年
(56)　独立行政法人高齢・障害者雇用支援機構障害者職業総合センター『調査研究報告書No.70　精神障害者の職業訓練指導方法に関する研究』障害者職業総合センター、2006年、117頁
　松為信雄「キャリア発達の課題」松為信雄・菊池恵美子編『職業リハビリテーション学』協同医書出版社、2006年、42頁
(57)　日本精神保健福祉士会編『障害者自立支援法――地域生活支援の今後と精神保健福祉士の実践課題』へるす出版、2006年、112頁
　坂本洋一『図説　よくわかる障害者自立支援法　第2版』中央法規出版、2008年、98頁
(58)　社会福祉士養成講座編集委員会編『新・社会福祉士養成講座14　障害者に対する支援と障害者自立支援制度』中央法規出版、2010年、178頁
(59)　独立行政法人高齢・障害者雇用支援機構障害者職業総合センター『調査研究報告書No.49　作業活動を通じた作業特性把握の方法に関する研究』障害者職業総合センター、2002年、4頁
(60)　前掲書45、106頁
(61)　前掲論文46、155頁
(62)　野中由彦「実際的な職業能力評価」野中猛・松為信雄編『精神障害者のための就労支援ガイドブック』金剛出版、2005年、136頁
(63)　熊谷直樹「障害の理解」野中猛・松為信雄編『精神障害者のための就労支援ガイドブック』金剛出版、2005年、99頁
(64)　精神障害者の能力・特性を視覚的に判断できるようにした「エバ」という評価ソフトである（社会福祉法人全国精神障害者社会復帰施設協会『精神障害者社会復帰施設運営ハンドブック』中央法規出版、2004年、148頁)。
(65)　カルディエロ, J. A.・ベル, M. D.（岡上和雄・野中猛・松為信雄監訳）『精神障害者の職業リハビリテーション』中央法規出版、1991年、72頁
　蜂矢英彦・村田信男編『精神障害者の地域リハビリテーション』医学書院、1994年、257頁
　舘暁夫「何が問題？　雇用支援制度――雇用率問題と最近の動き」『レビュー』32、2000

年、9頁
(66) 加賀信寛「職場定着支援の実際」野中猛・松為信雄編『精神障害者のための就労支援ガイドブック』金剛出版、2005年、158頁
(67) 山下清次「医療側の就労準備訓練」野中猛・松為信雄編『精神障害者のための就労支援ガイドブック』金剛出版、2005年、111頁
前掲書20、260頁
(68) 吉光清「職業能力の評価」『精神障害とリハビリテーション』5 (2)、2001年
(69) 相澤欽一「職業準備性の向上」野中猛・松為信雄編『精神障害者のための就労支援ガイドブック』金剛出版、2005年、127頁
(70) 前掲書58（独立行政法人高齢・障害者雇用支援機構障害者職業総合センター）、24頁
(71) 佐藤宏「能力開発」松為信雄・菊池恵美子編『職業リハビリテーション学』協同医書出版社、2006年、78頁
(72) 独立行政法人高齢・障害者雇用支援機構障害者職業総合センター『調査研究報告書 No.49 作業活動を通じた作業特性把握の方法に関する研究』障害者職業総合センター、2002年、3-6頁
(73) 前掲書30、94頁
安西信雄「統合失調症」松為信雄・菊池恵美子編『職業リハビリテーション学』協同医書出版、2006年、357頁
(74) 西尾雅明「ＩＰＳモデルによる精神障害者の就労支援」『リハビリテーション研究』129、2006年
(75) ベッカー, D. R.・ドレイク, R. E.（大島巌・松為信雄・伊藤順一郎監訳）『精神障害をもつ人たちのワーキングライフ』金剛出版、2004年、45頁
(76) Thornicroft, G., Becker, T., et al., "Community Mental Health Teams: Evidence or Belief?", *British Journal of Psychiatry*, 175, 1999.
(77) 前掲書43、171頁
(78) 岡上和雄『精神障害者の地域福祉』相川書房、1997年、110頁
(79) 同書、116頁
(80) 前掲書63、99頁
(81) 丸山裕子『精神医学ソーシャルワークにおける自律生活再構築アプローチ』大阪府立大学大学院博士学位論文、1997年、48頁
(82) ジャーメイン, C. B.（小島蓉子編訳）『エコロジカル・ソーシャルワーク』学苑社、1992年、108頁
(83) Germain, C. B., Gitterman, A., *The Life Model of Social Work Practice: Advances in Theory & Practice 2nd ed.*, Columbia University, 1996, p.9.
Germain, C. B., Gitterman, A., "Life Model versus Conflict Model", *Social Work*, 32, 1987.
Gould, K., "Life Model versus Conflict Model: A Feminist Perspective", *Social Work*, 32, 1987.
Weiss, P., "Biological Basis of Adaptation", Romane, J.(ed.), *Adaptation*, Cornell University Press, 1949, pp.3-21.
(84) 医学や心理学の影響により、環境への対応については、「順応」レベルに焦点をあてられてきた（太田義弘・中村佐織・石倉宏和編『ソーシャルワークと生活支援方法のトレーニング――利用者参加へのコンピュータ支援』中央法規出版、2005年、15頁）。
(85) Hepworth, D. H., Rooney, R. H., et al., *Direct Social Work Practice: Theory and Skills*, Brooks / Cole Pub., 1997, p.27
(86) 船橋秀彦・岡崎喜一郎・鈴木宏哉「障がい者法定雇用率の達成をめざす調査研究　茨城県内民間企業の５年間の動向分析」『障害者問題研究』36(2)、2008年
鈴木武幸「『障害者自立支援』と社会福祉実践をめぐって」『東海女子大学紀要』25、2005年

(87)　前掲書２、133頁
(88)　武田幸治・手塚直樹『知的障害者の就労と社会参加』光生館、1995年、235頁
(89)　Richmond, M. E., *Friendly Visiting among the Poor*, Patterson Smith, 1969, p.180.
(90)　太田義弘「ソーシャルワークの臨床的展開とエコシステム構想」『龍谷大学社会学部紀要』22、2003年
(91)　ウィング, J. K.・モリス, B. 編（高木隆郎監訳）『精神科リハビリテーション――イギリスの経験』岩崎学術出版社、1990年、82頁
(92)　前掲書20、272頁
(93)　前掲書43、173頁

Ⅲ ソーシャルワークによる精神障害者就労支援の展開

1．ソーシャルワークの概念

（1）ソーシャルワークの実践特性

ソーシャルワークについては、これまでさまざまな定義がなされており[(1)]、共通した認識が得られているとは言い難い。また、欧米との社会的、歴史的土壌の違いを無視してソーシャルワークを導入し、表面的な形で用いられている[(2)]ことや、制度やサービスを効果的に運用することに重心を置いた社会福祉士や精神保健福祉士などの養成教育への批判[(3)]がある。そして、ソーシャルワークの再構築を求めてその再検討も行われている[(4)]。

このような中、ジェネラル・ソーシャルワークは、日本固有のソーシャルワーク研究の成果によって生まれたものであり[(5)]、その定義は、「人間と環境からなる利用者固有の生活コスモスに立脚し、より豊かな社会生活の回復と自己実現への支援を目標に、独自の方法レパートリーの的確な活用による社会福祉諸サービスの提供と、利用者自らの課題解決への参加と協働を目指した支援活動の展開であり、さらに社会の発展と生活の変化に対応した制度としての社会福祉の維持・その諸条件の改善・向上へのフィードバック活動を包括・統合した生活支援の展開過程である[(6)]」と太田は述べている。つまり、ソーシャルワークは、制度・政策のトップダウン的な流れからのサービス提供のみではなく、利用者の参加と協働を通じたトータルな生活支援を行う方法であるとされており、本研究では、このジェネラル・ソーシャルワークに立脚している。

ジェネラル・ソーシャルワークの実践特性は生活支援過程であり、これは、①生活概念、②支援概念、③過程概念に分類されることから、これらについて説明を行うことにする。

まず生活概念についてである。人間の生活は、家族、友人、学校、施設、職場などとのつながりやさまざまな出来事、経験などの複雑な要素の結びつきで成り立っている。そして、これらの要素が相互に影響を与えあい、生活の広がりや質は、時間的経過の中で変化していくのである。つまり、生活は、要素の結びつきからなる生活状況と時間的経過による変化ととらえることができる。この生活状況や変化は人によってさまざまであるが、生活状況の広がりや流れの中に固有な秩序や調和をもっており、このような生活を包括的にとらえた概念を「生活コスモス」と呼んでいる。ソーシャルワークは、この生活コスモスに焦点をあてた支援を行うのである。これが、人間の健康や心に焦点をあてた医学や心理学と異なる点である。

次に支援概念である。ソーシャルワークの究極目標は、社会福祉の目標である利用者の自己実現を達成することにある。そのために、ソーシャルワーカーは、アセスメントではケースワーク（Social Work with Individuals）、メンバーのミーティングなどではグループワーク（Social Work with Groups）、地域住民への働きかけにはコミュニティワーク（Social Work with Communities）といったさまざまな技法を用いる。これは、携帯電話の手帳や電卓などの機能を場面に応じて用いるようなものであり、携帯電話をソーシャルワーク、そして、その機能をケースワークやグループワーク、コミュニティワークなどのレパートリーにたとえることができよう（図Ⅲ－１）。

また、ソーシャルワーカーが、このようなレパートリーを用いて利用者の生活コスモスにかかわる際の関係であるが、これは、「してあげる」という援助者側からの援助関係ではなく、また、利用者にとっても「してもらう」という消極的なものでもない[(7)]。利用者とソーシャルワーカーとの参加と協働によって利用者自身が本来もっているはずの社会的自律性に重点を置いた支

図Ⅲ－1　ソーシャルワークとレパートリー

ケースワーク
ケアマネジメント
グループワーク
ソーシャルワーク・リサーチ
コミュニティワーク
スーパービジョン

援を行うのである。社会的自律性は、内的適応力、環境調整能力を含めた力であり[(8)]、この力を引き出し環境に働きかけていくという利用者に立脚した概念である。この環境への影響は、再び環境から利用者への影響となり、相互変容関係を生みだしていくのである。

最後に過程概念であるが、これは、ソーシャルワークの特性そのものを示す実践概念である。過程概念は、「利用者とソーシャル・ワーカーとが協働し、生活支援[(9)]を通じた課題解決や、それによる変容・成長を目標に、時間的経過のなかで局面を展開して提供する一連の支援行為の積み上げからなる実践活動であり、その成果はフィードバックされ、さらに利用者支援に焦点化される科学的かつ専門的な支援システムの流れ[(10)]」であるとされている。これには、支援関係の終わりはあっても人間の生活は終わらないというオープンシステムが前提となっており、秋山薊二もフィードバック機能の重要性から「実践過程は、基本的には、過程局面の循環過程である[(11)]」と述べている。そして、この循環には、ミクロ→メゾ→マクロへ、さらにマクロ→メゾ→ミクロへの流れと、システム内でのインテーク→アセスメント→プランニング→インターベンション→モニタリング→ターミネーションという流れがある。この循環によるフィードバックがあることで、現実に対応したミクロ的な支援とサービスの提供に加え、ニーズに応じたサービスの充実、さらにはその改善というマクロ的な調整をも行うことが可能となる。したがって、このフィードバック概念こそが、支援過程を支える本流であるとされている[(12)]。

また、本論の枠組みとなるジェネラル・ソーシャルワークのgeneralは包括統合的という意味で用いられているのに加え、generateには生みだすという意味もあり、サービスをつくりだし、フィードバックしていくことも含まれる[(13)]。このようなことから、ソーシャルワークは「待って受けるソーシャルワークから、行動し開発するソーシャルワークへと変革してきた[(14)]」とされている。

（2）エコシステム視座の生活への導入

次に、固有な生活コスモスをどのようにとらえていくのかについてである。生活コスモスを把握する枠組みとして、利用者の生活状況を一つのシステムとしてとらえようとしている。一般システム理論において、システムとは、「交互作用しあう要素の複合体[(15)]」であり、「秩序だった複数の要素が相互に関連して一つの均衡のとれた全体をなしている状態[(16)]」である。そして、ものごとを要素・構造、関係・機能から分析することにより全体状況を論理的に理解する考え方が、システム思考である。この考え方にもとづき、生活状況の広がりを領域、要素に分解することで生活の全体像を把握し、また、生活の部分的な関係性や機能を理解しようというのである[(17)]。

生活状況は、システムであるとともに時間的な経過によって変化する。この時間的な変化をとらえるために導入されたのが、生態学的な視座である。生態学は、「有機体と環境との適応的な協調と、ダイナミックな均衡や相互関係を達成するための方法に関する科学[(18)]」であり、有機体と環境の相互関係を理解しようとするものである[(19)]。そして、空間と同様、時間が重要な次元であるとされる[20]。また、生態学的視座は、「環境のすべての要素との継続的な交換において適応的[21]、進化的な見方を人間に提供[22]」し、「『人間』と『環境』との間の交互作用（transaction）の質を修正し高め、福祉を支える環境を向上させ（中略）環境の改善に情熱的にはたらきかける[23]」としている。このような生態学的視座は、精神保健におけるソーシャルワークの枠組みとしても用いられてきた[24]。

システム思考が、生活を要素・構造、関係・機能から分析する理論的、平面的な説明概念であるのに対し、生態学的視座は、人間の変容や成長を状況として把握する実体概念であるといえる[25]。この生態学的な考え方を導入することによって、時間の経過とともに変容していく様を動態として把握しようとするのである。すなわち、利用者の生活を生態学的にとらえるということは、時間経過の中で利用者と利用者を取り巻く環境から生活をとらえ、その相互関係に注目しながら生活全体のバランスが調和され維持されていく過程を把握することなのである[26]。

このようなシステム思考と生態学的視座を統合した概念が、メイヤー（Meyer, C. H.）によって提示されたエコシステム概念である[27]。エコシステム概念は、「一方で生態学的視座がもつ生活という実体へのリアルな実像理解を、人間と環境を含め動態として把握しようとする考え方と、他方では、システム思考がもつ、生活という動態を理解可能な要素に分解し、系統的な思考や記述方法を用いることによって、実体として把握することに説得力をもたせようとする方法とを統合した概念[28]」と定義され、人と環境からなる相互に関連した多層な生活の現象を理解する方法である[29]。

生活エコシステムは、このエコシステム視座によって「生活という状況や現実をシステムとして理解し、生活の広がりや仕組み、関係や内容から体系的に考えることと、さらに生活を環境との相互関係、流れや変化を生態的に理解しようとする[30]」ものである。このような生活エコシステムの概念を表したものが図Ⅲ－2である。

図Ⅲ－2　生活エコシステムの概念

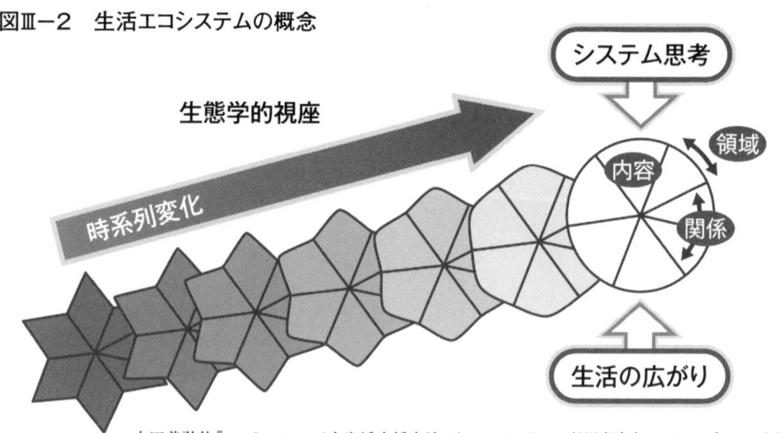
システム思考
生態学的視座
時系列変化
領域
内容
関係
生活の広がり

太田義弘他『ソーシャルワークと生活支援方法のトレーニング――利用者参加へのコンピュータ支援』中央法規出版、2005年、21頁を改変

（3）エコシステム構想の概念

ソーシャルワークにおける問題として、理論と実践の乖離が指摘されてきた[(31)]。同様に、エコシステム視座によって生活コスモスをとらえようとするものの、このエコシステム概念は、抽象的な説明概念であるため[(32)]、実践に活用することはできないという批判があった[(33)]。このようなことから、共通基盤や具体的方法の再構築が求められてきた[(34)]。そこで、中範囲概念[(35)]を用いて理論と実践を統合しようというのである。そして、そのために、コンピュータを用いた支援ツールを介在させることによって、抽象的なエコシステム視座を、利用者とソーシャルワーカーの協働する実践に具体化しようとしている。このようなアイデアが、エコシステム構想であり、図Ⅲ－3は、エコシステム構想の概念を表したものである。

図Ⅲ－3　エコシステム構想の概念

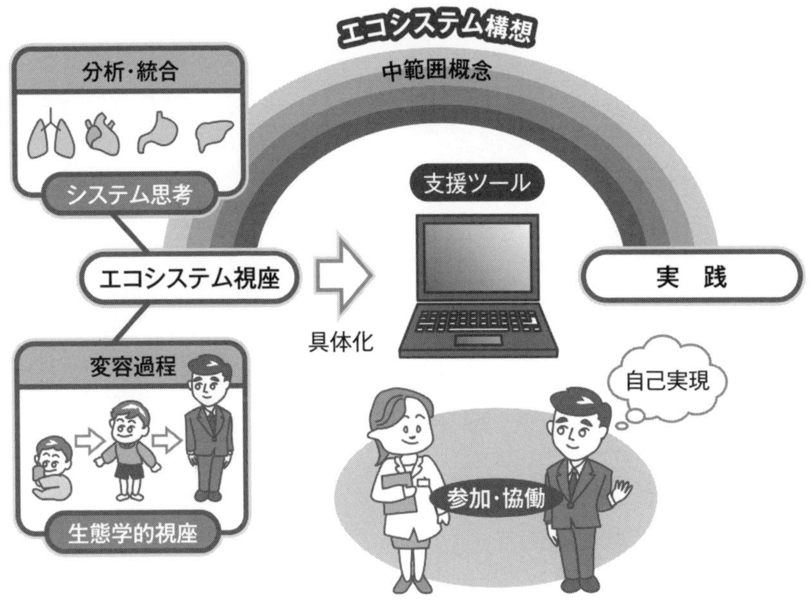
エコシステム構想
中範囲概念
分析・統合
システム思考
エコシステム視座
変容過程
生態学的視座
具体化
支援ツール
実　践
自己実現
参加・協働

2．生活支援ツール

（1）生活システム

太田による生活システムの基盤となる構成では、生活全体をまず人間と環境に分け、人間については当事者・基盤に、また、環境については周辺・支援に分けている。さらに、それらを特性・問題・身辺・家族・近辺・資源・機関・ネットワークに８分割し、これらを各々４分割した32の内容構成子によって生活をとらえようとするものである（図Ⅲ－４）。

このような各構成子の抽出や配列については、パイロット研究を通じて調査が行われ、エコシステム研究会[(36)]の西梅幸治らによって、これらの構成子の信頼性や妥当性の検証が始められている[(37)]。しかし、その抽出方法について批判のあることは十分承知している。これは、日本においては2000年代半ばから顕著になった[(38)]「根拠に基づくソーシャルワーク（EBSW: evidence based

図Ⅲ－4　生活システムの構成

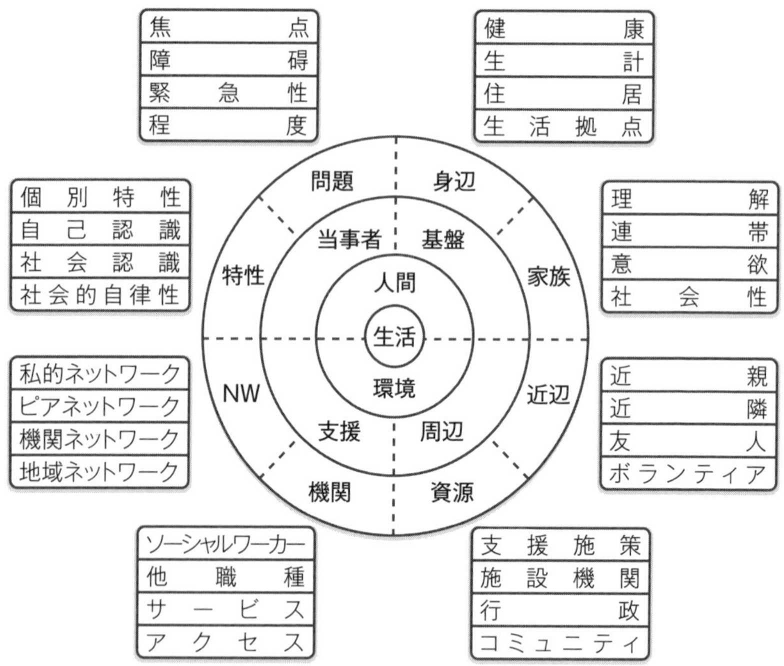
焦点
障碍
緊急性
程度
健康
生計
住居
生活拠点
個別特性
自己認識
社会認識
社会的自律性
理解
連帯
意欲
社会性
私的ネットワーク
ピアネットワーク
機関ネットワーク
地域ネットワーク
近親
近隣
友人
ボランティア
ソーシャルワーカー
他職種
サービス
アクセス
支援施策
施設機関
行政
コミュニティ
問題
身辺
当事者
基盤
特性
家族
人間
生活
環境
NW
近辺
支援
周辺
機関
資源

出典：太田義弘他『ソーシャルワークと生活支援方法のトレーニング——利用者参加へのコンピュータ支援』中央法規出版、2005年、20頁

social work)」による影響が大きいであろう。三島亜紀子は「Evidenceという単語に『科学』を添加し、根拠に基づく実践を『科学』的と位置づけソーシャルワーカーの専門性を高めたいという意図は存在する[(39)]」と述べている。しかし、ソーシャルワークは、原因と結果を重視して[(40)]統計的な手法を用い[(41)]、こうすればこうなるというようなマニュアル化をするものではない。

前述のように生活コスモスは、生物体システムととらえていることから、秩序だった複雑性をもつ開放システムであるという前提がある。これは、「単に環境と相互交換をしているということだけではなく、交換しているという事象がシステムの生存能力、再生能力、持続性、変化する能力の基礎をなす本質的要素であるということを意味[(42)]」している。このため、原因と結果は差異を失い、要素は相互に影響し合う円環的因果関係をもつのである[(43)]。そして、これらの要素は総和以上になり得るということでもある[(44)]。

これについてもう少し説明を加えると、このシステム構成をもとにした支援ツールを利用者に役立てるのであるが、その際、家族のいない単身者[(45)]にとっては「家族」に関するデータ変化が起きないことになる。すると、どんなに努力してもその部分の生活の広がりに欠けてしまい、これでは、利用者の意欲が促進されないであろう。このようなことから、筆者としては、利用者とソーシャルワーカーが話し合い、必要と思われる構成子を抽出してもよいのではないかと考えている。しかし、支援当初は生活というものに関心のない利用者とどのような構成子が必要なのかを話し合うことには無理があるうえに、ソーシャルワーカーとしても千差万別の生活コスモスの構成子を利用者ごとに抽出するのは現実的ではないであろう。このようなことから、先行研究や事例研究、聞き取り調査を通して可能な限り一般化する努力がなされ、最大公約数的な構成子が抽出されているのである。

（2）生活エコシステム情報

さまざまなツールがアセスメントに用いるために開発されているが[(46)]、どのようなツールを用いるかが重要であるとされている[(47)]。この支援ツールは、「複雑な利用者の生活を、誰もが理解しやすいシンプルな情報に加工し、その情報をもとに支援のプランニングを有効なものにすると同時に、情報を手掛かりに利用者自身による問題解決への積極的な参加を支援しながら、過程を推進することにある。さらに、利用者の生活の変容を追跡することにより、支援効果を合理的に分析することも可能にしようとする[(48)]」ものである。また、支援ツールを活用するためには情報が必要となることから、表Ⅲ－１のようなエコシステム情報が作成されている。

この生活エコシステムは、前述の生活システムの32内容構成子に、ソーシャルワークの構成要素である価値・知識・方策・方法をふまえ、それぞれ４つの項目を盛り込んだ128の質問項目によって構成されている。これは、

表Ⅲ－1　生活エコシステムの構成と内容

全体	領域	分野	属性	内容	価値意識	状況認識	資源施策	対処方法
生活システム領域カテゴリー				実践要素の構成／内容情報	1 価値	2 知識	3 方策	4 方法
					態度 姿勢 志向 機運 関心 自覚	現状 事実 実状 内容 関係 理解	制度 政策 計画 施策 見通 私策	取組 対応 参加 活用 協力 努力
生活	1 人間	Ⅰ 利用者	(1) 特性	A 個別特性	倫理特性	機能特性	社会特性	行動特性
				B 自己認識	自己への関心	自己理解	自己改善計画	自己改善努力
				C 社会認識	社会への関心	社会状況理解	社会参加計画	社会参加努力
				D 社会的自律性	生きがい意識	目的の具体化	目的達成計画	目的達成努力
			(2) 問題	A 焦点	問題への関心	問題焦点の実状	焦点への対応策	焦点への取組
				B 障碍	障碍の自覚	障碍の実状	障碍改善対策	障碍改善努力
				C 緊急性	緊急性の自覚	緊急性の現状	緊急への対応策	緊急への取組
				D 程度	問題解決の姿勢	問題解決の現状	問題解決計画	問題解決努力
		Ⅱ 基盤	(3) 身辺	A 健康	健康への関心	健康の現状	健康の維持計画	健康の維持努力
				B 生計	生計への姿勢	生計の現状	生計の維持計画	生計の維持努力
				C 住居	住居への関心	住居の実状	住居の維持計画	住居の維持努力
				D 生活拠点	生活拠点の関心	生活拠点の現状	拠点での支援策	拠点での取組
			(4) 家族	A 理解	家族による理解	家族の役割関係	役割の改善計画	役割改善の努力
				B 連帯	家族による連帯意識	連帯の現状	連帯の改善策	連帯復元努力
				C 意欲	家族の支援意識	支援の状況	支援への見通	支援への協力
				D 社会性	社会への関心	社会との関係	社会参加計画	社会参加努力
	2 環境	Ⅲ 周辺	(5) 近辺	A 近親	近親の姿勢	近親との関係	近親の支援見通	近親の支援協力
				B 近隣	近隣の関心	近隣の理解	近隣の支援見通	近隣の支援協力
				C 友人	友人の関心	友人の理解	友人の支援策	友人の支援協力
				D ボランティア	Vの機運	Vの支援状況	Vの支援計画	Vの参加計画
			(6) 資源	A 支援施策	支援施策の機運	施策の動向	施策の拡充計画	施策の活用展開
				B 施設機関	施設機関の姿勢	機関の実状	機関の支援計画	機関の支援方法
				C 行政	行政の姿勢	行政の現状	行政の推進計画	行政の取組展開
				D コミュニティ	Cの雰囲気	Cの実状	Cの支援計画	Cの参加協力
		Ⅳ 支援	(7) 機関	A SWer	SWerの姿勢	SWerの活動状況	SWerの活動計画	SWerの取組
				B 多職種	多職種の姿勢	多職種活動状況	多職種の活動計画	多職種の取組
				C サービス	機関のSV姿勢	SVの内容	SVの改善計画	SVの展開
				D アクセス	ACへの関心	ACの状況	ACの改善計画	ACの改善努力
			(8) NW	A 私的NW	NWへの関心	NWの現状	NWの改善計画	NWの改善努力
				B ピアNW	NWへの関心	NWの現状	NWの改善計画	NWの改善努力
				C 機関NW	NWへの関心	NWの現状	NWの改善計画	NWの改善努力
				D 地域NW	NWへの関心	NWの現状	NWの改善計画	NWの改善努力

出典：太田義弘他『ソーシャルワークと生活支援方法のトレーニング――利用者参加へのコンピュータ支援』中央法規出版、2005年、30頁

注：Vはボランティア、Cはコミュニティ、SWerはソーシャルワーカー、SVはサービス、ACはアクセス、NWはネットワークを指す。

「木を見て森を見ず」という危険性を回避し、他段階にわたって利用者の生活状況をトータルな視野から分析するためである(49)。

エコシステム情報の入力が可能となった支援ツールは、インテーク、アセスメント、プランニング、インターベンション、利用者参加によるインターベンションの調整という各実践過程で活用されることが期待されている(50)。

（3）支援ツールの活用方法と特徴

この支援ツールの詳細については、太田らの著書など(51)を参照いただきたいが、その活用方法について少し説明をしておくことにする。現在では、高齢者や知的障害者といったその特性を踏まえたエコシステム情報にもとづく支援ツールが開発されているが、ここでは、基本的な支援ツールを例にしてみたい。

まず、図Ⅲ－5のように生活コスモスの32内容構成子が白く表された画面において、例えば個別特性という項目をクリックする。すると、図Ⅲ－6のような価値・知識・方策・方法からなる質問項目が表示される。ソーシャルワーカーは、これらの項目の回答欄をクリックして利用者の生活コスモス情報を入力していく。そして、これを図Ⅲ－7のような棒グラフやレーダーチャートで表示することにより、利用者とソーシャルワーカーが、生活コスモス情報として共有することになる。

竹内愛二は、「社会福祉はいかなる場合でも、人間各々の独自的存在として尊重されるという、人間関係的価値にかかわりをもつものでなければならならず(52)」「関係そのものの変化、向上、あるいは成長(53)」に注目する必要性を強調している。このような視点からの実践を具現化するうえで、アセスメントは特に重要視されている(54)。このアセスメントという言葉は、診断概念に代わって1970年代からバートレット（Bartlett, H. M.）によって用いられるようになったものであり、彼女はそれを「知識および価値と、調整活動との間を橋渡しするもの(55)」であると述べている。

図Ⅲ－5　基本となる支援ツール画面

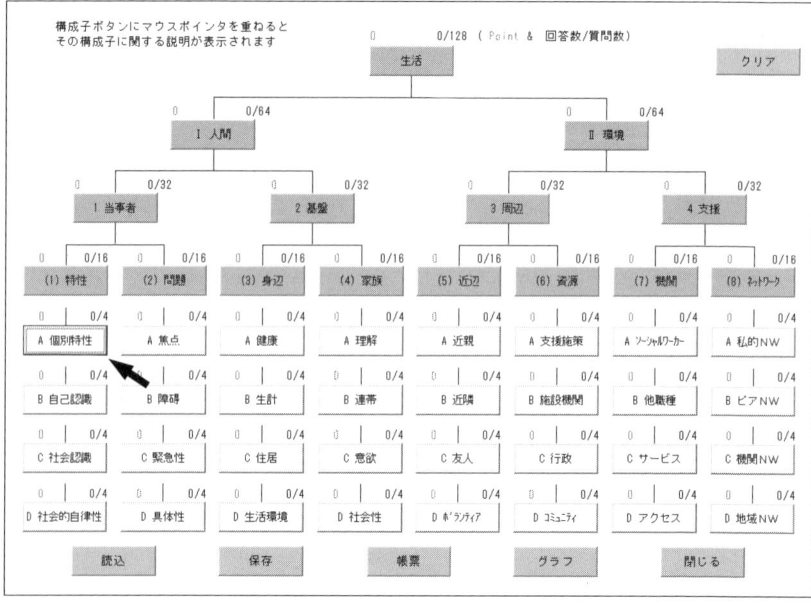
構成子ボタンにマウスポインタを重ねると
その構成子に関する説明が表示されます
0/128（Point & 回答数/質問数）
生活
クリア
0/64
I 人間
0/64
II 環境
0/32
1 当事者
0/32
2 基盤
0/32
3 周辺
0/32
4 支援
0/16
(1) 特性
(2) 問題
(3) 身辺
(4) 家族
(5) 近辺
(6) 資源
(7) 機関
(8) ﾈｯﾄﾜｰｸ
0/4
A 個別特性
A 焦点
A 健康
A 理解
A 近親
A 支援施策
A ｿｰｼｬﾙﾜｰｶｰ
A 私的NW
B 自己認識
B 障碍
B 生計
B 連帯
B 近隣
B 施設機関
B 他職種
B ピアNW
C 社会認識
C 緊急性
C 住居
C 意欲
C 友人
C 行政
C サービス
C 機関NW
D 社会的自律性
D 具体性
D 生活環境
D 社会性
D ﾎﾞﾗﾝﾃｨｱ
D ｺﾐｭﾆﾃｨ
D アクセス
D 地域NW
読込
保存
帳票
グラフ
閉じる

図Ⅲ－6　基本となる質問項目画面

A 個別特性
因子名等：
質問
人に対する思いやりが大切だと考えていますか。
回答
1 大切だと考えている
2 ある程度大切だと考えている
3 あまり大切だと考えていない
4 大切だと考えていない
5 事例に情報がない
未回答
因子名等：
質問
約束や規則を守るなどの対応はできていますか。
回答
1 対応できている
2 ある程度対応できている
3 あまり対応できていない
4 対応できていない
5 事例に情報がない
未回答
因子名等：
質問
周りの人々との関係づくりを心がけていますか。
回答
1 心がけている
2 ある程度心がけている
3 あまり心がけていない
4 心がけていない
5 事例に情報がない
未回答
因子名等：
質問
物事に関心や興味を示していますか。
回答
1 示している
2 少し示している
3 あまり示していない
4 示していない
5 事例に情報がない
未回答
因子名等：
質問
回答
未回答
因子名等：
質問
回答
未回答
OK
キャンセル

図Ⅲ−7　生活コスモス情報の一例

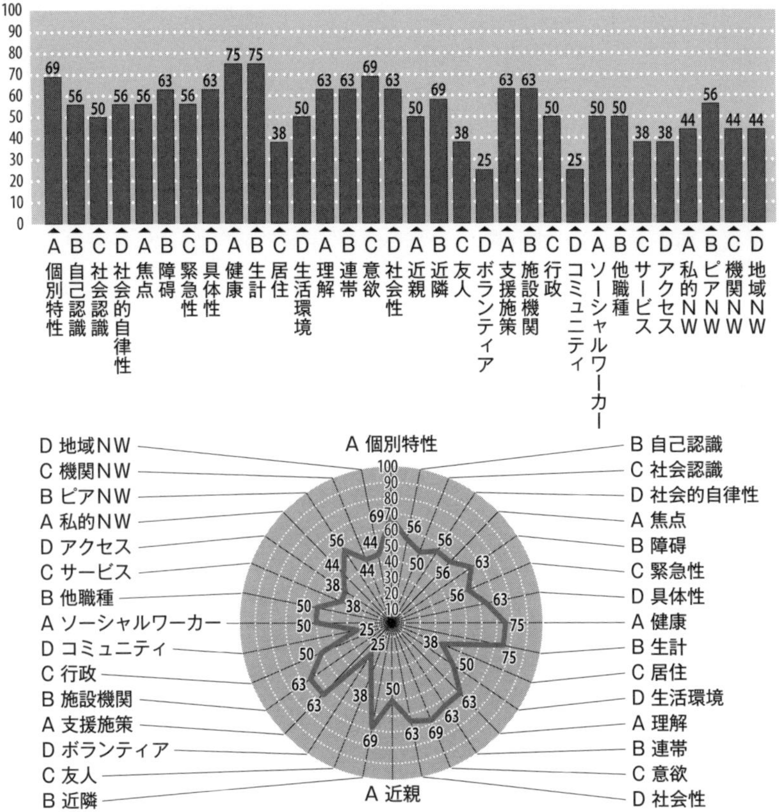

A 個別特性	69
B 自己認識	56
C 社会認識	50
D 社会的自律性	56
A 焦点	56
B 障碍	63
C 緊急性	56
D 具体性	63
A 健康	75
B 生計	75
C 居住	38
D 生活環境	50
A 理解	63
B 連帯	63
C 意欲	69
D 社会性	63
A 近親	50
B 近隣	69
C 友人	38
D ボランティア	25
A 支援施策	63
B 施設機関	63
C 行政	50
D コミュニティ	25
A ソーシャルワーカー	50
B 他職種	50
C サービス	38
D アクセス	38
A 私的NW	44
B ピアNW	56
C 機関NW	44
D 地域NW	44

また、その特性を太田は以下のようにまとめている[(56)]。

① 問題や状況をシステムとして広く理解すること

② 事実を考察することであって、評価や判断を下すことではないこと

③ 推理や解釈をすることでもないこと

④ 必要な情報を収集・処理して提供すること

⑤ プランニングやインターベンションへの情報の提供であること

⑥ 事実に即して事柄を認識する過程であること

⑦ 支援を目標にした実践を構成する局面過程であること

⑧　過程の展開に対応してフィードバックされるアセスメントは、変動するものであること

このように、アセスメントは診断をするためのものではなく[57]、プロセスを重視しているのである[58]。同時に、利用者とソーシャルワーカーとの協働[59]が重要であることから、中村佐織は、アセスメントを協働認識過程[60]と位置づけている。そして、岩間伸之は、このプロセスへの視点がソーシャルワーク固有の視点であるとも述べている[61]。

この支援ツールは、利用者の生活コスモスをシミュレーションするという重要な役割を担っているのであるが、コンピュータを活用することについては、その人の能力を判定するというような誤解を受けるかもしれない。しかし、コンピュータが価値判断をするのではない[62]。情報は、「その人に意味ある事実や知識・データを提供し、判断や意思決定を促進し、補佐するメッセージ[63]」にすぎず、この情報をアセスメントの材料にしようとしているのである。この情報をもとに、利用者が実感する生活とデータとして表された利用者の生活との照合を行うという作業が重要となる。この際に不可欠となるのが、コミュニケーションを通した協働である。小川美紀雄は、コンピュータを誰かに何かを伝えるためのコミュニケーションを支援する装置[64]と定義している。また、ミレー（Miley, K. K.）らは、「アセスメントツールは、議論を活発化させることや多様な人々からなるシステムにおけるさまざまな見方を分かちあうことを促進する[65]」としている。

この支援ツールでは、ソーシャルワーカーが見た利用者の生活として表されたデータを利用者に示すが、ソーシャルワーカーがなぜこのように入力したのかを説明することを通して、利用者と話し合う。こうすることで、利用者が自分では気がついていなかった部分を発見する場合や、逆に、ソーシャルワーカーが知らなかった情報が利用者側から提供される場合もある。ソーシャルワーカーの知は、数ある真実の中の一つにすぎないとされる[66]ように、関心や姿勢といった価値にあたる部分は、かかわりの中での会話から推測できる場合もあるが、外からは見えにくい場合も多い。したがって、直接利用

者にたずねる場合が多くなるであろう。さらに、ソーシャルワーカーは客観的な観察者であることをやめるべきであるとされ[67]、また、修正可能なアセスメントこそがソーシャルワークに役立つともされている[68]。このようなことから、この支援ツールにおいては、利用者の感じている生活と異なるようであれば、その異なる部分を話し合うことで双方の認識のズレを理解し合うとともに、場合によってはポイントを変更することもある。このようにして、利用者も納得できる生活コスモスをソーシャルワーカーと共有していくのである[69]。

もう少し説明を加えると、例えば、ある項目についての利用者Ａさんのポイントが20、利用者Ｂさんのそれが80であったとしよう。この場合、Ａさんが Ｂさんよりも問題があるととらえるわけではない。なぜなら、相対的な位置が明らかになったとしても利用者の支援に直接つながらないからである[70]。周囲から見て問題があるように見えても利用者が問題と感じていない場合もあり、そのことに対するソーシャルワーカーの認識が重要となるのである。20というポイントはＡさん固有のものであり、他人と比較すべきものではない。それよりも利用者のポイントが低い場合は、これから高くなる可能性があるととらえて活用できる資源を探したり、今後の活動について話し合ったりすることが重要なのであり、ポイントが20から30になることや10になることに意味があるのである。また、ポイントが変わらない場合、利用者の努力によって下がらずに維持できている可能性もある。この支援ツールの目的が、利用者の傾向を探るためでも標準からの善し悪しを測るためでもなく、前述のように参加・協働を促進することにあり、そして、何よりも重要なのが、利用者に直接役立つ必要があるということである。

では、その特徴はどこにあるのか。それは、前述のように生活を棒グラフやレーダーチャートにビジュアル化できることであり、これが最大の特徴である。「精神障害者社会生活評価尺度（LASMI）」では、結果を五角形のレーダーチャートで表すことによって生活障害の大きさを表し、この面積が広いほどリハビリテーションの必要性が高いということをビジュアル化している[71]。

しかし、このビジュアル化は、支援者がリハビリテーションの必要性を知るためのものである。これに対し、エコシステム構想における支援ツールは、利用者が感覚として生活をとらえられるようにすることを目的とし、協働を促進するためのビジュアル化であるという点で大きな違いがある。

さらにこの支援ツールは、情報を蓄積できるようになっていることから、時間経過による広がりの変化を振り返ることも可能である。これは、いわば自動車の燃料１リッターあたりの走行距離を知らせる燃費計のような役割を果たすことができると考えている。燃費計は、本来、見えないはずの燃費をビジュアル化することで、現在の燃費状況がわかるとともに燃費への関心が生まれる。燃費というものは、その自動車によって異なるものである。このため、燃費計は他の車の燃費と比較するためではなく、今よりも一層燃費を良くしようという気持ちを促進し、走り方に気をつけようという意欲の向上を期待するものである[(72)]。燃費が伸びた場合は、単純にうれしい気持ちになるとともに、高速道路を走ることが多かったのかなどの要因を考える。逆に、燃費が悪くなることや伸びない場合は、渋滞に巻き込まれたためか、あるいはアイドリング状態での停車が長かったためかなど、その原因を考える。燃費計が燃費を良くしてくれるわけではなく、このような検証をすることが、それ以後の走り方を変えることにつながっていくのである。見えないものをビジュアル化することは、プロセスを生みだしていくといえよう。

支援ツールはこのような役割と似ており、生活の広がりと時系列変容をビジュアル化することで、目に見えない生活というものへの関心を利用者から引きだすとともに意欲の促進[(73)]に役立つと考えている。そして、利用者とソーシャルワーカーのコミュニケーションを通した協働によって、相互理解や利用者の自己理解、意思決定する過程を支援するアセスメント[(74)]に役立てようとするものである。くどいようだが、このツールは利用者の生活状況を判定するのではなく、あくまでも支援に役立てるための一つのツールであるということを忘れてはならないのである。これが、「支援ツール」という所以である。

3．精神障害者就労・生活支援ツールの開発

（1）精神障害者の生活システム

岡上和雄らは、精神障害者の生活の複雑さから、「たとえば、『生活』には衣、食、住、娯楽、趣味に加え、生き甲斐のような主観的なものが含まれる。さらに、家族や友人との交流も生活の重要な部分であると考えると、（中略）精神障害者の『生活』にどのような要素をもりこむべきか、簡単には決められない[(75)]」と述べている。このような中、吉川武彦は、精神障害者が地域生活を送るための「い・しょく・じゅう」として、癒し癒される関係、仕事、援助者の意味で「癒・職・従」、慰め、飾る、家具の「慰・飾・什」、病気を治す、異性の友達、充実した人生の「医・色・充」をあげている[(76)]。また、八木原律子、寺谷隆子は、「医・食・職・住・友（仲間）」を提示している[(77)]。そして、丸山裕子は、これに意・遊・専を加えた「意（意思）・医（医療）・職（通所資源）・経（生計）・住（住居）・友（仲間）・遊（精神保健）・専（社会福祉）」という8つの構成子を図Ⅲ－8のように抽出し[(78)]、本人・家族・近隣・ネットワークという支援ターゲットの単位から、図Ⅲ－9のように精神障害者の生活システムを構成している[(79)]。この生活システムについて、ソー

図Ⅲ－8
丸山裕子による精神障害者の生活システム

友
医
意
専
インフォーマル
フォーマル
人間
生活
環境
周辺
ベース
遊
経
職
住

丸山裕子『精神医学ソーシャルワークにおける自律生活再構築アプローチ』大阪府立大学大学院博士学位論文、1997年、52頁をもとに作成

図Ⅲ－9
丸山裕子による精神障害者の生活システムと支援ターゲット

友
医
N W
近 隣
意
専
家 族
本人
遊
経
職
住

表Ⅲ－2　精神障害者の生活エコシステム構成と内容

生活システム領域カテゴリー ＼ 実践要素の構成内容情報					1 価値	2 知識	3 方策	4 方法
全体	領域	分類	構成	単位	価値意識	現実状況	公私方策	対処方法
生活	1 人間	Ⅰ インフォーマル	〔1〕意（意思）	A本人	問題意識	問題認識	問題基本方策	解決対処方法
				B家族	協力意識	協力認識	協力方策	協力方法
				C近隣	協力意識	協力認識	協力方策	協力方法
				DNW	コミュニティ意識	コミュニティ取組	コミュニティ組織化	コミュニティ活用方法
			〔2〕友（仲間）	A本人	友人意識	友人状況	友人づくり方策	友人づくり方法
				B家族	精神障害者家族としての意識	精神障害者家族に関する知識	精神障害者家族に関する方策	精神障害者家族会活用方法
				C近隣	精神保健ボランティア意識	精神保健ボランティア知識	精神保健ボランティア方策	精神保健ボランティア方法
				DNW	self-help意識	self-help状況	SHG	SHG活用方法
		Ⅱ フォーマル	〔3〕医（医療）	A本人	受療意識	医学･保健知識	相談方策	医療利用方法
				B家族	受療意識	医学･保健知識	相談方策	医療利用方法
				C近隣	精神的健康意識	精神的疾患知識	精神相談方策	疾病対処方法
				DNW	医療に関するNW意識	医療に関するNW状況	医療に関するNW組織化	医療に関するNW活用方法
			〔4〕専（社会福祉）	A本人	専門職活用意識	専門職活用知識	専門職活用方策	専門職活用方法
				B家族	専門職活用意識	専門職活用知識	専門職活用方策	専門職活用方法
				C近隣	福祉への意識	福祉への知識	福祉への方策	福祉の利用方法
				DNW	社会福祉に関するNW意識	社会福祉に関するNW状況	社会福祉に関するNW組織化	社会福祉に関するNW利用方法
	2 環境	Ⅲ ベース	〔5〕経（生計）	A本人	生計維持意識	生計維持の状況	生計維持の計画	生計維持の改善方法
				B家族	生計維持意識	経済状況	生計維持協力方策	生計維持協力方法
				C近隣	生計維持協力意識	経済状況	生計維持協力方策	生計維持協力方法
				DNW	経済基盤に関するNW意識	経済基盤に関するNW状況	経済基盤に関するNW組織化	経済基盤に関するNW活用方法
			〔6〕住（住居）	A本人	住居確保に関する意識	住居確保に関する知識	住居確保に関する方策	住居確保に関する方法
				B家族	住居確保に関する意識	住居確保に関する知識	住居確保に関する方策	住居確保に関する方法
				C近隣	地域居住に関する意識	地域居住に関する知識	地域居住に対する受入れ	地域居住に対する方法
				DNW	住居資源に関するNW意識	住居資源に関するNW状況	住居資源の開拓	住居資源活用方法
		Ⅳ 周辺	〔7〕職（通所資源）	A本人	資源利用に関する意識	資源利用に関する知識	資源利用に関する方策	資源利用に関する方法
				B家族	資源利用に関する意識	資源利用に関する知識	資源利用に関する方策	資源利用に関する方法
				C近隣	資源利用に関する意識	資源利用に関する知識	資源利用に関する方策	資源利用に関する方法
				DNW	資源利用に関するNW意識	資源利用に関するNW状況	新しい資源のニーズ把握と開拓	資源利用に関するNW活用方法
			〔8〕遊（精神保健）	A本人	レクリエーションに関する意識	レクリエーションに関する知識	レクリエーションに関する方策	レクリエーションに関する方法
				B家族	レクリエーションに関する意識	レクリエーションに関する知識	レクリエーションに関する方策	レクリエーションに関する方法
				C近隣	レクリエーションに関する意識	レクリエーションに関する取組	レクリエーションに関する方策	レクリエーションに関する方法
				DNW	レクリエーションに関するNW意識	レクリエーションに関するNW状況	レクリエーションに関するNW組織化	レクリエーションに関するNW活用方法

出典：丸山裕子『精神医学ソーシャルワークにおける自律生活再構築アプローチ』大阪府立大学大学院博士学位論文、1997年、51頁
注：NWはネットワーク、SHGはセルフヘルプグループを指す。またアミかけは筆者が行ったものである。

シャルワークの構成要素から作成された生活エコシステムの構成と内容が表Ⅲ－2である。[(80)]

また、中村和彦もソーシャルワーカーの養成教育を目的に、図Ⅲ－10のような精神障害者の生活システムを作成している。

図Ⅲ－10　中村和彦による精神障害者の生活システム

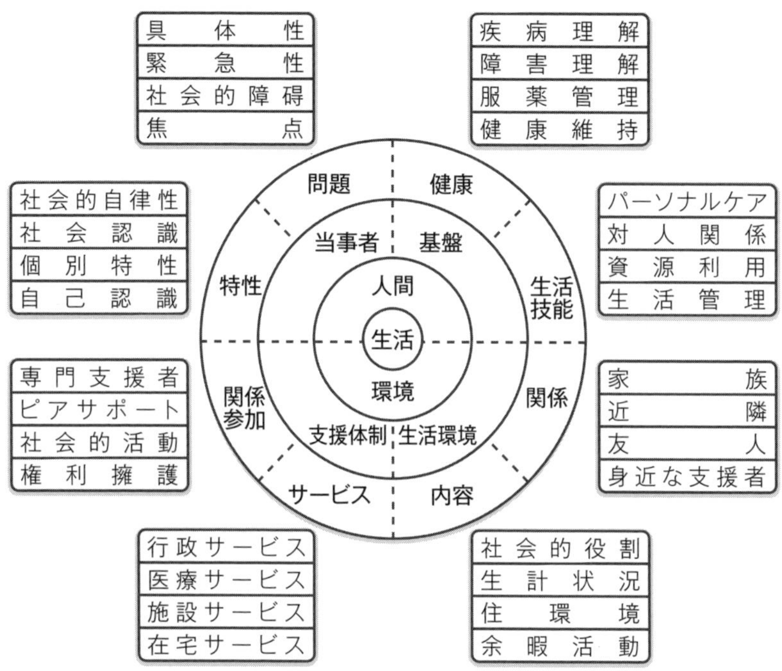
具体性
緊急性
社会的障碍
焦点
疾病理解
障害理解
服薬管理
健康維持
社会的自律性
社会認識
個別特性
自己認識
パーソナルケア
対人関係
資源利用
生活管理
専門支援者
ピアサポート
社会的活動
権利擁護
家族
近隣
友人
身近な支援者
行政サービス
医療サービス
施設サービス
在宅サービス
社会的役割
生計状況
住環境
余暇活動
問題
健康
特性
生活技能
関係参加
関係
サービス
内容
当事者
基盤
支援体制
生活環境
人間
環境
生活

出典：中村和彦『エコシステム構想にもとづくソーシャルワーカー実践教育の展開に関する研究――精神科ソーシャルワーカー養成教育を一例として』龍谷大学大学院博士学位論文、2005年、58頁

（2）精神障害者の就労特性

精神障害者の生活システムや生活エコシステム情報をもとに、精神障害者の就労に焦点をあてた生活エコシステム情報を作成していく。このための就労に関する構成子については、前述の階層性をふまえた就労条件に関する先行研究をもとに、人間と環境に分けて選定を行うことにする。

精神障害者の特性としては、①一度にたくさんの課題に直面すると混乱する。全体の把握が苦手で、自分で段取りをつけられない。②何度も同じ失敗を繰り返す。③あいまいな状況が苦手である。④慣れるのに時間がかかり、状況の変化に弱い。⑤自分中心に物事を考えがちであり、視点の変更ができない。⑥現実吟味力が弱く、高望みしがちで、自己像があいまいである。⑦対人関係を築くのが難しい。⑧緊張が高い。⑨動作や反応がゆっくりしている。⑩対応に不安がある[(81)]などとされている。このようなことから、精神障害者の就労のための個人条件としては、国立職業リハビリテーションセンターが精神障害者の職業能力として示した（50頁）疾病・障害の管理、日常生活能力・社会生活能力、職業準備性・職業準備行動に職業・職務の適合性の中の興味・関心を加えたものをあげている研究が多い。例えば、八木原と寺谷は、日常生活習慣、対人関係[(82)]、自己管理能力、基礎体力をあげ、職業選択条件として作業能力、就労意欲、そして、定着条件としてストレス耐性、満足度をあげている[(83)]。また、山下清次は、日常生活能力、対人関係能力、作業遂行能力、社会生活能力をあげている[(84)]。相澤欽一は、就職準備チェックリストとして、健康の維持、日常生活・社会生活、対人関係、求職活動、基本的労働習慣、作業遂行力、協力を得る、をあげている[(85)]。全家連社会福祉研究所は、作業能力と対人関係[(86)]を、野津眞は、基本的社会生活能力、臨床症状の程度、自己管理能力、ワークパーソナリティ、体力、作業遂行力、就業意欲、職業興味、ストレス耐性、満足度をあげている[(87)]。しかし、臨床症状の程度については、職業的機能に関係がないという研究[(88)]や、就労を決定づけるのは、利用者自身の意欲と働けることを信じているかどうかであるとしているものもある[(89)]。このようなことから、臨床症状の程度という項目は除き、整理したものが表Ⅲ－3である。

これらの項目から就労についての構成子を考えるわけであるが、エコシステム情報を作成する際には、実践要素を盛り込めるような表現にする必要があるため、能力という表現を用いないことにした。そこで、日常生活能力は「生活管理」に、また、社会生活能力は内的・外的要素を含めた広い概念での「社会的自律性」とした。また、なるべく広い概念でとらえられるようにするために、基礎体力に関しては、LASMIの持続性・安定性も含めた「体力・持久力」とし、自己認識は「自己概念」という表現を用いた。

さらに、環境がカバーできる部分は、環境部分の構成子として盛り込んでいる。例えば、作業（遂行）能力については、能力ととらえるだけではなく、利用者の具体的な目標と環境による特性配慮によって作業（遂行）は可能であり、職業興味に関しても利用者の特性を引き出すことで興味も高まるのではないかと考える。また、ストレス耐性についても利用者にのみ求めるのではなく、環境における体調配慮によってストレスは軽減されるであろう。そして、満足度については、図Ⅱ－5（47頁）にあるように利用者が役割を担うこと、これに加えてソーシャルワークの支援概念としての参加・協働によって、それは得られるのではないかと考えた。このように先行研究から整理した個人条件を利用者の就労に焦点をあてた構成子として読み替えたものが表Ⅲ－4である。

表Ⅲ－3　精神障害者の就労条件（個人条件）　表Ⅲ－4　精神障害者の就労に関する構成子（1）

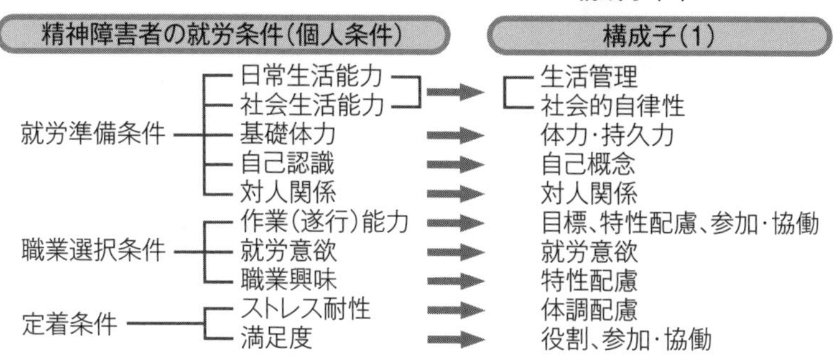
精神障害者の就労条件（個人条件）
構成子（1）
就労準備条件
日常生活能力
社会生活能力
基礎体力
自己認識
対人関係
職業選択条件
作業（遂行）能力
就労意欲
職業興味
定着条件
ストレス耐性
満足度
生活管理
社会的自律性
体力・持久力
自己概念
対人関係
目標、特性配慮、参加・協働
就労意欲
特性配慮
体調配慮
役割、参加・協働

次に、就労環境条件について整理する。精神障害者の特性は、前述のように、障害にも長所にもなりうること、時間経過や環境の変化で障害自体変化するなどの特徴があることから、就労における環境は、特に重要である。先行研究では、環境に必要な条件は、職場体制に関するものとサポート体制などの支援環境の２つに分けていることが多い。例えば、八木原と寺谷は、職場条件として、職務内容、雇用条件、雇用主の姿勢、職場の人間関係をあげており、サポート体制条件として、家族関係、援助者のチーム、自助グループ、雇用助成の制度、所得保障をあげている[(90)]。野津は、職場条件として、職務内容、雇用条件、雇用主の姿勢、職場の対人環境をあげ、サポート体制条件として、住居・所得の保障、家族関係、自助グループ、雇用促進対策をあげている[(91)]。また、相澤は、職場環境として、労働条件、物理的・技術的環境、人的・組織的環境を、サポート条件としての社会環境には、雇用情勢、住宅事情、交通機関状況、家族・援助者状況、福祉制度、社会の態度や理解をあげている[(92)]。一方、精神障害者が職場体制に求めることは、「調子の悪い時に休みを取りやすくする」「労働時間の配慮」「通勤時間の確保、服薬管理等、医療上の配慮」など、また、支援環境については「職業生活、生活全般に関する相談員の配置」となっている。さらに、職場で困った時の相談相手として最も多いのが「家族・親戚」、次いで「職場の上司など」「職場の同僚・友人」となっている[(93)]。これらのことから、利用者側からの職場体制に関するニーズは、ストレスや疲労を過度にためないような十分な時間やゆとり[(94)]を含む「体調配慮」とすることができよう。また、精神的な安定[(95)]のために相談できる人は、職場では「担当者」や「同僚」であろう。さらに、安心感の醸成のために、一緒にいて見守る人や一般就労におけるジョブコーチ[(96)]といった就労支援者も必要とされる。そこで、「援助者のチーム」は、「就労支援者」「就労支援ネットワーク[(97)]」として広くとらえている。精神障害者にとって精神的な安定を保ちつつ安心して失敗できる環境が必要であるとされる[(98)]。また、単純作業を行う作業所などへ行きたがらない利用者が多いことからも理解できるように、持続的な集中力に低下があることも多いため、精神障害者と他障害に対する配慮の違いとして、職業訓練では飽きないような課題を設定することに重点が置かれている[(99)]。これについては、就労体制としての「特性配慮」と読み替えることができるであろう。このような先行研究からの環境条件を整理したものが表Ⅲ－５であり、利用者の就労に関する構成子として読み替えたものが表Ⅲ－6である。

そして、表Ⅲ－4と表Ⅲ－6をあわせて整理したものが、表Ⅲ－7である。

表Ⅲ－5　精神障害者の就労条件（環境条件）　**表Ⅲ－6　精神障害者の就労に関する構成子（2）**

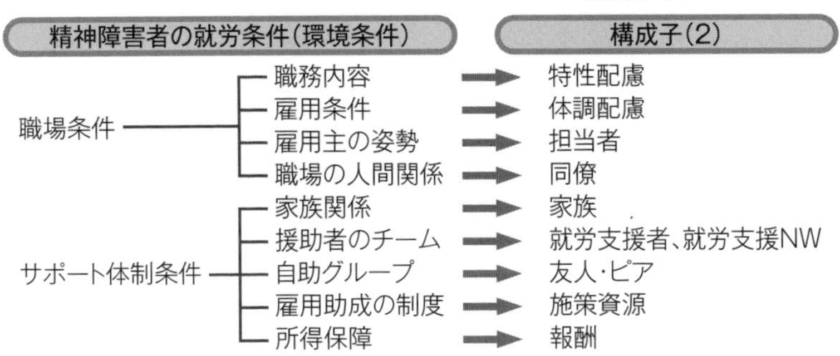
精神障害者の就労条件（環境条件）
構成子（2）
職場条件
職務内容
雇用条件
雇用主の姿勢
職場の人間関係
サポート体制条件
家族関係
援助者のチーム
自助グループ
雇用助成の制度
所得保障
特性配慮
体調配慮
担当者
同僚
家族
就労支援者、就労支援NW
友人・ピア
施策資源
報酬

表Ⅲ－7　精神障害者の就労に関する構成子（3）

精神障害者の就労に焦点をあてた構成子		
生活管理	特性配慮	就労支援者
社会的自律性	体調配慮	就労支援NW
体力・持久力	役割	友人・ピア
自己概念	参加・協働	施策資源
対人関係	担当者	報酬
目標	同僚	
就労意欲	家族	

（3）精神障害者の就労・生活システムとエコシステム

このような精神障害者の就労に関する構成子をもとに生活をシステム化してみたい。

丸山は、前述のように、医療機関から退院した精神障害者を想定して「本人・家族・近隣・ネットワーク」という単位からエコシステム情報を構成している。しかし、精神障害者に対する意識は、当時（1997年〈平成9年〉）に比べて変化してきていると考えられ、また、家族や近隣のサポート、ネットワークは、就労現場において限定的であると予想されることから、就労に焦点をあてた生活システムに「本人・家族・近隣・ネットワーク」を単位とするのはそぐわないと考えた。また、就労を視野に入れるような利用者は、症状もある程度安定しており、一般的な地域生活をとらえようとする基本となる生活システム（図Ⅲ－４）に近いのではないかと考えている。中村（和）も丸山の構成を参考にしつつ基本となる生活システムに準じた構成を行っている。

このようなことから、基本となる生活システムに準じた構成を行い、中村の生活システムを参考に、丸山の生活エコシステム構成における本人の部分（表Ⅲ－２のアミかけ部分）を加え、前述の精神障害者の就労における特性や環境から精神障害者の就労に焦点をあてた生活エコシステムを構成した。

まず、全体である「生活」を基本となる生活システム同様、「人間」と「環境」に２分割した。しかし、「支援」の部分は「就労支援」に変更したうえで、「利用者」「基盤」「周辺」「就労支援」に４分割した。次に、「問題」は、問題ではなく就労における課題ととらえ、「就労姿勢」という前向きな表現に変更し、「就労支援」は、先行研究における職場条件としての「就労支援体制」とサポート体制条件としての「就労支援環境」に２分割した。また、精神障害者の生活システムにおける単位としての「家族」は、就労においても重要であるとされる[(100)]ため「基盤」の中に配置した。そして、「医（医療）・経（生計）・住（住居）・遊（精神保健）」とされた８つの属性構成子のうち「医（医療）」は広くとらえた「健康」に変更したうえで、「健康・生計・住居・趣味／娯楽」として「身辺」に組み込んだ。また、「友（仲間）・専（社会福祉）」は「友人／ピア・ソーシャルワーカー」として「近辺」の中に盛り込んだ。さらに、家族以外に精神障害者の生活システムにおける単位とされていた「近隣」と「ネットワーク」については、「近隣」を「近辺」の１内容構成子として組み込み、また、「ネットワーク」は「家族ネットワーク」と「就労支援ネットワーク」に特化した。

このようにして構成した精神障害者の就労・生活システムが、図Ⅲ－11である。この図では、ミクロ・マクロを縦軸に、家庭生活・社会参加を横軸にとっている。また、「特性・身辺・家族・近辺」という右斜め半分は、生活

図Ⅲ－11　精神障害者の就労・生活システムの構成

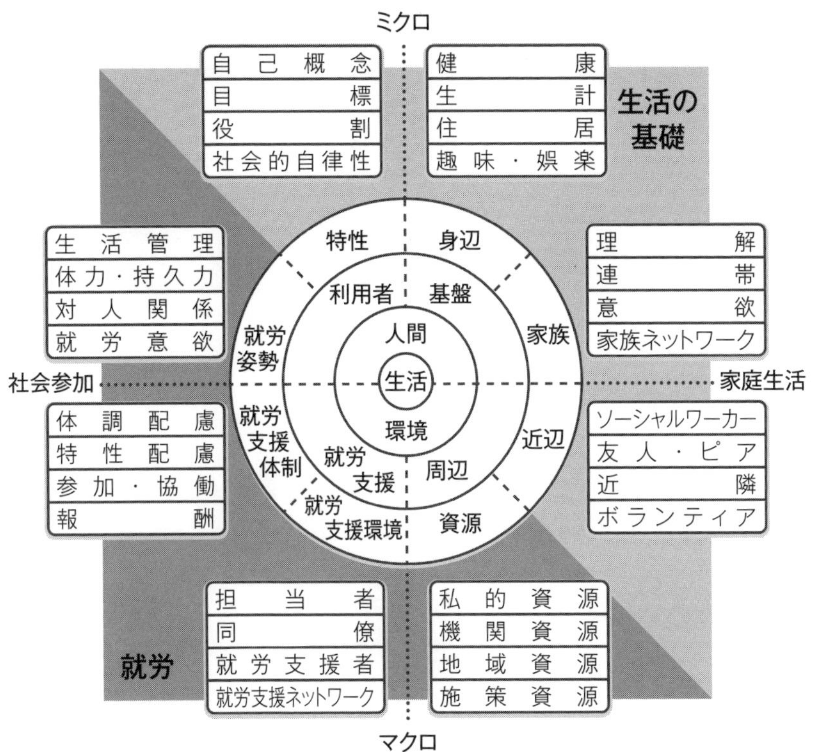
ミクロ
自己概念
目標
役割
社会的自律性
健康
生計
住居
趣味・娯楽
生活の基礎
生活管理
体力・持久力
対人関係
就労意欲
理解
連帯
意欲
家族ネットワーク
特性
身辺
利用者
基盤
人間
就労姿勢
家族
社会参加
生活
家庭生活
体調配慮
特性配慮
参加・協働
報酬
就労支援体制
環境
近辺
就労支援
周辺
就労支援環境
資源
ソーシャルワーカー
友人・ピア
近隣
ボランティア
担当者
同僚
就労支援者
就労支援ネットワーク
私的資源
機関資源
地域資源
施策資源
就労
マクロ

の基礎にあたる部分であり、「資源・就労支援環境・就労支援体制・就労姿勢」という左斜め半分は、就労にあたる部分である。

このような生活エコシステムを立体的に表現してみたものが、図Ⅲ－12であり、A～Dは、それぞれの方向から見た図である。また、縦軸は時間経過、横軸は、広がりである。全体像のイメージは、プラスチックコップのような形であると考えている。下のほうから上のほうへ上がるにつれて、それぞれの構成子が徐々にはっきりと大きく見えるようになっている。下のほうは支援前や支援当初を表しており、利用者の生活の実感というものはボンヤリし、生活はまだ見えにくいということを表している（図Ⅲ－12B）。しかし、支援とともに徐々に構成子が見えてくるようになり、利用者自身も生活を実感していくというプロセスをたどる（図Ⅲ－12C、D）。そして、ソーシャル

図Ⅲ－12　精神障害者の就労・生活エコシステムの概念（立体図）

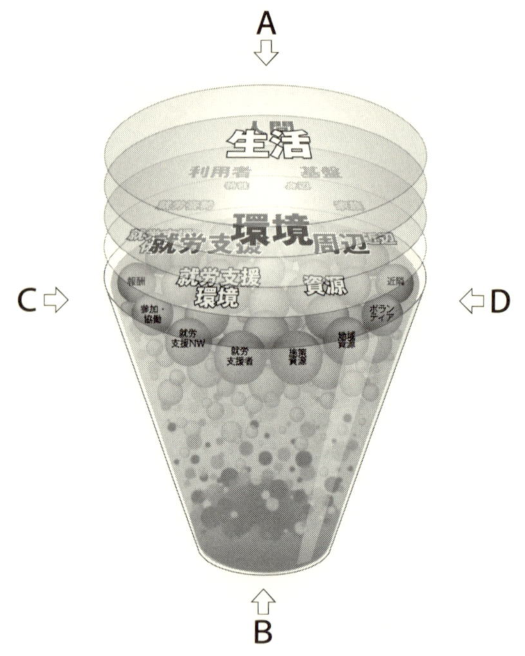
A
生活
利用者
基盤
環境
就労支援
周辺
就労支援
環境
資源
報酬
近隣
C
D
参加・協働
ボランティア
就労支援NW
就労支援者
施策資源
地域資源
B

図Ⅲ－12A　立体図を上から見た視野：利用者とソーシャルワーカーとの参加と協働によって見えた生活

図Ⅲ－12B　立体図を下から見た視野：利用者の実感する生活

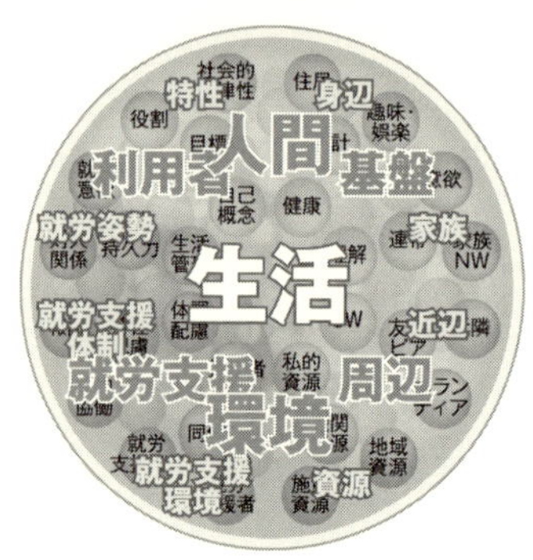
特性
役割
身辺
趣味・娯楽
人間
利用者
基盤
自己概念
健康
就労姿勢
関係
持久力
家族
家族NW
生活
就労支援
体制
近辺
私的資源
就労支援
周辺
環境
地域資源
就労支援
環境
施策資源
資源

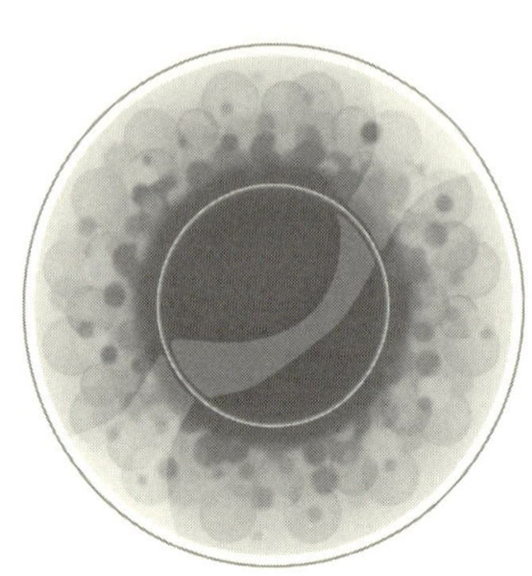

図Ⅲ－12C　立体図を社会参加の側面から見た視野：支援のプロセスによる生活①

図Ⅲ－12D　立体図を家庭生活の側面から見た視野：支援のプロセスによる生活②

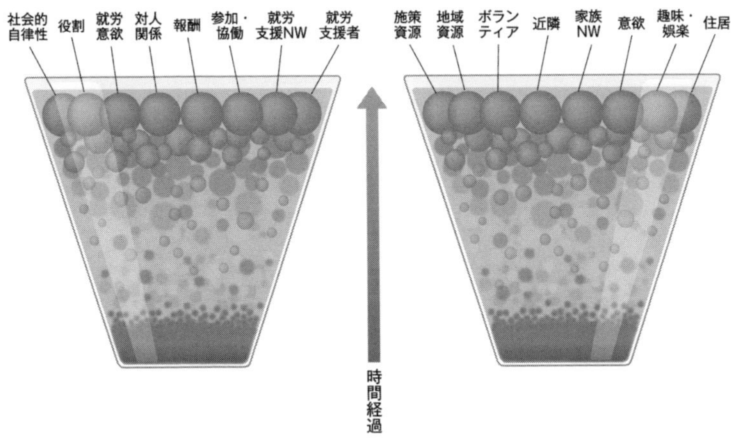
社会的
自律性
役割
就労
意欲
対人
関係
報酬
参加・
協働
就労
支援NW
就労
支援者
施策
資源
地域
資源
ボラン
ティア
近隣
家族
NW
意欲
趣味・
娯楽
住居
時間経過

ワーカーとの協働によって生活というものが見えてくるというイメージである（図Ⅲ－12A）。

また、表Ⅲ－8は、支援ツール活用のために必要となる精神障害者の就労・生活エコシステム構成と内容である。そして、これは、あくまでも精神障害者の就労に焦点をあてた生活を見るにあたって、必要であろうと思われる最大公約数的な構成子を抽出しているのであり、これらの情報で十分だという意味でも、これ以外の情報が必要ないという意味でもないということを確認しておきたい。

そして、この生活エコシステムの内容をもとに、質問項目を作成しており（巻末資料参照）、従来の選択項目が「ある、ある程度ある、あまりない、ない」であるのに対し、精神障害者就労・生活支援ツール[101]では、「ある、ある程度ある、少しはある、まだない」という前向きな表現を用いている。第Ⅳ章では、この支援ツールを実践の場で活用していくことにする。

表Ⅲ−8　精神障害者の就労・生活エコシステム構成と内容

実践要素の構成 内容情報 ／ 生活システム 領域カテゴリー					1 価値 態度 姿勢 志向 機運 関心 自覚	2 知識 現状 事実 実状 内容 関係 理解	3 方策 制度 政策 計画 施策 見通 私策	4 方法 取組 対応 参加 活用 協力 努力
全体	領域	分野	属性	内容	価値意識	状況認識	資源施策	対処方法
生活	1 人間	Ⅰ 利用者	〔1〕特性	A 自己概念	自己への関心	自己理解	自信	自己受容
				B 目標	目標意識	目標の具体化	目標達成の見通	目標達成努力
				C 役割	役割への関心	役割の現状	役割向上の見通	役割向上努力
				D 社会的自律性	生きがい意識	適応・環境調整状況	適応・環境調整の見通	支援要請の努力
			〔2〕就労姿勢	A 生活管理	生活管理への関心	生活管理の現状	生活管理向上の見通	生活管理向上の取組
				B 体力・持久力	体力・持久力への意識	体力・持久力の現状	体力・持久力向上見通	体力・持久力向上努力
				C 対人関係	対人関係への関心	対人関係の現状	対人関係向上の見通	対人関係向上の努力
				D 就労意欲	就労意欲への関心	就労意欲の現状	就労意欲向上の見通	就労意欲向上の努力
		Ⅱ 基盤	〔3〕身辺	A 健康	体調管理への関心	体調管理の現状	体調の維持計画	体調の維持努力
				B 生計	生計への姿勢	生計の現状	生計の維持計画	生計の維持努力
				C 住居	住居への関心	住居の現状	住居の維持計画	住居の維持努力
				D 趣味・娯楽	趣味・娯楽への関心	趣味・娯楽の現状	趣味・娯楽の見通	趣味・娯楽の取組
			〔4〕家族	A 理解	家族による理解	家族の役割関係	家族役割の改善計画	家族役割改善の努力
				B 連帯	家族による連帯意識	家族連帯の状況	家族連帯の改善策	家族連帯努力
				C 意欲	家族の支援意識	家族の支援意欲の状況	家族の支援への見通	家族の支援への協力
				D 家族NW	社会への関心	社会との関係	社会参加計画	社会参加努力
	2 環境	Ⅲ 周辺	〔5〕近辺	A SWer	SWerの意識	SWerの理解	SWerの支援策	SWerの支援協力
				B 友人・ピア	友人・ピアの意識	友人・ピアの現状	友人・ピアの支援策	友人・ピアの支援協力
				C 近隣	近隣意識	近隣理解	近隣の支援見通	近隣の支援協力
				D ボランティア	ボランティアの意識	ボランティアの理解	ボランティアの支援見通	ボランティアの支援協力
			〔6〕資源	A 私的資源	私的資源への関心	私的資源の現状	私的資源活用の見通	私的資源活用取組
				B 機関資源	機関資源への関心	機関資源の現状	機関資源活用の見通	機関資源活用取組
				C 地域資源	地域資源への関心	地域資源の現状	地域資源活用の見通	地域資源活用取組
				D 施策資源	施策資源への関心	施策資源の現状	施策資源活用の見通	施策資源活用取組
		Ⅳ 就労支援	〔7〕就労支援体制	A 体調配慮	体調配慮への意識	健康の理解	健康への支援策	健康配慮の取組
				B 特性配慮	特性配慮への意識	特性の理解	特性配慮への支援策	特性配慮の取組
				C 参加・協働	参加・協働への意識	参加・協働の理解	参加・協働への支援策	参加・協働の取組
				D 報酬	報酬への関心	報酬の現状	報酬改善計画	報酬改善の努力
			〔8〕就労支援環境	A 担当者	担当者の調整意識	担当者の理解	担当者の支援見通	担当者の支援努力
				B 同僚	同僚の意識	同僚の理解	同僚の支援見通	同僚の支援努力
				C 就労支援者	就労支援者の意識	就労支援者の理解	就労支援者の支援見通	就労支援者の支援努力
				D 支援NW	支援NWの関心	支援NW活用の理解	支援NW活用の見通	支援NW活用努力

注：NWはネットワーク、SWerはソーシャルワーカーを指す

[注および引用・参考文献]

(1)　United Nations, Department of Social Affairs, *Training for Social Work: An International Survey*,United Nations, 1950, pp.105-121.
United Nations, Department of Economic and Social Affairs, *Training for Social Welfare: Fifth International Survey*, United Nations,1971, pp.3-4.
O'Neil, M. J., *General Method of Social Work Practice*, Prentice-Hall, 1984, pp.31-32.
得津慎子『新版　ソーシャルワーク援助技術論――理論と実践』西日本法規出版、2003年、36-44頁
小松源助『ミネルヴァ・アーカイブス　社会福祉実践の共通基盤』ミネルヴァ書房、2009年、52-57頁
国際ソーシャルワーク学校連盟・国際ソーシャルワーカー連盟・社団法人日本社会福祉教育学校連盟『ソーシャルワークの定義　ソーシャルワークの倫理　ソーシャルワークの教育・養成に関する世界基準』相川書房、2009年
(2)　柏木昭・籏野脩一編『医療と福祉のインテグレーション』へるす出版、1997年、35-36頁
(3)　安井理夫『実存的・科学的ソーシャルワーク――エコシステム構想にもとづく支援技術』明石書店、2009年、15頁
(4)　加茂陽『ヒューマンサービス論――その社会理論の批判的吟味』世界思想社、1998年
三島亜紀子「『社会福祉学』におけるポストモダン的分析――近代を懐疑するまなざしについての最近の論争」『ソーシャルワーク研究』24(2)、1998年
三島亜紀子「『ポストモダニズム』と相対化されたsocial work theory」『ソーシャルワーク研究』26(4)、2001年
松倉真理子「社会福祉実践における『他者』の問い――脱近代ソーシャルワーク議論の意味」『社会福祉学』42(1)、2001年
(5)　福祉士養成講座編集委員会編『新版　社会福祉士養成講座8　社会福祉援助技術論Ⅰ　第3版』中央法規出版、2006年、121頁
(6)　太田義弘・中村佐織・石倉宏和編『ソーシャルワークと生活支援方法のトレーニング――利用者参加へのコンピュータ支援』中央法規出版、2005年、5頁
(7)　岡本栄一・岡本民夫・高田真治編『新版　社会福祉原論』ミネルヴァ書房、1996年、58頁
(8)　Maluccio, A. N., *Promoting Competence in Clients: A New/Old Approach to Social Work Practice*, The Free Press, 1981, p.ix.
(9)　原典では「クライエント」「生活援助」と表記されているが、近年では、太田も「クライエント」を「利用者」、「援助」を「支援」に置き換えていることから「利用者」「支援」を用い、以下も同様にしている（太田義弘編『ソーシャルワーク実践と支援過程の展開』中央法規出版、1999年、7-11頁）。
(10)　太田義弘『ソーシャルワーク実践とエコシステム』誠信書房、1999年、142頁
(11)　秋山薊二「ソーシャルワーク理論モデル再考――統合モデルの理論背景・実践過程の特徴・今後の課題」『ソーシャルワーク研究』21(3)、1995年、162頁
(12)　前掲書10、179頁
(13)　太田義弘編『ソーシャルワーク実践と支援科学――理論・方法・支援ツール・生活支援過程』相川書房、2009年、237頁
(14)　前掲書6、15頁
(15)　フォン・ベルタランフィ（長野敬・太田邦昌訳）『一般システム理論――その基礎・発展・応用』みすず書房、1975年、31頁
(16)　前掲書6、19頁

(17) 太田義弘「ソーシャルワークの臨床的展開とエコシステム構想」『龍谷大学社会学部紀要』22、2003年、5頁

(18) ジャーメイン,C.B.(小島蓉子編訳)『エコロジカル・ソーシャルワーク』学苑社、1992年、8頁

(19) Germain, C. B., Gitterman, A., *The Life Model of Social Work Practice*, Columbia University Press, 1980, p.4.

(20) 前掲書18、16頁

(21) 生物学的な「適応」は、受動的な順応を意味するのではなく、人間自身と環境の変化との交互作用的なプロセスも含まれるとされる。

Germain, C. B., Gitterman, A., "Life Model versus Conflict Model", *Social Work*, 32, 1987.

Gould, K., "Life Model versus Conflict Model: A Feminist Perspective", *Social work*, 32, 1987.

Weiss, P., "Biological Basis of Adaptation", Romane J.(ed.), *Adaptation*, Corwell University Press, 1949, pp.3-21.

Germain, C. B., Gitterman, A., *The Life Model of Social Work Practice*, 2nd ed., Columbia University Press, 1996, pp.5-7.

(22) Germain, C. B., Gitterman, A. (1980), *op. cit.*, p.5.

(23) 前掲書18、8頁

(24) Goldstein, E. G., "Clinical and Ecological Approaches to the Borderline Client", *Social Casework*, 64, 1983.

Libassi, M. F., Maluccio, A. N., "Teaching the Use of Ecological Perspective in Community Mental Health", *Journal of Education of Social Work*, 18, 1982.

Wetzel, J., "Depression and Dependence upon Sustaining Environments", *Clinical Social Work Journal*, 6, 1978.

(25) 前掲書10、97-98頁

(26) 前掲書13、31頁

(27) 前掲書6、20頁

Meyer, C. H., *Social Work Practice: The Changing Landscape*, 2nd ed., The Free Press, 1976.

(28) 太田義弘編『ソーシャルワーク実践と支援過程の展開』中央法規出版、1999年、32頁

(29) Meyer, C. H., Mattaini, M. A., *The Foundations of Social Work Practice*, NASW Press, 1997, p.18.

(30) 前掲書6、7頁

(31) ターナー,F.J.編(米本秀仁監訳)『ソーシャルワーク・トリートメント——相互連結理論アプローチ(上)』中央法規出版、2000年、20頁

(32) Meyer, C. H.(ed.), *Clinical Social Work in the Eco-Systems Perspective*, Columbia University Press, 1983, p.29.

(33) Brower, A. M., "Can the Ecological Model Guide Social Work Practice?", *Social Service Review*, 62(3), 1988.

Wakefield, J. C., "Does Social Work Need the Eco-Systems Perspective? Part1. Is the Perspective Clinically Useful?", *Social Service Review*, 70(1), 1996.

Wakefield, J. C., "Does Social Work Need the Eco-Systems Perspective? Part2. Does the Perspective Save Social Work Incoherence?", *Social Service Review*, 70(2), 1996.

(34) 小松源助「ソーシャルワーク実践におけるエンパワーメントアプローチの動向と課題」『ソーシャルワーク研究』21(2)、1995年

(35) マートンの「中範囲理論」は、理論と実証を統合させていくための社会学理論である。こ

の理論に示唆を得て、ソーシャルワークにおける理論と実践のかけ橋となる概念を「中範囲概念」とした（前掲書10、243-246頁）。
(36)　エコシステム研究会とは、太田義弘、中村佐織などのソーシャルワーク研究者を中心とした、臨床現場にエコシステム視座を具現化するための研究を行っている研究会である。
(37)　御前由美子「エコシステム構想における精神障害者就労・生活支援ツールの意義」『総合福祉科学学会誌』1、2010年
(38)　三島亜紀子『社会福祉学の〈科学〉性――ソーシャルワーカーは専門職か？』勁草書房、2007年、175頁
(39)　同書、190頁
(40)　Howe, D., "Modernity, Postmodernity and Social Work", *British Journal of Social Work*, 24 (5), 1994.
(41)　米倉裕希子は、潜在的に有害かもしれない介入を押しつけることを避けるために、無作為比較対象試験を行う必要性を主張している（米倉裕希子「ソーシャルワークにおける根拠に基づく実践――Evidence-based practice の現状と課題」『社会問題研究』53(1)、2003年）。
(42)　前掲書31、402頁
(43)　Powers, W. T., "Feedback: Beyond Behaviorism", *Science*, 179, 1973.
(44)　Payne, M., *Modern Social Work Theory: A Critical Introduction*, Macmillan, 1994, p.136.
秋山薊二「一般システム論とソーシャルワークの枠組み」『弘前学院大学一般教育学会誌』3、1983年
(45)　精神障害者の一人暮らしは、15.8%とされている。（「精神障害者等調査」http://www.city.musashimurayama.tokyo.jp/plan/chiikifukushikeikaku-pdf/015.pdf）
(46)　Hartman, A., Laird, J., *Family-Centered Social Work Practice*, The Free Press, 1983, pp.157-186.
Mattaini, M., *More Than Thousand Words: Graphics for Clinical Practice*, NASW Press, 1993
ケンプ, S. P.・ウィタカー, J. K.・トレーシー, E. M.（横山穣・北島英治・久保美紀他訳）『人－環境のソーシャルワーク実践――対人援助の社会生態学』川島書店、2000年、106-138頁
平山尚・武田丈・藤井美和『ソーシャルワーク実践の評価方法――シングル・システム・デザインによる理論と技術』中央法規出版、2002年
パーカー, J.・ブラッドリー, G.（岩崎浩三・高橋利一監訳）『進化するソーシャルワーク――事例で学ぶ　アセスメント・プランニング・介入・再検討』筒井書房、2008年、83-122頁
(47)　倉知延章「就労支援の過程」松為信雄・菊池恵美子編『職業リハビリテーション学――キャリア発達と社会参加に向けた就労支援体系』協同医書出版社、2006年、141頁
(48)　太田義弘・黒田隆之・溝渕淳「支援ツールの意義と方法」『ソーシャルワーク研究』26(4)、2001年、20頁（原典では、「クライエント」となっているが、「利用者」と表記している）
(49)　同論文
(50)　太田義弘・秋山薊二編『ジェネラル・ソーシャルワーク――社会福祉援助技術論』光生館、2005年、34頁
(51)　前掲書6など
また、ポイント計算の方法については、太田義弘「ソーシャルワーク実践研究とエコシステム構想の課題」『龍谷大学社会学部紀要』20、2002年を参照いただきたい。
(52)　竹内愛二『実践福祉社会学』弘文堂、1972年、13頁
(53)　同書、156頁
(54)　日本社会福祉士会編『新　社会福祉援助の共通基盤（上）』中央法規出版、2007年、136頁
(55)　バートレット, H. M.（小松源助訳）『ミネルヴァ・アーカイブス　社会福祉実践の共通基

盤』ミネルヴァ書房、2009年、174頁
(56) 太田義弘「ソーシャル・ワークにおけるアセスメント――その意義と方法」『ソーシャルワーク研究』20(4)、1995年
(57) Pincus, A., Minahan, A., *Social Work Practice: Model and Method*, F. E. Peacock, 1973, p.102.
(58) Siporin, M., *Introduction to Social Work Practice*. Macmillan, 1975, p.219.
Hepworth, D. H., Larson J. A., *Direct Social Work Practice: Theory and Practice*, Dorsey Press, 1982, p.155.
Meyer, C. H.(ed.), op. cit., p.177.
Franklin, C., Jordan, C., "Qualitative Assessment: A Methodological Review", *Families in Society: Journal of Contemporary Human Services*, 76(5), 1995.
DuBois, B., Miley, K. K., *Social Work: An Empowering Profession*, 7th ed., Allyn and Bacon, 2010, p.193.
(59) グリーン, R. R. 編(三友雅夫・井上深幸監訳)『ソーシャルワークの基礎理論――人間行動と社会システム』みらい、2006年、361頁
DuBois, B., Miley, K. K., op. cit., p.197.
(60) 中村佐織『ソーシャルワーク・アセスメント――コンピュータ教育支援ツールの研究』相川書房、2002年、42頁
(61) 岩間伸之『ソーシャルワークにおける媒介実践論研究』中央法規出版、2000年、167-168頁
(62) 小国力『システムと私たち』日本評論社、1995年、220頁
(63) 福祉士養成講座編集委員会編『新版社会福祉士養成講座8　社会福祉援助技術論Ⅰ』中央法規出版、2006年、298頁
(64) 小川美紀雄『障害者とMacintosh』毎日コミュニケーションズ、1997年、10頁
(65) Miley, K. K., O'Melia, M., DuBois, B. L., *Generalist Social Work Practice: An Empowering Approach*, Allyn Bacon, 1998, p.265.
(66) Hartman, A., "The Professional in Political", *Social Work*, 38(4), 1993.
(67) Hartman, A., "In Search of Subjugated Knowledge", *Social Work*, 37(6), 1992.
(68) Minahan, A.(eds.) *Encyclopedia of Social Work* vol.1, NASW Press 1987, p.172.
(69) ソーシャルワーカーと利用者は知を共有すべきであるとしている。
Saleebey, D., "The Strengths Perspective in Social Work Practice: Extensions and Cautions", *Social Work*, 41(3), 1996.
(70) 前掲書61、169頁
(71) 岩崎晋也・宮内勝・大島巌他「精神障害者社会生活評価尺度の開発」『精神医学』36(11)、1994年
(72) HONDA「エコ＆セーフティドライブ　あなたも今日からエコドライブを始めてみませんか?」http://www.honda.co.jp/safetyinfo/eco/
(73) 就労意欲のない利用者への就労意欲の向上に対しては、「就労意欲形成プログラム」によるセミナーや個別面談による支援が行われている(社会福祉士養成講座編集委員会編『新・社会福祉士養成講座18　就労支援サービス』中央法規出版、2009年、89頁)。
(74) 相澤欽一「面接と自己決定の支援」松為信雄・菊池恵美子編『職業リハビリテーション学――キャリア発達と社会参加に向けた就労支援体系』協同医書出版社、2006年、144頁
(75) 岡上和雄・大島巌・荒井元傳編『日本の精神障害者』ミネルヴァ書房、1988年、153頁
(76) 村田信男・川関和俊『精神障害者の自立と社会参加』創造出版、1999年、230頁
(77) 野中猛・松為信雄編『精神障害者のための就労支援ガイドブック』金剛出版、2005年、71頁

(78)　丸山裕子『精神医学ソーシャルワークにおける自律生活再構築アプローチ』大阪府立大学大学院博士学位論文、1997年、47頁
(79)　同論文、52頁
(80)　同論文、51頁
(81)　独立行政法人高齢・障害者雇用支援機構障害者職業総合センター『調査研究報告書 No.70 精神障害者の職業訓練指導方法に関する研究』障害者職業総合センター、2006年、59頁
　昼田源四郎『分裂病者の行動特性』金剛出版、1989年
　杉本敏夫監修　津田耕一・植戸貴子編『ソーシャルワークシリーズ　障害者とソーシャルワーク』久美、2003年、156-157頁
(82)　対人関係には、コミュニケーション能力が大切であるとされている。
　Charisiou, J., Jackson, H. J., Boyle, G. J., et al., "Which Employment Interview Skills Best Predict the Employability of Schizophrenic Patients?", *Psychological Reports*, 64, 1989.
(83)　前掲書77、72頁
(84)　同書、111頁
(85)　相澤欽一『現場で使える精神障害者雇用支援ハンドブック』金剛出版、2007年、86頁
(86)　全家連社会福祉研究所編『ぜんかれん保健福祉研究所モノグラフ No.4「精神障害者」の就労リハビリテーションの現段階』全国精神障害者家族会連合会、1993年、86-90頁
(87)　前掲書77、50頁
(88)　カルディエロ, J．A．・ベル, M．D．編（岡上和雄・野中猛・松為信雄監訳）『精神障害者の職業リハビリテーション』中央法規出版、1991年、259頁
　Anthony, W. A., Jansen, M. A., "Predicting the Vocational Capacity of the Chronically Mentally Ill.: Research and Policy Implications", *American Psychologist*, 39(5), 1984.
(89)　同書、41-52頁
(90)　同書、72頁
(91)　同書、51頁
(92)　前掲書85、77頁
(93)　前掲書81（独立行政法人高齢・障害者雇用支援機構障害者職業総合センター）、20頁
(94)　野中猛『図説　精神障害リハビリテーション』中央法規出版、2003年、33頁
(95)　不安感は、精神障害者の主観的ＱＯＬに関連するという研究がなされている。
　Huppert, J. D., Weiss, K. A., Lim, R., et al., "Quality of Life in Schizophrenia: Contributions of Anxiety and Depression", Schizophrenia Research, 51(2), 2001, pp.171-180.
　Fitzgerald, P. B., de Castella, A. R., Filla, K., et al., "A Longitudinal Study of Patient-and-observer-rated Quality of Life in Schizophrenia", *Psychiatry Research*, 119(1), 2003, pp.55-62.
(96)　小川浩「ジョブコーチの方法と技術」松為信雄・菊池恵美子編『職業リハビリテーション学——キャリア発達と社会参加に向けた就労支援体系』協同医書出版社、2006年、242頁
(97)　独立行政法人高齢・障害者雇用支援機構障害者職業総合センター職業リハビリテーション部『2009年度版　就業支援ハンドブック　障害者の就業支援に取り組む方のために』大誠社、2009年、42-53頁
(98)　精神保健福祉白書編集委員会編『精神保健福祉白書2009年版』中央法規出版、2008年、35頁
(99)　前掲書81（独立行政法人高齢・障害者雇用支援機構障害者職業総合センター）、73頁
(100)　精神障害者にとっての家族の重要性は、かねてから強調されてきた。
　Leff, J., Kuipers, L., Berkowitz, R., et al., "A Controlled Trial of Social Intervention in the Families of Schizophrenic Patients: Two Year Follow-up", *British Journal of Psychiatry*, 146, 1985.
　Tarrier, N., Barrowclough, C., Vaughn, C., et al., "The Community Management of

Schizophrenia: A Controlled Trial of a Behavioural Intervention with Families to Reduce Relapse", *British Journal of Psychiatry*, 153, 1988.

ベッカー, D. R.・ロバート, E.（大島巌・松為信雄・伊藤順一郎監訳）『精神障害をもつ人たちのワーキングライフ』金剛出版、2004年、24頁

東雄司『精神障害者・自立への道』ミネルヴァ書房、1991年、162頁

独立行政法人高齢・障害者雇用支援機構障害者職業総合センター『調査研究報告書 No.76の1　障害者雇用に係る需給の結合を促進するための方策に関する研究（その1）』障害者職業総合センター、2007年、121頁

(101) 職域拡大を目的として、身体障害者や知的障害者などのパソコン作業を可能にする「就労支援ツール」が障害者職業総合センターによって開発されている（独立行政法人高齢・障害者雇用支援機構障害者職業総合センター『調査研究報告書 No.60　障害者の職域拡大のための職場改善及び就労支援ツールに関する研究』）。これとの混同をふせぐために、「精神障害者就労・生活支援ツール」としている。

Ⅳ ソーシャルワークによる精神障害者就労支援の実証的展開

1．ＮＰＯ法人と事例

（1）ＮＰＯ法人設立、活動開始までの経過

精神障害者が就労するにあたり、実際の場面において求められる環境をまとめると以下のようになるであろう。

① 安心して休める、あるいは休憩できるなどの体調配慮があること
② その人の特性や興味に応じた仕事をつくりだせる柔軟性をもっていること
③ ①と②から、マイペースでできる仕事であること[(1)]
④ 参加と協働の姿勢があること
⑤ 利用者が納得できるある程度の報酬を出せること
⑥ 病気や障害に対する理解のある担当者がいること
⑦ 同僚が病気や障害に対して理解をしようとする雰囲気があること
⑧ 就労支援者を配置していること
⑨ 就労支援ネットワークを構築する努力があること
⑩ 地域資源などを発見し活用する姿勢をもっていること

しかし、提供されるサービスがはじめにありきとされるような現状では、上記のような条件を満たすことが難しい。そこで、筆者がかかわっていた精神障害者家族会をＮＰＯ法人化し、利用者のニーズにあった就労支援事業を行う準備をしていた。しかし、家族会会員は高齢化が進んでおり体調をくず

すことが多くなったため、家族会の法人化を断念せざるをえなかった。そこで、有志がその意思を継いでＮＰＯ法人を設立し、活動を始めたという経緯がある。

ソーシャルワークは、前述のように制度・政策からのトップダウン的な実践のみではなく、制度・政策の改善をも視野に入れたボトムアップ的な実践を目指している。そして、「ソーシャルワークの課題は、利用者の現実に包括・統合的に対応するため、コミュニティぐるみの支援サービスをフィードバックし、その成果を新しいサービスの整備と活用へ統合・循環できるソーシャルワークの実践過程であることが期待されている[(2)]」。利用者のニーズに合致したサービスがない場合は、コミュニティぐるみでサービスをつくりだしていこうとする活動が必要となるのである[(3)]。このようなことからＮＰＯ法人を立ち上げ[(4)]、柔軟な環境としての就労場面[(5)]における就労支援を試みている。表Ⅳ－１は、活動開始までの経過をまとめたものである。

表Ⅳ－1　NPO活動開始までの経過

時　期	内　容
2007年 4月	●精神障害者家族会から、就労支援事業を行うためのNPO法人を立ち上げようと思っているという話を聞く。
5月	●精神障害者家族会がNPO法人を立ち上げる準備をするために、会員とともにNPOサポートセンター主催のNPO基礎講座（事業報告について）に参加する。
7月	●精神障害者家族会会員とともにNPO基礎講座（NPO法人設立について）に参加する。
2008年 1月	●家族会より、高齢のために体調をくずす会員が多く、立ち上げを断念したとの話を聞く。
3月～	●NPO法人の立ち上げの準備にとりかかる。
3月～6月	●メンバーを募る。 ●メンバーで、事業の構想について話し合いを重ねる。
5月～6月	●労働基準局や税務署にて報酬や税金関係についての知識を得る。
6月	●NPOサポートセンターの協力のもと、定款の作成を行う。 ●総会を開き、役員を決定する。
7月～8月	●設立書類の作成を行う。
8月	●設立申請を行う。
8月～	●利用者を募集する。
10月	●活動場所の自治会長に活動内容や開始時期などの説明をし、協力要請を行う。 ●設立が認可される。 ●精神障害者家族会から、利用者の紹介がある。
11月	●活動を開始する。

なお、本章では事例を扱うことから、事例における人物や家族には了解を得ている。そのうえで、地名、法人名については固有名詞を使用せず、X法人、Y県という表記を用いるとともに、個人名については実際のイニシャルではないAさん、Bさん、Cさんというアルファベット表記をすることで、個人が特定されないように倫理的配慮を行っている。また、アセスメント時に使用する支援ツールに関しては、利用者やメンバーに説明を行い、活用目的への理解を得たうえで使用している。

（2）ＮＰＯ法人の概要、活動内容

次に、ＮＰＯ法人の概要である。ＮＰＯ法人では17分野の活動[(6)]のうち、X法人は、①保健、医療又は福祉の増進を図る活動、②まちづくりの推進を図る活動、③職業能力の開発又は雇用機会の拡充を支援する活動を行うこととしている。

また、X法人が活動を行っているY県は、市街地を少し離れると自然が豊かであるが、高齢や転居のために畑が放置されている場合も多い。そこで、使われていない畑を無償で借りて野菜などを生産したり、自生している花や放置されている果実などを収穫させていただいたりしている。また、海に近いという立地を活かして、海藻を採取し加工品にする場合もある。非営利組織のマネジメントはビジネスよりも難しいとされる[(7)]が、このような地域性を活かした取り組みにより、材料費を最小限におさえることが可能となっている。また、これらの商品は、農業協同組合（ＪＡ）の生産者直売所やイベントなどで販売している。現在の活動は、週１、２回程度、活動時間は３時間程度である。また、活動の特徴としては、作業を訓練という位置づけではなく請負契約の仕事としているため、１回につき1,000円を支払っている。しかし、全員で話をしながらお茶を飲んだりお菓子を食べたりする休憩時間を必ず設けたり、誕生会、ミニパーティー、花見やイベント後の打ち上げなどを行うといったゆとりのある活動をするように心がけている。

既存の小さな資源を組み合わせて活用し[(8)]、障害のある人のみではなく障害のある人もない人も高齢者も含め、地域住民の参加・協働による就労を通じて、ともに生きがいのある地域生活を送る、すなわち共生を目指そうとするものである。図Ⅳ－１は、活動の目標を表したものであり、アミかけ部分は、精神障害者を対象とした現在の活動の位置を示している。

図Ⅳ－1　活動の目標と現在の位置づけ

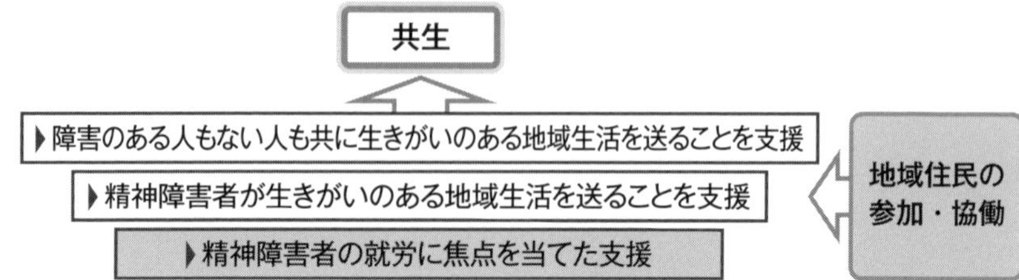
共生
▶障害のある人もない人も共に生きがいのある地域生活を送ることを支援
▶精神障害者が生きがいのある地域生活を送ることを支援
▶精神障害者の就労に焦点を当てた支援
地域住民の
参加・協働

（3）事例の概要

次に、就労に焦点をあてたソーシャルワークの事例展開を行う。事例の選定については、中断することなく活動に参加されているＡさんの事例をとりあげることにする。

Ａさんは、過去に一般就労をしていたが、就労中に精神疾患を発症したため入院し、その後、退職した。以前は病院内のデイケアへ通っていたが、今は、ほとんど通わなくなっている。このため病状は安定しているにもかかわらず、日中のほとんどを自宅で過ごしている[(9)]。母親の仕事が休みのときにドライブに出かけることがＡさんの楽しみであり、走行距離は３年で８万 km となっているが、その多くは目的のない場合が多い。このため、母親も疲れ果てている。Ａさんが作業所へでも行ってくれれば少しは気が楽になるのだが、当事者ばかりで閉鎖的な感じがするといって、Ａさんは作業所へは行きたがらないとのことであった[(10)]。そこで、作業所ではないＸ法人活動に参加するようになった。

本事例は、Ｘ法人活動とエコシステム構想による支援展開により、自信や意欲を失っていたＡさんが活動において自分の役割をもつようになり、また、メンバーや地域住民との交流を通して他者と自分との違いを認識するようになることで、自信や意欲を向上させるとともに、具体的な目標をもって自分らしい地域生活を送る努力をするようになったというものである。

【利用者の基本情報】

氏　　　名：Ａさん　男性　29歳
手　　　帳：精神障害者保健福祉手帳２級
性格・特性：子どものように母親に甘えるところがある。また、雨が降ると雷が鳴るかもしれないと思い、不安になる。
趣　　　味：ゲーム、パソコン、フィギュア収集
職　　　歴：あり（事務系）
家 族 構 成：Ａさん、父親、母親の３人暮らし
住　　　居：一戸建て
生　　　計：障害年金２級を受給し、家族の扶養となっている。母親が金銭管理を行い、小遣いとして月に３万円を渡されている。しかし、そのほとんどをゲームソフトやフィギュアの購入に使っている。

2．経過の概要（前期）

（1）第１期　（平成20年11月初旬～平成21年３月初め）

母親とともに体験参加をしたＡさんは、何をする際にも母親に確かめたりたずねたりしており、自信の低下とともに自分から何かをしようという意欲はあまり見られなかった。また、10分ほど作業を行うと疲れてしまい、極端な体力・持久力の低下があった。体験参加中の会話を通して家庭での様子などについての情報を得ることができた。

初回アセスメントでは、決して判定をするためのデータではないという点を強調して、ツールについての説明を行った。そして、未確認であった情報を確認したうえで表示した結果が図Ⅳ－２Ａである。なお、ここでは経過の概要のみを述べることにする。

図Ⅳ－2A　アセスメント結果①

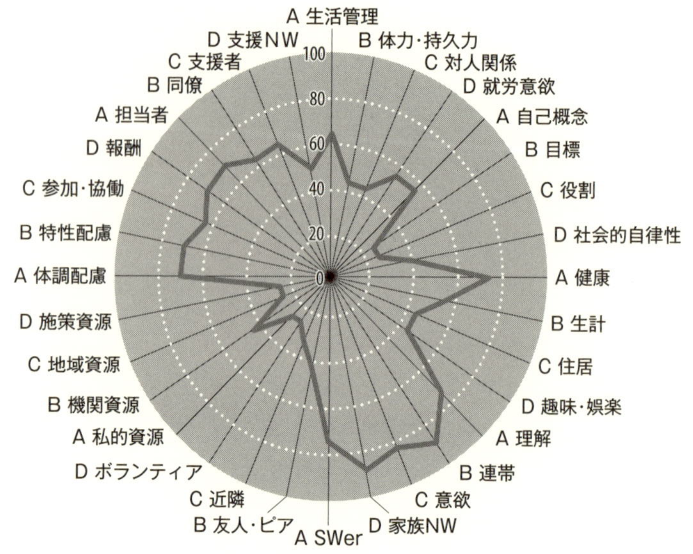
A 生活管理
B 体力・持久力
C 対人関係
D 就労意欲
A 自己概念
B 目標
C 役割
D 社会的自律性
A 健康
B 生計
C 住居
D 趣味・娯楽
A 理解
B 連帯
C 意欲
D 家族NW
A SWer
B 友人・ピア
C 近隣
D ボランティア
A 私的資源
B 機関資源
C 地域資源
D 施策資源
A 体調配慮
B 特性配慮
C 参加・協働
D 報酬
A 担当者
B 同僚
C 支援者
D 支援NW
100
80
60
40
20
0

以下は、１回目のアセスメント後の経過の概要である。

・当初のＡさんは、すぐに「無理です」「難しい」と言うことが多かった。
・メンバーは、Ａさんが作業をしやすいように柿をつるすひもを変更するなどの細かい工夫や、Ａさんの特性を活かした役割づくりを行う。
・地域住民がボランティアで参加する。
・ＪＡで販売をするようになる。
・話の内容が理解できない場合は、詳しく説明してほしいと言う。
・「八朔（はっさく）を採ってしまおう」「あと10分だけしよか」という言葉が出る。
・自主的に役割を担うことが増える。

（２）第２期　（平成 21 年 3 月初め～平成 21 年 7 月初め）

第１期の様子から入力したデータとアセスメントで得られた情報から表示したデータが図Ⅳ－２Ｂである。以前より広がっている表示を見たＡさんは、素直に喜びを表している。また、家にいるときは、何か手伝えることがないかと考えるようになっているなどの家庭での様子を話す。そして、データに対して「ほんま、こんな感じ」という実感を語るとともに「これからどうなっていくんか楽しみやな」と話す。最近は、近隣住民とあいさつをかわすようになっていることが判明する。

図Ⅳ－2B　アセスメント結果②

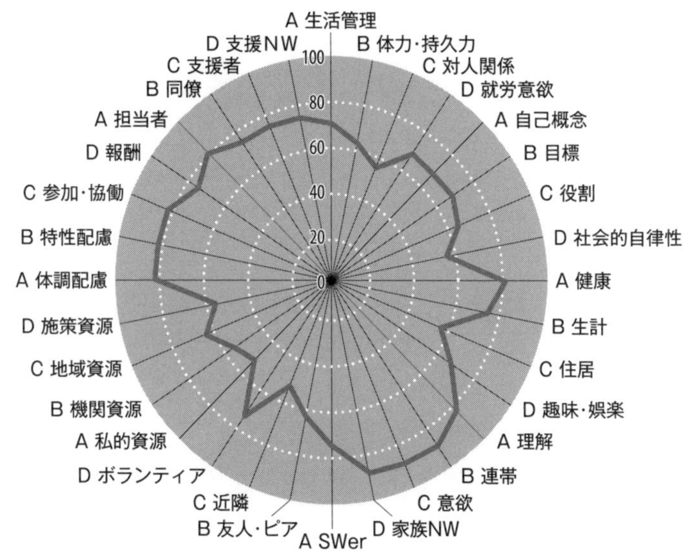
A 生活管理
B 体力・持久力
C 対人関係
D 就労意欲
A 自己概念
B 目標
C 役割
D 社会的自律性
A 健康
B 生計
C 住居
D 趣味・娯楽
A 理解
B 連帯
C 意欲
D 家族NW
A SWer
B 友人・ピア
C 近隣
D ボランティア
A 私的資源
B 機関資源
C 地域資源
D 施策資源
A 体調配慮
B 特性配慮
C 参加・協働
D 報酬
A 担当者
B 同僚
C 支援者
D 支援NW
100
80
60
40
20
0

以下は、２回目のアセスメント後の経過の概要である。

・違う服を着て来たり、髪の色を変えたりするようになっている。

・「これ以上は集中力続かへん」と言う。

・作業が難しいと思う場合は、どのような点が難しいのかを話すようになっている。

・人の話を聞いて自分の意見を言う。

・貯金したお金で母親にバッグをプレゼントする。

・「しんどかったけど、なんか、楽しかったな」と話す。

・メンバーとともに、施設のイベントや助成金の情報を集める。

・地域住民から情報の提供や協力を得られるようになってくる。
・天気のいい日は、自転車で来られるかもしれないと思うようになってきている。
・１時間以上作業のできる日がある。

（3）第3期　（平成21年7月初め～平成21年10月初め）

３回目のアセスメント（図Ⅳ－２Ｃ）では、表示されたデータから、「みんなもがんばってるやん。僕も何かしたいなって思うようになってるわ。チームやからな」と話す。また、カレンダーに活動日の印をつけていることが判明する。そして、プリントアウトしたデータを家族にも見せるといって、大事そうにもって帰る。

図Ⅳ－2C　アセスメント結果③

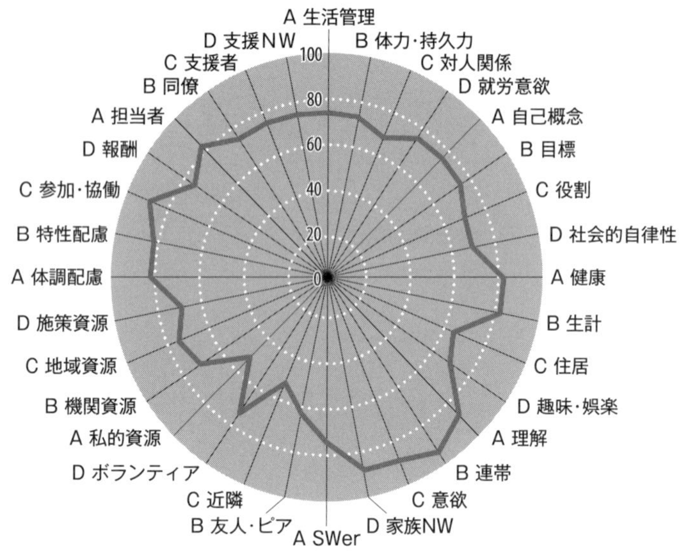
A 生活管理
B 体力·持久力
C 対人関係
D 就労意欲
A 自己概念
B 目標
C 役割
D 社会的自律性
A 健康
B 生計
C 住居
D 趣味·娯楽
A 理解
B 連帯
C 意欲
D 家族NW
A SWer
B 友人·ピア
C 近隣
D ボランティア
A 私的資源
B 機関資源
C 地域資源
D 施策資源
A 体調配慮
B 特性配慮
C 参加·協働
D 報酬
A 担当者
B 同僚
C 支援者
D 支援NW
100
80
60
40
20
0

以下は、３回目のアセスメント後の経過の概要である。
・運搬はまかせてほしいというような積極的な言葉が増える。

・じゃがいもの収穫の際に、どの程度の大きさの物を処分するのかわからないと悩みながらも自分で判断する。
・「休憩したら残りかたづけてしまおか」と言う。
・メンバーは、作業手順の工夫や特性配慮に心がける。
・「なんかおまけみたいなもんつけられへんのかな」という提案をしたり、自分の発した言葉に対するメンバーの反応を見るようになる。
・みんなと同じようにはできないが、結構できることもあると感じるようになっている。
・母親が迎えに来られないときに、同僚に乗せて帰ってもらえるように交渉する。
・通りがかりに声をかけてくれる地域住民が徐々に増えてきている。
・１時間以上作業のできる日が多くなっている。
・活動では疲れるが楽しいので、当分はこの活動に参加していくつもりだと話す。

3. 経過の概要（後期）と考察

（1）第４期　（平成21年10月初め〜平成21年12月末）

４回目のアセスメント（図Ⅳ－２D）になると、「対人関係ってなんでこんなに広がってるん？」「体力のとこは、これよりもうちょっと低いかもしれん」「友人のとこがまだ低いな」「住居のとこもまだ低いな」という自己分析をする。そして、「家にいること多いんやから、もうちょっと家の掃除とか庭の手入れとかしてもええな」と今後の取り組みを考える。また、地域生活支援事業を活用していることや小遣いの半分を貯金するようになっていることが判明する。そして、来年度の会費は自分で払いたいと話す。アセスメント終了後には、プリントアウトしたデータを同僚に見せていた。

図Ⅳ－2D　アセスメント結果④

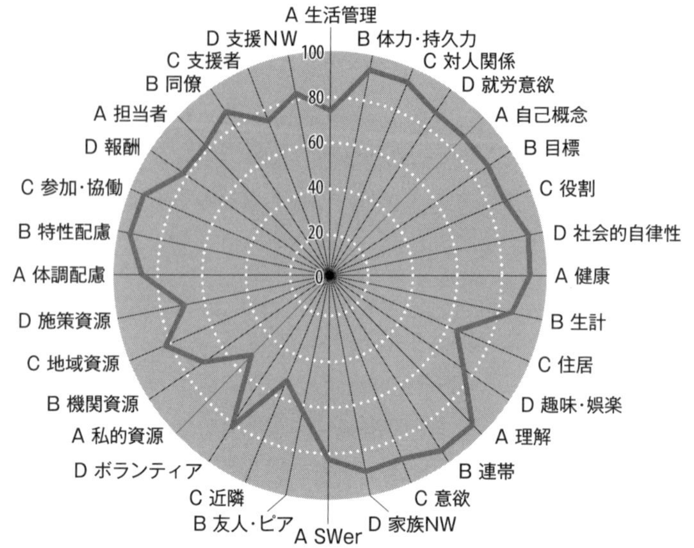
A 生活管理
B 体力・持久力
C 対人関係
D 就労意欲
A 自己概念
B 目標
C 役割
D 社会的自律性
A 健康
B 生計
C 住居
D 趣味・娯楽
A 理解
B 連帯
C 意欲
D 家族NW
A SWer
B 友人・ピア
C 近隣
D ボランティア
A 私的資源
B 機関資源
C 地域資源
D 施策資源
A 体調配慮
B 特性配慮
C 参加・協働
D 報酬
A 担当者
B 同僚
C 支援者
D 支援NW
100
80
60
40
20
0

以下は、４回目のアセスメント後の経過の概要である。

・値段の相談中に、クリスマスパーティーのことを言いだしたが、「あっ、対人関係」「あとで言います」と言って話をやめる。

・ＪＡの生産者が苗を提供してくれる。

・雷の際には、ヘッドホンをつけていると大丈夫だということがわかったと話し、雨の日でもあまり不安がらなくなる。

・作業中に通りがかった地域住民に積極的にあいさつをするようになる。

・イベントでは、売れ残りそうな商品を自主的に売りにまわる。

・手帳を持つようになっている。

（2）第５期（平成 22 年１月初め～平成 22 年４月中旬）

５回目のアセスメント（図Ⅳ－２Ｅ）では、近隣住民に積極的にあいさつをするようにしていることなどを自分から話す。また、「趣味・娯楽がまだ低いな」「住居のとこもまだまだやな」と言い、「おもちゃ（フィギュア）買うのやめて、プラモデルにしようかと思ってる」と言うので、ポイントを変更しようかとたずねるが、「今度の楽しみにしとくから、このままでええわ」と言う。

図Ⅳ－2E　アセスメント結果⑤

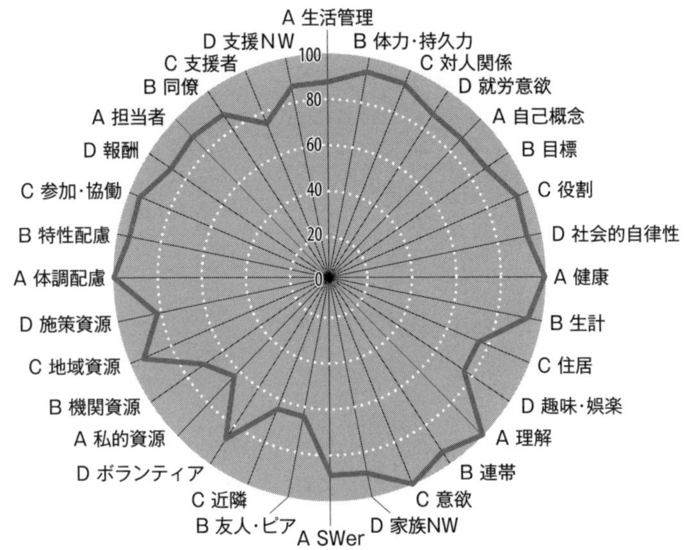
A 生活管理
B 体力・持久力
C 対人関係
D 就労意欲
A 自己概念
B 目標
C 役割
D 社会的自律性
A 健康
B 生計
C 住居
D 趣味・娯楽
A 理解
B 連帯
C 意欲
D 家族NW
A SWer
B 友人・ピア
C 近隣
D ボランティア
A 私的資源
B 機関資源
C 地域資源
D 施策資源
A 体調配慮
B 特性配慮
C 参加・協働
D 報酬
A 担当者
B 同僚
C 支援者
D 支援NW
100
80
60
40
20
0

以下は、５回目のアセスメント後の経過の概要である。

・新メンバーが活動に参加したので、作業の仕方を積極的に教える。

・支払日を楽しみにするようになっている。

・ＪＡで商品が他の生産者の商品に埋もれてしまうので、プレートを立ててもらう。

・家事の手伝いをするようになっている。

・フィギュアをやめてプラモデルを買うようにしているので次回のアセスメントで趣味・娯楽や生計のポイントが上がるので楽しみだと話す。

・両親の旅行中に留守番をする。

・雨の場合は一緒に車に乗せて来てほしいと同僚に頼む。

・花見に初めて参加した当事者を活動に誘う。
・目標にしていたパソコンを自分の貯金で購入し、今年度の会費も払う。
・苦手だった草引きを行うようになる。

（3）考察

本事例では、ほとんど目的のない生活を送っていたＡさんが、活動を通じて自信や意欲を向上させるとともに、地域住民やメンバーの知人などともかかわるようになり、生き生きとした生活が送れるようになってきている。このようなＡさんの変容を質、量、空間、時間という側面から以下のようにまとめてみた。

①質

・チームで活動しているという意識が生まれており、就労は大変なこともあると感じる半面、認められる喜びも感じるようになっている。
・自分から役割を担おうとするようになっている。
・自宅にいるときも何かできることがないかと考えるようになっている。
・長期目標が、一般就労することから自転車で来ることや貯金をしてパソコンを買うというように、具体的になっている。
・メンバーに一緒につれて行ってほしいと頼んだりするというように、自分の判断で行動するようになっている。
・自分の手帳を持ち、生活管理をするようになっている。

②量

・大笑いをすることが増えている[(11)]。
・雨でも活動に参加できる日が多くなっている。
・休憩までの作業時間が長くなっている。
・作業中に休憩したいと言うことが少なくなっている。
・意見を述べることが多くなっている。
・ヘルパーの同行も活用し、家族以外との外出頻度が増えている。
・「お母さん」より「僕」という言葉が増えている。

③空間

・家族だけでなく、メンバー、地域住民、メンバーの知人など、かかわりが広がっている。

・関心が、就労から生活全体へと広がっている。

④時間

・当初は、親にもらった小遣いをほとんど使ってしまっていたが、小遣いや就労の報酬を貯金して、パソコンを買ったり会費を自分で払ったりするようになっている。

・当初は、自分の作業へのみの関心であったが、周りの様子を見ながら作業をするようになっている。

・当初は、自分の言いたいことだけを言ったり、突拍子もないことを話しだしたりすることがあったが、他人の話をよく聞いて、相手の反応を見ながら言葉を選び、内容に沿ったコミュニケーションをするようになっている。

・当初は、与えられた仕事のみをしていたが、メンバーや新しく入ったメンバーに作業の仕方などを教えたり、自分が一緒について行って場所を教えたりするようになっている。

・当初は、雷が鳴らないかと心配して、曇りや雨の日にはヘッドホンをつけて作業することが多かったが、徐々にヘッドホンをつけずに活動をするようになってきている。

このようなＡさんの生活エコシステムの変容状況を表したものが図Ⅳ－３である。アセスメントの１回目が━━、２回目が------、３回目が……、４回目が━‐━、５回目が――である。

図Ⅳ－3　1回目から5回目のアセスメント結果

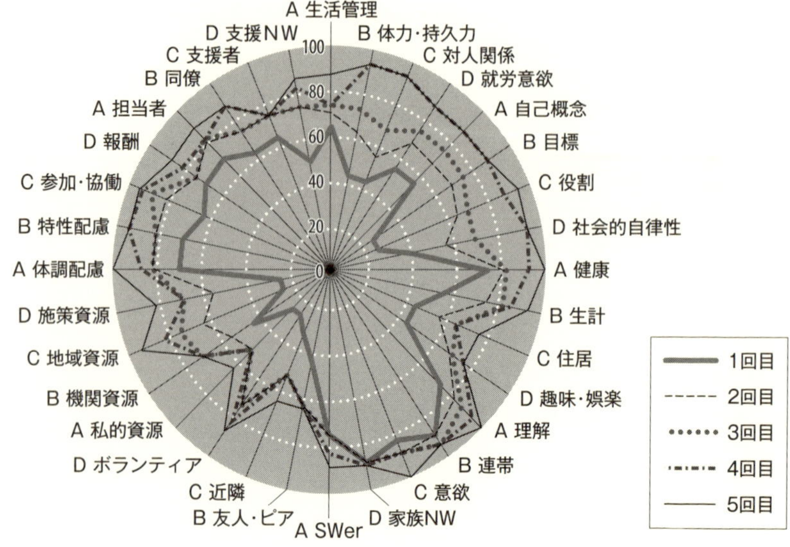
A 生活管理
B 体力・持久力
C 対人関係
D 就労意欲
A 自己概念
B 目標
C 役割
D 社会的自律性
A 健康
B 生計
C 住居
D 趣味・娯楽
A 理解
B 連帯
C 意欲
D 家族NW
A SWer
B 友人・ピア
C 近隣
D ボランティア
A 私的資源
B 機関資源
C 地域資源
D 施策資源
A 体調配慮
B 特性配慮
C 参加・協働
D 報酬
A 担当者
B 同僚
C 支援者
D 支援NW
100
80
60
40
20
0
1回目
2回目
3回目
4回目
5回目

[注および引用・参考文献]

(1)　蜂矢英彦・村田信男『職業リハビリテーション　精神障害者の地域リハビリテーション』医学書院、1989年、256-277頁

(2)　太田義弘「社会福祉実践方法のパラダイム変遷」仲村優一・窪田暁子・岡本民夫・太田義弘編『戦後社会福祉の総括と二一世紀への展望（4）　実践方法と援助技術』ドメス出版、2002年、77頁

(3)　岡田武世『人間発達と社会福祉』川島書店、1996年、92頁

Boehm, W. W., *Objectives of the Social Work Curriculum of the Future*, Council on Social Work Education, 1959, pp.47-48.

岸田隆「障害のある人の地域生活を支えるサービスについて――長野市『森と木』の実践から」『社会福祉学評論』８、2008年

(4)　多様化する価値観やニーズ、課題に対し画一的な対応では限界があり、早急な事業実現が求められている場合が多いとされる（吉田忠彦編『地域とＮＰＯのマネジメント』晃洋書房、2005年、1, 6頁。平田哲『ＮＰＯ・ＮＧＯとは何か』中央経済社、2005年、116頁）。また、ＮＰＯ事業において、公的な制度では対応できない多様なニーズが存在するからという開始理由をあげているものが最も多く、約８割を占めるとされている（電通総研編『ＮＰＯとは何か』日本経済新聞社、1996年、141頁）。

(5)　ＮＰＯ活動の特徴として、柔軟性、先駆性・革新性、相互関係性があげられている（谷本寛治・田尾雅夫編『ＮＰＯと事業』ミネルヴァ書房、2002年、16頁）。

(6)　内閣府ホームページ　http://www.npo-homepage.go.jp/found/index.html

(7)　ドラッカー, P. F.『非営利組織の経営』ダイヤモンド社、1997年

(8)　資源は、まったく“無”の状態から作られるというより、既にある小さな資源を組み合わせ、発展させることによって生まれるとされる（浅野仁監修　浅野ゼミナール福祉研究会編『福祉実践の未来を拓く――実践現場からの提言』中央法規出版、2008年、219頁）。

(9)　自宅で過ごすことが多い精神障害者は50%とされている（「精神障害者等調査」）
http://www.city.musashimurayama.tokyo.jp/plan/chiikifukushikeikaku-pdf/015.pdf
また、無為に時を過ごすことは、本来の障害に大きく影響するとされる（Wing, J. K., Brown, G. W., *Institutionalism and Schizophrenia*, Cambridge University Press, 1970.）。

(10)　中西庄司が「施設はどれほど改善したところで施設である」と述べていることと通ずるものがあろう（中西庄司「当事者主体の福祉サービスの構築――障害者が地域で暮らす権利と方策――自立生活センターの活動を通して」『社会福祉研究』57、1993年、52頁）。

(11)　大笑いは、緊張の緩和やストレス解消に役立つとされている（武田建『武田建のコーチングの心理学』創元社、2007年、135-139頁）。

事例の詳解

（１）第１期　（平成20年11月初旬～平成21年３月初め）
（２）第２期　（平成21年３月初め～平成21年７月初め）
（３）第３期　（平成21年７月初め～平成21年10月初め）
（４）第４期　（平成21年10月初め～平成21年12月末）
（５）第５期　（平成22年１月初め～平成22年４月中旬）

(1) 第1期(平成20年11月初旬～平成21年3月初め)

インターベンションにおいて、ソーシャルワーカーがかかわった部分は、斜体で表している。

	利用者Aさんの様子	メンバーの様子など	地域住民、資源への働きかけや様子
インテーク	1　利用者Aさんが、母親と一緒に活動の見学に来られる。		
	2　ソーシャルワーカーとの話し合いにより、柿の収穫に体験として参加をすることになった。		
	3　体験参加では、柿の収穫作業を行った。もくもくと作業を行うが、すぐに疲れてしまい、10分ほどすると、休憩をしてもいいかどうかを頻繁にたずねる。		
	4　草むらに手を入れたときに何かトゲのようなものに触ったらしく、そのことが気になっている様子だった。その後は、大丈夫と言いながらも頻繁に手ばかりを見て、活動に身が入らないようだった。		
	5　しかし、「こんなとこで仕事できたら、気持ちええやろな」と深呼吸をする。		
	6　体調を崩すことや新しいことに踏み出すことへの不安があるようだった。しかし、当事者を対象とした施設での就労には納得できず、あくまでも一般就労をしたいということであった。		
	7　また、すぐに「お母さんが」という言葉が出ることから、自分のためではなく、お母さんが喜ぶようにしようとしていることがうかがえた。		
	8　活動内容や、作業所、一般就労との違いなどの説明を受け、家族とも相談し、後日、会員申込に来られる。		
アセスメント	9　ソーシャルワーカーから、支援ツールについての説明を受ける。インテークからの基本情報をもとに入力された支援ツールのデータ(図Ⅳ−2A')を介して初回アセスメントを実施する。		
	10　もともとパソコンに興味があることから、「へー、これおもしろいな。これどうなってんの?　この項目は?　もうちょっと細かく見せて」と大変興味を持っている様子だった。		
	11　「このデータと自分の実感と比べてどうですか?　こんな感じだと思いますか?」とソーシャルワーカーにたずねられると、「ふーん、こんな感じなんかな?　ようわからんな」と、どこか他人ごとのようであった。		
	12　データ表示を棒グラフからレーダーチャート(図Ⅳ−2A)に切り替え、生活はさまざまな構成子からなり、広がりがあるという説明を受けると、「ふーん、生活なあ。広がりなあ。今まで生活なんか考えたことなかったからな。いろんなもんあるんやな」と言う。		
	13　家族に関しては、「お母さんは大好きや。僕のこと一生懸命やってくれる」と大変感謝していることを表す。しかし、「僕がこんな病気になってしもたからな。ほんま、お母さんかわいそうや。なんで、こんな病気になってしもたんやろ」と、少し沈んだ表情になる。		
	14　友達への関心はあるが、現在、仲の良い友達はいないことが判明する。		
	15　就労に関しては、「今の生活で別にええんやけど。作業所なんかへ行きたないし。まっ、入院してるよりかはずっとましやから、今のままでもええねんけどね。そやけど、お母さんは何かしたほうがええんと違うかってゆうし、僕も何かはしたほうがええと思うし」と話す。		

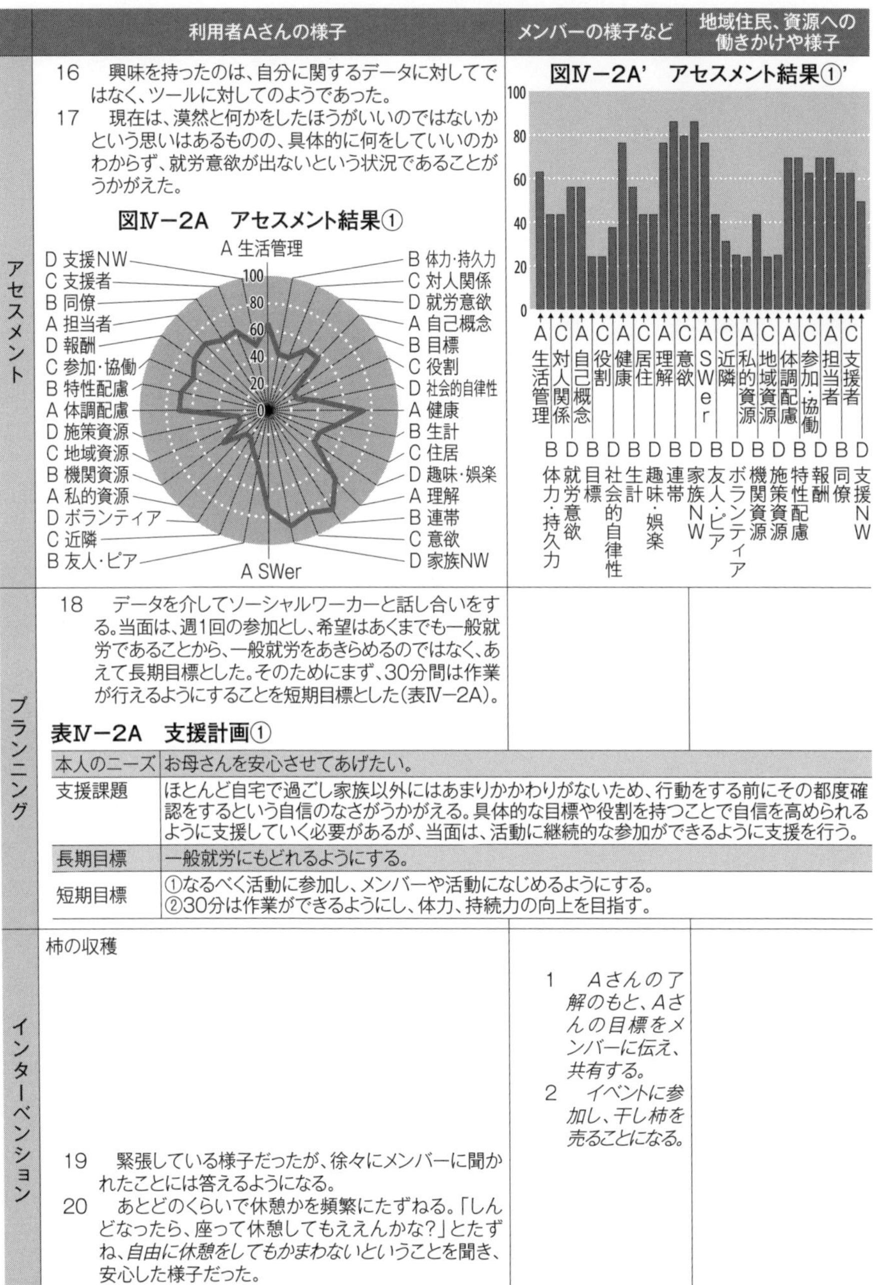

	利用者Aさんの様子	メンバーの様子など	地域住民、資源への働きかけや様子
アセスメント	16　興味を持ったのは、自分に関するデータに対してではなく、ツールに対してのようであった。 17　現在は、漠然と何かをしたほうがいいのではないかという思いはあるものの、具体的に何をしていいのかわからず、就労意欲が出ないという状況であることがうかがえた。 図Ⅳ－2A　アセスメント結果①	図Ⅳ－2A'　アセスメント結果①'	
プランニング	18　データを介してソーシャルワーカーと話し合いをする。当面は、週1回の参加とし、希望はあくまでも一般就労であることから、一般就労をあきらめるのではなく、あえて長期目標とした。そのためにまず、30分間は作業が行えるようにすることを短期目標とした（表Ⅳ－2A）。		
インターベンション	柿の収穫 19　緊張している様子だったが、徐々にメンバーに聞かれたことには答えるようになる。 20　あとどのくらいで休憩かを頻繁にたずねる。「しんどなったら、座って休憩してもええんかな？」とたずね、*自由に休憩をしてもかまわない*ということを聞き、安心した様子だった。	1　*Aさんの了解のもと、Aさんの目標をメンバーに伝え、共有する。* 2　*イベントに参加し、干し柿を売ることになる。*	

図Ⅳ－2A　アセスメント結果①
A 生活管理
B 体力・持久力
C 対人関係
D 就労意欲
A 自己概念
B 目標
C 役割
D 社会的自律性
A 健康
B 生計
C 住居
D 趣味・娯楽
A 理解
B 連帯
C 意欲
D 家族NW
A SWer
B 友人・ピア
C 近隣
D ボランティア
A 私的資源
B 機関資源
C 地域資源
D 施策資源
A 体調配慮
B 特性配慮
C 参加・協働
D 報酬
A 担当者
B 同僚
C 支援者
D 支援NW
0
20
40
60
80
100

図Ⅳ－2A'　アセスメント結果①'
100
80
60
40
20
0
A生活管理
B体力・持久力
C対人関係
D就労意欲
A自己概念
B目標
C役割
D社会的自律性
A健康
B生計
C居住
D趣味・娯楽
A理解
B連帯
C意欲
D家族NW
A SWer
B友人・ピア
C近隣
Dボランティア
A私的資源
B機関資源
C地域資源
D施策資源
A体調配慮
B特性配慮
C参加・協働
D報酬
A担当者
B同僚
C支援者
D支援NW

表Ⅳ－2A　支援計画①

本人のニーズ	お母さんを安心させてあげたい。
支援課題	ほとんど自宅で過ごし家族以外にはあまりかかわりがないため、行動をする前にその都度確認をするという自信のなさがうかがえる。具体的な目標や役割を持つことで自信を高められるように支援していく必要があるが、当面は、活動に継続的な参加ができるように支援を行う。
長期目標	一般就労にもどれるようにする。
短期目標	①なるべく活動に参加し、メンバーや活動になじめるようにする。 ②30分は作業ができるようにし、体力、持続力の向上を目指す。

	利用者Aさんの様子	メンバーの様子など	地域住民、資源への働きかけや様子
インターベンション			1　*メンバーの知人が、いちごの苗を提供してくれる。*
		3　*イベント参加の申し込みを行う。*	
	柿の皮むき 21　*「柿の皮をむいてみますか?」*と聞かれ、「無理です」と即答する。「僕、柿の皮むくんは無理。ナイフ使うん怖いねん」と話す。 22　むいた柿を並べ、「これは、できるわ」と言いながら、きっちりときれいに並べる。	4　*結ばなくてもいいような作り方を相談した結果、並べて干す柿も作ることにする。*	
		5　*Aさんも皮むきができるように、柿の皮むき機を購入する。*	
	柿の皮むき 23　*「柿むき機でむいてみますか?」*と聞かれ、「使うたことないから、無理です」と答える。しかし、メンバーが使う様子を見て、「僕にもできるかな?」と使ってみる。 24　初めはうまくむけなかったが、メンバーの励ましに、「そうやな、僕みたいなんもいてるもんな」と、あきらめずにいくつもむいてみる。ゆっくりだが、かなりきれいにむけるようになると「結構できるもんやな」と言う。 25　柿むき競争では、Aさんが1番きれいにむけたので、うれしそうにする。 26　「この干し柿いくらで売れるやろ?」と値段が気になる。	6　「いろいろあってええんやで。人間もいろんな人いてるやろ?」とAさんを励ます。 7　*Aさんがきれいに柿をむくようになったので、だれが柿を1番きれいにむくか競争をする。*	
	干し柿つくり 27　*「柿をひもに結んでつるす作業をしてみますか?」*と言われるが、「無理です」と答える。しかし、メンバーの作業の様子をじっと見る。	8　*さまざまなひもを用意し、どのひもなら結びやすいかをAさんに試してもらう。*	

	利用者Aさんの様子	メンバーの様子など	地域住民、資源への働きかけや様子
インターベンション	28　「このひもやったらできるかも」と言い、つるす作業に参加。案外、手先も器用なことがわかる。徐々に動きが早くなってくる。 29　イベントで、いくらで売るか、どのくらい売れるかが気になっている様子だった。 30　作業が終わると、自主的に掃除を始めだし、「雑巾ください」と言う。	9　Aさんが干し柿の値段を気にしているので、*値段と包装の仕方を相談する。*	
	31　雨が降っていたので、活動に参加しなかった。		
	えんどうのわらかけ 32　うずくまって作業をしていると「みんな、なんでしんどないんやろ?　あっそうか、僕、太っててお腹つかえるからしんどいんや。お母さんにもちょっとやせなあかんって言われてんねん」と笑う。 33　「これ、お風呂のいす?」と大笑いする。「そやけど、これ、ええな。楽やわ」と言い、作業を行う。 34　えんどうの垣をしばる作業で「これ結ぶん難しいわ」と言う。 35　「このひもやったらしやすてええわ」と言う。	10　*Aさんが座って作業ができるように、お風呂いすを用意する。* 11　Aさんと一緒に作業をしていたメンバーから、Aさんが「疲れた」を連発していたとの話があり、休憩を多めにとる。 12　*Aさんにとってどのひもがしばりやすいかを試してもらい*、針金入りのビニールひもに変更する。	
	えんどうのわらかけ 36　えんどうの葉がちぎれているのを見て、「なんでやろう?」と言うので、*「Bさんに聞いてみたらどうですか?」*と言われ、「そうやな、Bさんに聞いてみようっと」と他のメンバーのところへ聞きに行く。そして、「葉っぱをチョキンって切る虫がいてるんやて」と報告する。 37　メンバーとも徐々にうちとけてきている様子だった。 38　「ここへ来たら気持ちええし楽しいわ。デイケアやら作業所なんかおもしろない。あんなとこ行きたないわ」と言う。*「どうしておもしろくないんですか?」*と聞かれ、「同じことばっかりするやん。あんなん嫌なんよ」と答える。		

	利用者Aさんの様子	メンバーの様子など	地域住民、資源への働きかけや様子
インターベンション	大根引き、切干大根つくり 39　大きな大根をいとも簡単に引き抜いていく。*「Aさん、すごい力があるんですね」*と言われ、「自分でも知らんかったわ」とAさん自身も驚く。 40　仕事をまかされ、うれしそうに大根を引く。しかし、「これ、折れてしもた。どうしよう」と言いに来る。メンバーに「千切りにするんやから、大丈夫!」と言われ、「あっ、そうか。よかった」と安心した様子だった。 41　作業が終わってから、次回は何をするのか知りたいと言い、*次回の作業の下見をして*から帰る。	13　Aさんの力が強いという特性をメンバーで共有し、Aさんのできそうなことはなるべくまかせることになる。 14　Aさんに大根引きをまかせ、他のメンバーは、切干大根をつくる。 15　*今後の出荷先を相談*した結果、JA直売所へ出荷の申請を出すことに決まる。	
			2　*JA直売所へ申請を出す。*
			3　漁業組合のCさんから、温かくなったらNPOで魚を獲りに来たらどうかという提案がある。
			4　*Dさんに、直接協力を要請する。*
	ポンカンの収穫 42　採穫したポンカンをコンテナにほうりこんでいるので、NPOメンバーに「こら、商品やで」と注意される。「あっしまった。売り物やから大事にせなあかんな。お母さんにもいっつも言われてるねんけどな」と言い、その後は大事に入れるようになる。	16　Aさんの表情が明るくなったとメンバーみんなが感じていると話す。 17　Aさんに気を使わず注意をするようになる。	

	利用者Aさんの様子	メンバーの様子など	地域住民、資源への働きかけや様子
インターベンション	43　収穫したポンカンが、「いくらで売れるやろ?」と値段をとても気にしている様子であった。 44　生産者の販売があるスーパーのチラシを持ってきて、「こんなとこで売るんどうやろ?」と提案する。	18　Aさんに収穫したポンカンの運搬をまかせる。 19　*Aさんの提案から、今後の販売先について相談する。*	
	誕生会 45　「もう入院なんかせえへんぞ。薬は絶対飲むぞ」と宣言する。		
	干し柿もみ、大根漬物つくり 46　干し柿班と漬物班に分かれて作業をし、Aさんは干し柿班になった。Aさんが、干し柿が固くならないように揉む作業をしていると、漬物班からAさんに石を持ってほしいとお呼びがかかった。「*Aさん、ご指名ですね*」と言われ、「やっぱり、僕が持たなあかんな」と言いながら、うれしそうに行く。 47　「しゅうねん持ってやったら、時間すぐに経つわ。あれっ、しゅうねんって変かな?　信念か?」と、他のメンバーにたずねる。 48　干してあった切干大根の重さを量ってみようと言う。	20　Aさんの意見から、*切干大根を量り、何グラムずつ袋づめにするか相談する。*	5　Dさんから漬物作業用にとビニールの腕カバーの提供を受ける。Dさんも作業に参加し、漬物のアドバイスをくれる。
			6　JA直売所から出荷の認可がおりる。
	八朔の収穫 49　八朔の木にまく肥料を運ぶとき、「あっ、それ重いやろ?　僕したらええんとちゃう?」と言う。	21　Aさんに収穫した八朔の入ったコンテナの運搬をまかせる。 22　運搬に一輪車を使ってみたらどうかと提案する。	

	利用者Aさんの様子	メンバーの様子など	地域住民、資源への働きかけや様子
インターベンション	50　一輪車を使ってみると、扱いがうまいので、「*一輪車を使ったことがあるんですか?*」と聞かれ、「初めてなんやけどな。案外できるもんやな」と答える。「*きっと才能ですね*」と言われると、「不思議や～」と少しうれしそうにする。		
	51　肥料を一輪車に積み込み、うれしそうに運ぶ。		
		23　*一輪車で狭い通路を通る競争をする。*	
	52　「僕のこと、名前で呼んでほしい」と言う。	24　Aさんのことを名前で呼ぶようにし、他のメンバーの呼び方も決める。	
	53　八朔を採りながらこいのぼりの歌を口ずさみ、気持ち良さそうにしている。「働いてから休憩にお茶したら気持ちええな」「今日は、お母さんとスーパーへ寄って、八朔とかいくらで売ってるか値段見てくるわ」と言う。		
	八朔の収穫		
	54　自主的に一輪車を取りに行き、八朔の入ったコンテナを積み込み選別する場所まで運ぶ。	25　収穫した八朔の一輪車での運搬をAさんにまかせる。	
	55　八朔の値段を調べてきたということで、「では、八朔の値段を発表します。スーパーAは2個で150円、スーパーBは2個で180円、スーパーCは3個で200円でした」と得意そうに言う。		
		26　Aさんが3軒もまわって値段を調べたことに驚き、Aさんの報告をもとに値段設定の相談をする。	
	56　今日中に、八朔を採ってしまうことが目標となったが、「ふえ～ん、今日八朔採ってしまうんは大変やな」と、弱音をはくことができるようになった。		
	57　「*ちょっと休憩しますか?*」とたずねられ、「そやけどみんな頑張ってるし、もうこうなったらなんでもやったるぞ。今日は八朔全部とってしまおう」と言う。		
	八朔の収穫		
	58　八朔を採りながら「あっ、セミのなきがらや。あれ?なきがらっていうんは変か?」と、NPOメンバーに聞く。	27　メンバーがなきがらとぬけがらの違いを説明する。	
		28　本法人の商品が無農薬だということをわかりやすくするために、商品にシールを貼ってはどうかという意見が出る。	

	利用者Aさんの様子	メンバーの様子など	地域住民、資源への働きかけや様子
インターベンション			7　*JAに出荷する商品に独自のシールを貼らせてもらえるよう交渉する。*
	八朔の収穫 59　*「すっかり一輪車に慣れましたね」*と言われ、「もう、まかせといて」と答える。	29　収穫した八朔の一輪車での運搬をAさんにまかせる。 30　JAの商品にシールを貼らせてもらえることになったことから、商品シールのデザインを相談する。	
	シールづくり 60　*「シールを一緒に作りますか?」*と聞かれ、「僕、カッターで手切ったことあるんよ。そやからカッター使うんは嫌やけど、ハサミやったら切れるで」と、ハサミを貸してほしいと言う。		
	水仙の花束づくり 61　「束ねて巻くんは難しいわ」と言う。 62　*「テープを切って並べるのはどうですか?」*と聞かれ、「それやったらできるわ」と答える。 63　テープを切りだしたが、どのくらいの長さに切ったらいいかわからないと言いだしたが、*テーブルクロスの柄を目印にして切ったらどうかという提案*をされ、安心する。 64　「ちょっと休憩しよかな」と言うが、*「あと5分だけしませんか?」*と言われ、「そうやな」と続ける。	31　水仙の花を束ねてセロファンで巻くのは難しいというので、*手順を検討する。* 32　*テープを切る作業のみをAさんにしてもらうことにする。*	
			8　Eさんが軍手をたくさん提供してくれる。
	65　曇りだったので、活動に参加しなかった。		
	イベントの準備 66　*「イベント、近づいてきましたね」*と言われ、「僕、これから毎日来てもええで」と言う。		

	利用者Aさんの様子	メンバーの様子など	地域住民、資源への働きかけや様子
インターベンション	67　イベントのレイアウトを相談していると、「みんなわかってるみたいやけど、僕わからへん。もうちょっとわかりやすう説明してよ」と言う。	33　*イベントのブースレイアウトを相談する。* 34　*Aさんも具体的なイメージを持てるように、紙でブースレイアウトの模型を作る。*	
			9　*Fさんが自分の土地に生えている水仙をイベント用に提供してくれる。*
	イベントの準備 68　「もし、商品売れ残ったら、僕、これに入れて売りに行こか」とパンかごを持って、おどけてみせる。そして、リハーサルと称して近所を1周する。 69　「値段は、100円とか150円とかにしてほしい。僕、計算にがてなんや」と言い、お金の受け渡しはなるべくしたくないとも話す。	35　*商品の値段や商品が売れ残った場合の相談する。*	
	切干大根の袋づめ 70　切干大根の袋づめで、余った大根を「お客さんは多いほうがええから、適当に入れてしまおか。多いの買うた人は当たりってことで」と言う。以前より細かいことにこだわらなくなってきていることがうかがえる。		
	シール貼り 71　シールの裏紙はがしの速いことが判明する。*「Aさん、なんでそんなに速いんですか?」*「わからへん、プラモデルとか作ってたからかな?」	36　Aさんに商品シールの裏紙はがしをまかせる。	
	柿の袋づめ 72　「ふえ~ん、結構しんどいわ」と泣くまねをする。 73　柿を何個袋づめしたかメンバーが忘れていたが、Aさんは即答し、関心のあることには注意力のあることが判明する。	37　「ここまでしてしまおうよ」と励ます。	

	利用者Aさんの様子	メンバーの様子など	地域住民、資源への働きかけや様子
インターベンション	74　一段落した後、目標の時間までもう少しあったので、*どうしたいかとたずねられ*、「あともう10分だけしよか」と言う。 75　ポンカンの袋をテープでとめたらどうかという意見を言う。	38　*ポンカンの袋の綴じ方を試した*結果、Aさんの意見を採用し、テープでとめることにする。	
	袋づめ 76　八朔の袋づめをまかされたが、袋が前回と違うと言い、あわてた様子だった。そこで、*前回と今回の袋を見せて説明*され、中身は同じだとわかり納得する。	39　Aさんに八朔の袋づめをまかせる。	
	シール貼り 77　シールを貼る位置を悩んでいるようだったので、*「袋のここを目安にしたらどうですか?」*と提案され、「まっ、こんな感じかな」と独り言を言いながら貼る。 78　休憩の時に、「今日、僕、コーヒーと違うてお茶にする。ダイエットするねん」と言う。 79　イベントの準備のための日程をメンバーで相談中に、*「Aさんはどうですか?」*とたずねられたが、「お母さんに聞いてみなわからん」と答える。	40　Aさんにシール貼りをまかせる。	
			10　*Dさんがパンフレット用の紙を提供してくれる。*
	イベントの準備 80　干し柿の試食を作ったらどうかという提案をする。	41　Aさんの意見から、試食を作る。	
	イベント 81　初めは「試食してください」と言っていた。しかし、他のメンバーが「どうぞ~いっぺん干し柿食べてみて~」と言うのを見て、同じように声をあげる。	42　Aさんは声が大きいので、ブースの横で呼び込みをしてもらうことになる。	

	利用者Aさんの様子	メンバーの様子など	地域住民、資源への働きかけや様子
インターベンション	82　他のメンバーが手をたたきながら声を上げると、Aさんも手をたたきながらうれしそうに声を上げる。		11　GさんとHさんがイベントの様子を見に来、他のお客に商品をすすめながら、買ってくれる。
	83　商品を袋に入れてお客に渡しているメンバーに、袋を渡す。	43　Aさんの様子に気を配りながら、できそうなことはまかせることになる。	
	84　持ち帰り用の袋や商品がが少なくなると自主的に補充するようになる。 85　間違えると困るのでお金はあまり触りたくないと言っていたが、釣銭を計算して用意し、メンバーに渡すようになる。 86　*「おつりもちゃんと用意できるようになっていますね」*という声がけに、「へ、へ、へ。これぐらいやったらできるわ」と照れくさそうにする。 87　みんなで売るのは楽しいと話す。 88　商品がよく売れたり、地元のテレビ局やラジオ局の取材が入ったりしたため食事の間以外はほとんど立っていた。そこで、*「ちょっと座って休憩したらどうですか」*と言われたが、「大丈夫!」と元気に売る。		
	打ち上げ		
	89　たくさん売れたことやインタビューを受けたことに大満足している様子。しかし、さすがに疲れたのか、打ち上げ中に少し症状が出る。	44　*Aさんが疲れているようなので、早めに切り上げる。*	
モニタリング	90　「ここへ来るようになってから、なんか毎日が楽しいねん。なんてゆうんかな、元気になってきたってゆう感じかな。薬も完璧に飲むようになったし。休まんと来れるようにするで」と言う。いきいきとした表情で話すことから、活動が生活の張り合いになっていることがうかがえる。		

(2)第2期(平成21年3月初め～平成21年7月初め)

	利用者Aさんの様子	メンバーの様子など	地域住民、資源への働きかけや様子
アセスメント	91　2回目のアセスメントを実施する。体力・持久力や就労意欲が少しずつ向上しており、生活が大きく変化しているとの説明をソーシャルワーカーから受ける。 92　ツールの棒グラフで表されたデータ(図Ⅳ－2B')を見て、「これ、僕のん?　ふーん、今はこんなんか。前よりもよくなってるんかな?」と言う。		

	利用者Aさんの様子	メンバーの様子など	地域住民、資源への働きかけや様子
アセスメント	93　「ちょっと前のも見せて」と言い、前回と比較すると、「うわー、前よりもすごい上がってるな。すごいな」と驚く。 94　「たしか、広がるん見れたよな」と言い、レーダーチャート（図Ⅳ－2B）で比較すると、「うわー広がってる、広がってる。なんか、うれしなるな」と言う。 95　最近の家庭での様子をたずねられ、「このごろ、何したらええかなって考えるようになってるねん。家にいてる時でもなんか手伝えることないかなって思うようになってるわ」と今の自分と以前の自分を比較している。 96　前回はデータにほとんど関心を示さなかったが、感想をたずねられると、「ほんま、ほんま、こんな感じちゃうかな。こんな感じのような気ぃするで」と、データとAさんの実感とを照合している様子がうかがえる。 97　「これからどうなっていくんか楽しみやな」と話す。 98　最近は、近隣住民ともあいさつをかわすようになっていることが判明する。		

図Ⅳ－2B　アセスメント結果②

1回目 ----- 2回目
A 生活管理
B 体力・持久力
C 対人関係
D 就労意欲
A 自己概念
B 目標
C 役割
D 社会的自律性
A 健康
B 生計
C 住居
D 趣味・娯楽
A 理解
B 連帯
C 意欲
D 家族NW
A SWer
B 友人・ピア
C 近隣
D ボランティア
A 私的資源
B 機関資源
C 地域資源
D 施策資源
A 体調配慮
B 特性配慮
C 参加・協働
D 報酬
A 担当者
B 同僚
C 支援者
D 支援NW
0
20
40
60
80
100

図Ⅳ－2B'　アセスメント結果②'

1回目 2回目
100
80
60
40
20
0
A生活管理
B体力・持久力
C対人関係
D就労意欲
A自己概念
B目標
C役割
D社会的自律性
A健康
B生計
C居住
D趣味・娯楽
A理解
B連帯
C意欲
D家族NW
A SWer
B友人・ピア
C近隣
Dボランティア
A私的資源
B機関資源
C地域資源
D施策資源
A体調配慮
B特性配慮
C参加・協働
D報酬
A担当者
B同僚
C支援者
D支援NW

	利用者Aさんの様子	メンバーの様子など	地域住民、資源への働きかけや様子
プランニング	99　データをもとに、話し合いを行う。以前は一般就労にこだわっていたが、最近は全然口に出さないようになっている。今では、一般就労のみこだわっていないことが判明した。 100　現在は、この活動のチームリーダーになることが目標になっていると言う。そのために、いろんな作業を覚えようとしていることも話す。そこで、話し合いの結果、目標を以下のように変更し、さらに作業時間も1時間以上とした。		

	利用者Aさんの様子	メンバーの様子など	地域住民、資源への働きかけや様子
プランニング	表Ⅳ−2B 支援計画②（下表）		

表Ⅳ−2B　支援計画②

本人のニーズ	みんなに認められたい。
支援課題	メンバーで相談している時に、突拍子もないことを言い出し、コミュニケーションがかみあわないことがある。地域住民とのかかわりのできてきたことから、様々な人とのかかわりを通して、対人関係をより一層支援していく必要がある。また、もう少し持久力をつけていく支援も必要である。
長期目標	活動のチームリーダーになる。
短期目標	①いろいろな作業を覚える。 ②動きやすくするためにダイエットにも気を配り、1時間以上作業ができるようにする。 ③人の話をよく聞くようにする。

	利用者Aさんの様子	メンバーの様子など	地域住民、資源への働きかけや様子
インターベンション	キャベツの種まき 101　自分が携わった商品の売れゆきが気になり、JAに様子を見に行ったと話す。「水仙はもう売り切れなんやね。残念やな」とあたかもお客のような顔をしてレジの人に言ったという話をうれしそうにする。 102　以前は、同じ服を着ていたが、違う服を着てくる。	45　*Aさんの目標を伝え、メンバ*ーで共有する。	
	キャベツの種まき 103　種をまくための穴の深さがわからないので、「無理」と言う。 104　*「これでどうですか?」*と聞かれ、「これやったら大丈夫」と土に穴をあける作業をする。 105　他のメンバーがその穴に種をまいていると、「僕もしてみよかな」と言い、やってみる。 106　種を3ケースにまくと「あかん、これ以上は集中力続かへん。このくらいでやめとかな、失敗するわ」と言う。	46　*Aさんも作業できるように相談を行い、*Aさん用に穴の深さがわかるようにわりばしに印をつける。	
	じゃがいも切り、灰付け 107　「こんなん難しいわ。どれをいくつに切ったらええんかわからへん」と言う。 108　初めは、「これでええよな、まちごうてへんよな」と他のメンバーに何度も目盛を確認してもらっていたが、徐々に自分で判断する。	47　*じゃがいもの種を切る際の手順を検討し、重さを量る手順を増やす。*	

	利用者Aさんの様子	メンバーの様子など	地域住民、資源への働きかけや様子
インターベンション	109　「目盛読むんはできるわ。もうこの箱全部してしまおか」と言い、全部量ってしまう。 110　全部量ってしまったので、*「灰をつけてみますか?」*とたずねられ、灰をつける。 111　「ここで切ったらええんよな」とメンバーに確認してもらいながら、種いもを2つに切る作業をする。	48　Aさんがたずねやすいように、そばで種いもを切る。	
	草引き 112　家族会会員が参加したので、少し緊張している様子であった。		12　いちごの苗を提供してくれた知人が、いちごの様子を見に来る。 13　家族会会員が参加する。
			14　*Cさんから、海にてんぐさがたくさんあるとの情報提供を受ける。*
	てんぐさ採り、天日干し 113　「海もええな」ととても気持ちよさそうにする。「そうか、これが寒天のもとか、知らんかった、へえー」と興味深そうにする。 114　作業後、作り方を教えてもらい、「僕、家でやってみる」と大事そうに少し持って帰る。	49　*休憩は、海辺でお菓子パーティーをする。*	15　Cさんが、「てんぐさ、どのくらい採れた?」と様子を聞きに来る。
			16　*Iさんが、もし必要なら所有する土地を使ってくれてもいいと申し出てくれる。*
			17　*Jさんが、どんな商品をJAに出荷しているのかを聞きに来る。*
	いちごの収穫 115　いちごを丁寧に収穫する。 116　いちごを食べて、「すっごい甘い!売るのもったいないな。来年は、もっと増やしてもっと採ろう」と言う。	50　休憩時に収穫したばかりのいちごを食べる。	

	利用者Aさんの様子	メンバーの様子など	地域住民、資源への働きかけや様子
インターベンション	117　「いちごなんやけどさ。小さなパックに入れたらどうやろ」と提案する。 118　新メンバーが来たのでうれしそうにし、体重が何キロかを聞く。 119　以前は、お小遣いを全部使ってしまっていたらしいが、自分が働いて貯めたお金でお母さんにバッグをプレゼントしたことをうれしそうに話す。	51　いちごの値段を相談する。 52　いちごの売り方を相談する。	
	草引き 120　真っ黒だった髪の色を少し茶色に変えていた。 121　今日の目標時間や休憩時間の予定をAさん自ら提案する。		18　Jさんが、「草引きしてんの? 楽しそうやな」と、活動が気になるようだった。
			19　Jさんから販売用の花の提供を受けるようになる。
	耕作 122　以前は、自分がした仕事に対して、これでいいかどうか確認してほしいと言うことが多かったが、「こんなもんやな」と自分で言ったり、メンバーに相談しながら耕作を行う。 123　休憩には「しんどかったけど、なんか、楽しかったな」と言う。 124　何度も「さよなら、ありがとう」と手を振って帰る。	53　Aさんと相談しながら耕作を行う。	
	フキの袋づめ、シール貼り 125　「シールはがすんは、僕にまかせてな」とうれしそうに言い、せっせとシールの裏紙をはがす。 126　新しい商品シールのデザインをパソコンで作ってみると言って、もとになる絵を持って帰る。 127　来る時に地域住民に声をかけてもらったとうれしそうに話す。	54　Aさんに商品シールの裏紙はがしをまかせる。	
	えんどうの収穫、袋づめ 128　初めは「どのえんどうを採ったらええんかわからへん」と言い、「これ採ってもええんかな」とその都度聞いていた。しかし、「まっ、いろいろ採っても袋に入れる時によりわけたらええな」と自問自答し、どうしても迷った時だけ「これはどうやろ?」と相談するようになる。 129　以前、目盛を読むのに自信をつけているので、袋づめの際には、「僕、量りの目盛読むから、置いてな」と自ら役割を申し出る。	55　Aさんがすぐに相談できるように、メンバーがAさんのそばでえんどうを採るように気を配る。	20　Dさんが活動に参加し、Aさんと一緒にえんどうの収穫をする。

	利用者Aさんの様子	メンバーの様子など	地域住民、資源への働きかけや様子
インターベンション		56　量りの目盛を読むことをAさんにまかせる。	
	130　*自宅での最近の様子をたずねられ*、「昨日、自分の部屋かたづけてん。おもちゃいっぱいやからな」とうれしそうに話す。 131　「みんな、僕の家に遊びに来てな」とメンバーを誘う。「このごろデイケア行ってないんやけど、X君（デイケアで一緒だった）どうしてるんかな」と言う。	57　*各自、申請できる助成金情報の収集にあたることにする。*	
	えんどうの畑のかたづけ 132　曇っていたので、ヘッドホンで音楽を聞きながら作業をしていたが、「みんな一生懸命してるんやから、こんなん聞きながらせんほうがええかな」と言うので、*「みんなにどう思うか聞いてみたらどうですか?」*と言われる。そして、他のメンバーに相談し、「今日は、つけたままにするわ」と言う。	58　Aさんにヘッドホンについて相談され、はずそうと思えば、はずせばよいと答える。 59　メンバーから近隣施設の夏祭りに参加して販売ができるかどうか連絡をとってみるとの申し出がある。	
モニタリング	133　今まではAさんの母親が車で送って来ることが多かったが、「ええ天気やったら、僕ひとりで自転車で来れるんちゃうかな。ちょっと時間かかるかもわかれへんけどな」と活動への参加意欲を見せている。		

(3) 第3期（平成21年7月初め〜平成21年10月初め）

	利用者Aさんの様子	メンバーの様子など	地域住民、資源への働きかけや様子
アセスメント	134　3回目のアセスメントを実施する。アセスメントの結果（図Ⅳ−2C)を見て、「また、広がったな。なんか、ええ感じやな」とうれしそうにする。 135　周りを見ながら行動できるようになってきていること、細かいことにとらわれすぎないようになっていること、体力や持久力が向上していること、そして就労意欲も向上しているとの説明を受ける。 136　これに対し、「みんなもがんばってるやん。僕も何かしたいなって思うようになってるわ。チームやからな」と話す。		

	利用者Aさんの様子	メンバーの様子など	地域住民、資源への働きかけや様子
アセスメント	137　また、「前はこんなんと違うたわ。前やったらまちごうたらあかんと思ってせえへんかったけど、ここやったらまちごうても怒られへんから、1回やってみようかなって思うようになってるねん」と、以前と現在の自分を比較している。 138　カレンダーに活動日の印をつけているということが判明する。 139　アセスメントのグラフを印刷すると、家族に見せると言って、大事そうに持って帰る。		

図Ⅳ－2C　アセスメント結果③

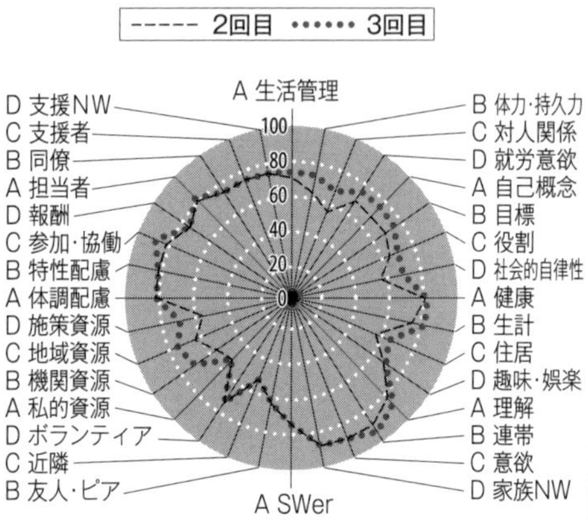

----- 2回目　•••••• 3回目

A 生活管理
B 体力·持久力
C 対人関係
D 就労意欲
A 自己概念
B 目標
C 役割
D 社会的自律性
A 健康
B 生計
C 住居
D 趣味·娯楽
A 理解
B 連帯
C 意欲
D 家族NW
A SWer
B 友人·ピア
C 近隣
D ボランティア
A 私的資源
B 機関資源
C 地域資源
D 施策資源
A 体調配慮
B 特性配慮
C 参加·協働
D 報酬
A 担当者
B 同僚
C 支援者
D 支援NW
100
80
60
40
20
0

	利用者Aさんの様子	メンバーの様子など	地域住民、資源への働きかけや様子
プランニング	140　データを介して今後の目標などを話し合う。これからは、少しでも多く活動に参加して、自分でできることを少しでも増やしていきたいということであった。このため、天気の良い日は、自転車で来られるようにすることを長期目標とした。		

表Ⅳ－2C　支援計画③

本人のニーズ	もっと活動に参加できるようにしたい。
支援課題	家族に頼り切りだったAさんが、自分でできることをしていこうという姿勢を見せていることから、この姿勢を支援していく必要がある。 また、雨が降ると雷が鳴ると思いこんでいることから、天気が悪い時は、休むことや、参加してもそわそわしていることがある。もっと活動に参加するためにも、雨でも来られるように支援していく必要もある。
長期目標	ひとりで自転車で来られるようにする。
短期目標	①雨の日はヘッドホンをつけて参加できる日を多くする。 ②1時間以上作業ができる日を多くする。

	利用者Aさんの様子	メンバーの様子など	地域住民、資源への働きかけや様子
	たまねぎの収穫 141　母親の職場の同僚、その娘さんと遊びに行った時に、今度一緒に近くのショッピングセンターに買い物に行こうと誘ったらしいが、「恥ずかしい」と断られたと残念そうにする。	60　*Aさんの目標を伝え、メンバーで共有する。* 61　*Aさんが自転車で来る場合の役割を相談する。*	
			21　*JA直売所で販売している生産者から、JAでよく売れる曜日などの情報を提供してもらう。*
インターベンション	たまねぎの収穫 142　来た時に、メンバー全員の休憩用のいすを自主的に準備する。 143　たまねぎを引き抜いて、たばねてつるせるように葉を少し残して切るが、「どのくらい残したらええんかわからへん」と言う。*「このくらい」と手を広げて示すとともに「だいたいで大丈夫ですよ」*と言われ、安心した様子であった。そして、「ちょっとぐらい違ってても大丈夫やな」と言いながら、作業する。 144　作業中に、自分から「ちょっと休憩します」と言う。 145　次の給料日がいつになるか気になっている様子であった。 146　「僕、企業で働くんは無理かな～」と言うので、*なぜそう思うのかを聞かれ*、他のメンバーのように仕事ができないからということであった。しかし、*「初めのころは、何でも無理、無理って言ってましたよ。このごろは、僕しますって言うようになってるじゃないですか」*と言われ、「それもそうやな」と少し安心した表情を見せる。 147　これから、一輪車で荷物を運ぶのはまかせてほしいと申し出る。 148　JAの様子を見て来たと話す。そして、「シールは、もうちょっと上の方に貼ったほうがええんとちゃうかな。商品が重なったら見えにくいわ」と提案する。	62　「ちょっとぐらい大丈夫ですよ」と声をかける。 63　一輪車での荷物運びをまかせる。 64　*今後は、販売戦略を相談することになる。* 65　シールの貼る位置を相談する。	

	利用者Aさんの様子	メンバーの様子など	地域住民、資源への働きかけや様子
インターベンション			22　Kさんが、紙を提供してくれる。
	じゃがいもの収穫 149　とても売り物ならないような小さなじゃがいもを処分用のバケツへ入れる際に、どれを捨てるのかわからないと言う。しかし、メンバーが「Aさんが自分やったらこれは買わへんなっていう大きさのは捨てたらええんちゃう?」と言われ、悩みながらも自分で判断しながら作業をする。 150　作業の途中で休憩となったので、「休憩したら残りかたづけてしまおか」と言う。	66　Aさんが帰った後、残ったメンバーが、Aさんが入れたバケツの中から売れそうなじゃがいもをより分ける。	
		67　助成金の申請企画書づくりの講座に参加する。	
	草引き 151　夜に雷が鳴ったので、薬を飲んだとのこと。その影響で、ぼんやりしている。		
	ブドウの袋づくり 152　曇りだったが参加する。 153　カッターで切るのは嫌だと言う。 154　他のメンバーのホッチキスでとめる作業が追いつかなくなっている様子に気づき、「僕もRさん、手伝おか?」とホッチキスでとめる作業を手伝いだす。 155　切った新聞が残り少なくなったのを見て、「もうちょっと紙、切ろうか?」「カッターで切ったほうが速いな」と、自らカッターで切る。	68　Aさんは、ハサミで切ることにするとともに、手順を検討する。	
	ブドウの袋がけ 156　「できるかな?」と不安そうにする。	69　Aさんが不安そうなので、ぶどうの袋がけ作業の手順を検討する。	

	利用者Aさんの様子	メンバーの様子など	地域住民、資源への働きかけや様子
インターベンション	157　初めは袋とひもを渡すのみであったが、*「Aさんもやってみますか?」*と言われ、「1回やってみようかな?」と袋をかぶせてみる。 158　「みんなとおんなじようにはできへんけどな」と袋をかぶせてひもでしばるようになる。 159　「前やったら、無理やと思うたら絶対せえへんかったけど、やってみたら結構できることもあるな」と話す。		
	きゅうりの収穫 160　「きゅうりの競争激しいんやったら、なんか、おまけみたいなもんつけられへんのかな」と提案する。	70　きゅうりは多数の生産者が販売しており激戦区となっているため、販売戦略を相談する。 71　Aさんの意見を取り入れ、きゅうりにシソの葉をつけて販売することに決まる。	
	夏祭りの準備 161　祭りで車を1台しか乗り入れられないことから、「ぼく、自転車でいこか?」と言う。 162　もし売れ残った場合は、売りにまわると言う。 163　メンバーが話をしている時にかみあわないことを言い、他の人の反応を見て、おかしなことを言ったことに気づいたようで、「冗談、冗談」と言う。	72　*夏祭りで販売する梅ジュースの試飲をし、カップの大きさや販売手順などを相談する。*	
	夏祭り 164　はりきって、「梅ジュースどうですか?　飲んでみてください」と声をあげる。 165　初めは、なかなか売れなかったので「みんななんで買わへんのやろ?」と少し不安そうだったが、徐々に買いに来る人が増えると安心した様子だった。そして「なんで、はじめは売れへんかったんやろ?」と考えこむ。	73　Aさんが売れないことを気にしているので、まだお客の数が少ないからではないかと話し、不安をやわらげるようにする。	

	利用者Aさんの様子	メンバーの様子など	地域住民、資源への働きかけや様子
インターベンション	166　再び買いにきてくれた人に「あっ、さっきの人ですね。また来てくれたんですか、ありがとうございます」と言うと、「覚えててくれてたんやね」と言ってもらい、うれしそうにする。 167　他のメンバーのまねをして、「切干大根もいかが?」と声をあげる。 168　今日は雨でも来るつもりだったと話す。		
	打ち上げ 169　さっそく、今日の売り上げを見てみようと言い出す。「何回も買いに来てくれた人あったよな」と、うれしそうにする。 170　母親が忙しいことから、*地域生活支援事業を活用してはどうかという提案*を受ける。	74　*打ち上げ時に収益を計算する。*	
	草引き 171　「一輪車持ってこよか?」と取りに行き、引いた草を積み、捨てに行く。 172　休憩時間に、「さっき、がんばってるなってゆうてもろた」とうれしそうに話す。 173　母親が迎えに来られないため、同僚に乗せて帰ってもらえるかを交渉する。		23　Lさんが通りがかり、「がんばってるな」と声をかける。
			24　*Lさんが、できることがあれば協力したいと申し出てくれる。*
	苗用ポットの準備 174　苗用ポットの底に敷く網をメンバーが切っていると、「ここ、もっとこか?」と切りやすいようにまっすぐに持つ。	75　*作物がイノシシの被害を被ったため、イベント用の商品についての相談をする。*その結果、天気の悪い時には、木の枝などを使って人形などを作って商品にすることになる。 76　*地域住民にも農作物を商品として提供してもらうように協力を呼びかけることになる。*	

	利用者Aさんの様子	メンバーの様子など	地域住民、資源への働きかけや様子
インターベンション	草引き 175　草引きは苦手なので、今まではヘッドホンで音楽を聞きながら作業をすることがあったが、今日は、ヘッドホンをつけずに作業を行っていた。		25　Fさんが、通りがかり、「ええ天気やな」と、声をかける。
		77　*イベント用の商品提供要請のチラシをメンバーで地域住民に配る。*	
			26　*JA直売所で販売している生産者の畑を見学させてもらう。*
	木ぼっくり製作 176　メンバーが何かを作っているのに自分が作っていないことに引け目があるようで、「なんかイメージがわかへんから、何作ってええんかわからへん」を連発する。 177　他のメンバーを手伝おうとして、しきりに「～しようか?」と声をかける。*「焦らなくてもいいですよ。イメージがわいたら、作ってください」*と声をかけられたが、納得いかない様子だった。 178　天気が悪いのでヘッドホンをつけていたが、*製作の様子を撮ろうとカメラを向けると*、「ちょっと待って。Dさん来てるのに、ヘッドホンとらなかっこわるい」と自分からはずす。	78　*散歩に出た時などに集めた木の枝やどんぐりを持ち寄る。*	27　Dさんが活動に参加する。
	多肉植物の植えかえ 179　天気が悪いので調子が良くないようだった。 180　*今日は、早めに帰ってはどうか*と言われたが、「大丈夫」と答え、最後までいる。 181　帰りに「病院へつれていってほしい」と母親に言う。	79　メンバーが、自宅で増えた多肉植物をイベントでの商品にするために持ってくる。 80　Aさんに早く帰るようにすすめる。	

	利用者Aさんの様子	メンバーの様子など	地域住民、資源への働きかけや様子
インターベンション			28　メンバーの知人から、柿の提供をしてくれる人があるとの報告を受ける。
		81　メンバーが、イベント販売用に栽培した落花生を干すために持ってくる。	
モニタリング	182　ここでの活動では、疲れることもあるが体調も良く、楽しいとのことであった。当分はここで頑張っていくつもりだと話す。		

(4) 第4期（平成21年10月初め～平成21年12月末）

	利用者Aさんの様子	メンバーの様子など	地域住民、資源への働きかけや様子
アセスメント	183　4回目のアセスメントを実施する。グラフ（図Ⅳ−2D）を見て「やっぱり広がってるな。そうやと思った」と、予想していた様子であった。 184　「この対人関係ってなんでこんなに広がってるん?」と、それぞれの構成子についても関心を示すようになる。 185　「体力のとこは、これよりもうちょっと低いかもしれんな。このくらいとちゃうかな?」と、画面のグラフ上を指さす。「ポイントを変えてみますか?」と聞かれたが、「やっぱり、これでええな」と言う。 186　「生計のとこやけど、お母さんからもらうお金の半分は貯金するようにしてるねん。ここでもらったお金は全部貯金してるんやで。来年のここの会費は、ここでもろたお金で自分で払いたいねん」と話す。 187　「友人のところがまだ低いな。そうなんよな、はっきりゆって友達あんまりおらへんのよな。これからもうちょっと友達増やしていきたいなあ」と考え込む。 188　「住居のとこもまだ低いな。家に居ること多いんやから、もうちょっと家の掃除とか庭の手入れとかしてもええな」と言う。 189　自己分析をふまえ、今後の見通しも立てるようになっている。 190　最近の体調を聞かれると、コーヒーを飲みすぎて気分が悪くなったことから、最近は、コーヒーをひかえてお茶にしているとのことであった。また、天気の良い日は1万歩ぐらい散歩を始めているということを話す。		

	利用者Aさんの様子	メンバーの様子など	地域住民、資源への働きかけや様子
アセスメント	191　健康に気を配りながら、体力も向上させるために努力しようとしていることがうかがえる。 192　最近、何かできそうな気がしてきたということを家族にも話しているとのことだった。 193　また、一般就労もあきらめてはいないということが判明する。 194　9月から地域生活支援事業の同行を利用し、ヘルパーと外出するようになっていることが判明する。 195　家族以外の人と外出できるようになっていることが少し誇らしい様子だった。 196　プリントアウトしたグラフを家でもう一度よく見ると言って、きちんと折る。 197　「今、こんな感じになってるんよ」と、プリントアウトしたグラフを他の利用者にも見せながら、ポイントの話をしているようだった。		

図Ⅳ−2D　アセスメント結果④

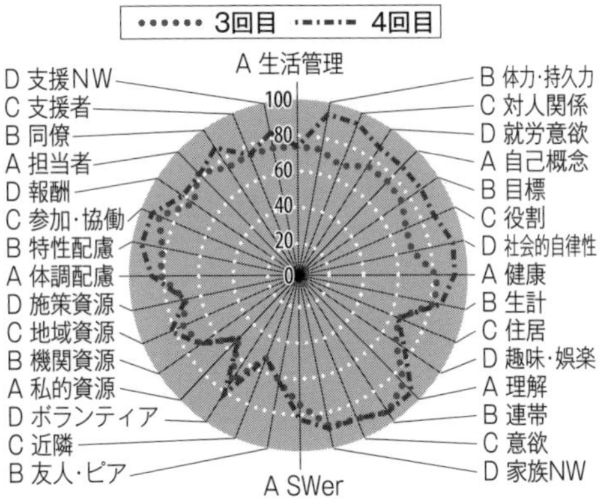

3回目　4回目
A 生活管理
B 体力・持久力
C 対人関係
D 就労意欲
A 自己概念
B 目標
C 役割
D 社会的自律性
A 健康
B 生計
C 住居
D 趣味・娯楽
A 理解
B 連帯
C 意欲
D 家族NW
A SWer
B 友人・ピア
C 近隣
D ボランティア
A 私的資源
B 機関資源
C 地域資源
D 施策資源
A 体調配慮
B 特性配慮
C 参加・協働
D 報酬
A 担当者
B 同僚
C 支援者
D 支援NW
100
80
60
40
20
0

プランニング	198　データを介して今後について話し合う。母親の仕事が忙しいことから、やはり、自分で活動に参加できるようにしたいということであった。 199　引き続き、自転車で来られるようにするということを長期目標とした。		

表Ⅳ−2D　支援計画④

本人のニーズ	送ってもらえない時でも自分で来られるようにしたい。
支援課題	一度、活動日以外にひとりで自転車で来たことがあったが、来るだけで疲れてしまったので、自転車で来て活動をする余裕はなかった。Aさんの目標を支援していくために、引き続き前回と同様の目標とする。 また、雨でも参加できる日が多くなってきていることから、雨の時の作業に楽しみを持てるように工夫する必要がある。
長期目標	ひとりで自転車で来られるようにする。
短期目標	①自宅でも体力づくりに励む。 ②1時間以上作業ができる日を増やすことを続ける。

	利用者Aさんの様子	メンバーの様子など	地域住民、資源への働きかけや様子
インターベンション	木ぼっくり製作		
		82　*Aさんの目標を伝え、メンバーで共有する。*	
	200　他のメンバーが木で何かを作っているのに対し、自分が何も作っていないことにうしろめたいらしく、「ぼくも何か作らなあかんな」と焦りをみせる。		
			29　Mさんが木の人形作りの様子を見に来る。「結構上手に作るんやな」と、興味深そうにする。
	201　メンバーが「Aさん、台風来るらしいから葉大根のビニールかけてるとこ飛ばんようにひもでくくるん手伝って」と呼びに来たので、「はい!」と手をあげて元気に手伝いに行く。しかし、かがむ作業が多かったので、作業中に「ちょっとかわってもらえますか?」と言う。	83　快く作業をかわる。	
	木ぼっくり製作		
	202　雨にもかかわらず、ヘッドホンも耳栓もしていないことが判明する。	84　Aさんがヘッドホンをつけずに作業していることをメンバーで認める。	
	203　*「このごろ休憩休憩って言わなくなったね」*と言われ、「へへへ、初めのころは、ひどかったからな」と照れくさそうにする。「でも、仕事はみんなみたいにはできへんけどね」と体力・持久力の向上や他のメンバーと同じようには作業ができないことを認める。		
	204　活動日ではない日に、活動場所へ自転車で来る。	85　*メンバーで、Aさんが自転車で来ることを応援する。*	
	木ぼっくり製作		
		86　*イベントのブースの飾りに使えそうな物を持ち寄り、ブースのデザインを相談する。*	
			30　*Dさんが、イベントの商品がそろうかどうかを心配して、様子を見に来る。*
	205　「今日は、なんか1つだけでも作るわ」と言うものの、なかなかとりかかれないようだったが、最後にはなんとか作りだした。		
	206　作った物に対し、「ちょっとまがったけど、これはこれで結構かわいいからええな」とメンバーに見せる。	87　Aさんの作品を認める。	

	利用者Aさんの様子	メンバーの様子など	地域住民、資源への働きかけや様子
インターベンション	207　「いくらで売れるかな?」と、値段を気にしていると、メンバーから「それはAさんの売り方次第やな」と言われ、「そうやな!」と張り切る。 208　商品の値段を相談していると、「今年のクリスマスパーティーはいつにする?」と言いだしたが、「あっ、対人関係、対人関係。今は、値段のことやな。クリスマスの話する時と違うな」と、自分で気づき、「あとで言います」と言う。	88　Aさんが売ってくれることに期待していることを伝える。 89　Aさんが初めて作った木ぼっくりを目立つ所に飾る。	
			31　*JA直売所で販売している生産者が菊の苗を持って来てくれる。*
		90　今年は渋柿が少なく、干し柿を作れそうにない。去年、Aさんは柿むきができるようになっているので、Aさんのために、*柿を採らせてもらえるところを探す。*	
			32　菊の苗を提供してくれた生産者が苗の様子を見に来る。木ぼっくりを見て、「へー。精神障害あってもがんばってるんやな。こんなかわいいの作れるんやな」と、一つひとつを手にとって見る。
	木ぼっくり製作 209　イベント販売に際して落花生の試食を作ったほうがいいと提案する。	91　落花生の試食を作ることになる。	

	利用者Aさんの様子	メンバーの様子など	地域住民、資源への働きかけや様子
インターベンション	210　数日前の豪雨と雷の時は大丈夫だったかとメンバーに聞かれ、「ぼく、わかったんよ。雷鳴ったらヘッドホンしてたら大丈夫やってこと。今までみたいに怖いことなかったんよ」と話す。 211　帰り際に10回ほど「さようなら」と言い、「今の、ちょっと多すぎるかな？」「やっぱり多すぎやな」と自問自答する。	92　雨が降ると調子の悪かった活動参加当初のAさんをメンバーで振り返る。	
			33　*イベント販売用に、地域住民のFさん、Jさん、Lさんが提供してくれる大根、さつまいも、花の苗、漬物などを提供してくれる。*
			34　メンバーの知人が柿を、また、精神障害者家族会メンバーがさつまいもなどを提供してくれる。
	イベント 212　はりきって、声をあげる。 213　苗の袋の底に提供してもらったたこやき用の舟を敷くことになったので、「お客の少ない時に準備しといたらええな」と、たくさん準備をする。 214　イベント会場を回り、お世話になっているヘルパーのためにプレゼントを買ってくる。 215　知事がブースに来ると、「いらっしゃいませ。落花生どうですか。食べてみてください」と言い、「君が言うとおいしそうに思えてくる」と買ってもらう。みんなが笑うと「どうしたん？」とけげんな顔をするが、「知事さんだったんですよ」と言われ、「えっ、ぼく、知事さんに落花生売りつけたん？」と少しはずかしそうにするが、うれしそうだった。	93　柿の売れ行きは良くないので、急きょ、柿の試食も作る。	35　メンバーの知人達が協力に来てくれる。 36　Gさん、JA直売所の生産者が様子を見に来る。

	利用者Aさんの様子	メンバーの様子など	地域住民、資源への働きかけや様子
インターベンション			37　Dさんが、夫婦でイベントの様子を見に来てくれる。 38　地域活動支援センター職員などに、活動の様子をアピールする。
	216　空箱を持ってきて、売れ残りそうな商品を箱に入れて「ぼく、売りに行ってくるわ。誰かついてきてほしい」と言う。 217　売りに行ったが、つり銭を持っていないことに気づき、すぐに帰ってくる。 218　「全部売ってきたで」とうれしそうにする。 219　イベント終了時には雨が降っていたが、ヘッドホンをつけて平気で*撤去作業を行う。*	94　メンバーがAさんと売りにまわる。	
	打ち上げ 220　打ち上げでは、ダイエットを続けているとのことで、デザートを食べなかった。 221　イベントの反省を話し合っている時に、「クリスマスパーティーは、いつがいい?」と言い出すが、「あっ、今は反省会やな。対人関係、対人関係」と、話をやめる。 222　コップの水を飲み干してからも、何度も何度も飲む仕草をするので、「それ、なにしてんの?」と聞かれ、「なんかしらんけど、無意識にしてるんよな。なんなんやろ。自分でもわからんわ」と答える。	95　*Aさんの調子に気を配る。*	
			39　*商品を提供してくれた地域住民たちが、イベントでの売れ行きなどの様子を聞きに来る。*
			40　*Nさんから、知人のOさんの所で柿を採らせてもらえるところがあるとの連絡を受ける。*
	柿の収穫 223　Aさんの母がNさんにあいさつすると、Aさんは自分のことを「Sさんの息子さんです」と言う。*「自分が言うときは、さんはいらないですよ」*と言われ、笑いながら「まちがえました、息子です」と言い直す。	96　*Nさんと一緒にOさんの所へ、柿を採りに行く。*	41　Nさんも柿採りに参加する。

	利用者Aさんの様子	メンバーの様子など	地域住民、資源への働きかけや様子
インターベンション	224　「楽しかった〜。親切な人らやったな。初めは緊張したけど、慣れたわ。また、行かせてもらいたいな」と言う。 225　帰りの道中「ちょっと××へ寄って行こうよ。みんな行きたない?」と聞くと、他のメンバーが「別にええわ。今日は帰ろう」と言われ、少ししょんぼりするが、「また、今度でもええな。今日は帰ろか」と言う。 226　*Aさんの母親が、希望が見えてきたと話す。*		42　帰りにNさんの畑でいちごを摘ませてもらう。
			43　*Nさんが、他にも収穫させてもらえるところがないかあたってみると連絡をくれる。*
	草引き 227　作業中、通りがかったJさんに大きな声であいさつをする。 228　通りがかったOさんにあいさつをする。 229　引いた草がバケツに一杯になったら自分が一輪車で運ぶと言い、「もう一輪車持ってこよか?」と何度も言うので、*「11時になったら持って来るようにしたらどうですか?」*と言われ、納得する。 230　11時になったので、うれしそうに一輪車をとりに行き、持ってきた一輪車に引いた草をのせ、運ぶ。 231　休憩時に、「お茶、もう少しお願いします」と、おかわりを要求する。	97　メンバーが、「Aさん、11時5分前ですよ」「3分前ですよ」と声をかける。 98　Aさんの一輪車から落ちた草を掃きながらついて行く。	44　通りがかったJさんにAさんからあいさつをすると、Jさんは「元気やな」と答える。 45　通りがかったPさんにAさんからあいさつをしたので、Pさんは少しとまどったようだったが、あいさつを返してくれる。
			46　*JAのスタッフが、シールを貼ったX法人の商品を選んで買うお客が増えていると教えてくれる。*

	利用者Aさんの様子	メンバーの様子など	地域住民、資源への働きかけや様子
インターベンション	草引き 232　*来年は何日から活動を始めるかを相談*し始めると、「僕、手帳持つようになってるんや。生活管理もせなあかん」と、うれしそうに手帳を出し、メンバーに見せる。そして、「お母さんに連絡してくれんでもええで。僕がお母さんにゆうとくからな」とメンバーに言う。 233　地域活動支援センターのもちつき大会があるというのをメンバーから聞き、一緒につれていってほしいと自分から頼む。 234　倒れかけた水仙を見つけ、「大変や。商品やのに」と言い、球根に土をかぶせる。	99　Aさんともちつき大会の予定を話す。 100　「Aさん、売る気満々やね」と声をかける。	
モニタリング	235　以前は、12月になると調子が悪くなったが、今年は12月も調子がいいのでうれしいと話す。 236　「ここへ来るようになってから、だんだんキレんようになってきた。前は、ちょっと嫌なこと言われたりしたら、怒ってたんやけどな」と振り返る。		

(5) 第5期（平成22年1月初め～平成22年4月中旬）

	利用者Aさんの様子	メンバーの様子など	地域住民、資源への働きかけや様子
アセスメント	237　5回目のアセスメントを実施する。グラフ（図Ⅳ－2E）を見ながら、手帳を持ち自分の予定を管理するようになっているので、生活管理が向上していることや、自分から進んで役割を担うようになっていることから、役割が向上しているなどの説明を受ける。 238　会話の中で、近所の人に会った時は、積極的にあいさつしてることがわかり、近隣のポイントを変更する。 239　「趣味・娯楽がまだ低いな。おもちゃ買うのやめて、プラモデルにしようかと思ってる。作る楽しみと遊ぶ楽しみができるからな」と話す。 240　ポイントを変更しようかと聞かれるが、「今度の楽しみにしとくから、このままでええわ」と答える。 241　「それに、おもちゃは高いけど、プラモデルやったら300円ぐらいからあるねん。節約にもなるしな。いらんようになったおもちゃも、ホビーショップに売ったらええな」と話す。 242　「住居のとこもまだまだやな。もうちょっと家の手伝いしよかな」と話す。 243　「そう言うたら最近、お母さんお母さんって言わなくなってる」とのことであった。		

	利用者Aさんの様子	メンバーの様子など	地域住民、資源への働きかけや様子
アセスメント	**図Ⅳ−2E　アセスメント結果⑤** -·-·- 4回目 —— 5回目 A 生活管理 / B 体力・持久力 / C 対人関係 / D 就労意欲 / A 自己概念 / B 目標 / C 役割 / D 社会的自律性 / A 健康 / B 生計 / C 住居 / D 趣味・娯楽 / A 理解 / B 連帯 / C 意欲 / D 家族NW / A SWer / B 友人・ピア / C 近隣 / D ボランティア / A 私的資源 / B 機関資源 / C 地域資源 / D 施策資源 / A 体調配慮 / B 特性配慮 / C 参加・協働 / D 報酬 / A 担当者 / B 同僚 / C 支援者 / D 支援NW 100 80 60 40 20 0		
プランニング	244　アセスメントから、目標を自ら見つけるようになっており、表Ⅳ−2Eのような計画とした。		

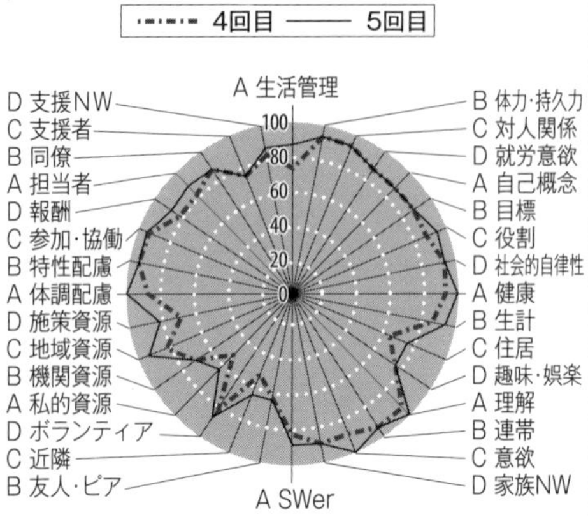

表Ⅳ−2E　支援計画⑤

本人のニーズ	家族の助けになるようにしたい。
支援課題	進んで役割を担うようになっていることから、役割を一層増やし自信を向上することによって、家庭生活を豊かにしていくように支援する必要がある。
長期目標	自分の貯金でパソコンを買う。
短期目標	①フィギュアを買うのを減らし、プラモデルを買って作るようにする。 ②自分のできることはなるべく自分でする。 ③家事などの手伝いをする。

	利用者Aさんの様子	メンバーの様子など	地域住民、資源への働きかけや様子
インターベンション	八朔の収穫 245　「一輪車はぼくがするで」と作業の前に申し出る。	*101　Aさんの目標を伝え、メンバーで共有する。* 102　一輪車の運搬をAさんにまかせる。	
			47　JA生産者が様子を見に来る。
	草引き、八朔の収穫 246　「おなか、またつかえてしんどいわ。最近、歩くん、さぼってるからかな」と言う。		

	利用者Aさんの様子	メンバーの様子など	地域住民、資源への働きかけや様子
インターベンション	247　*新しいメンバーに、八朔の収穫の仕方を教えてあげるように依頼*される。すると、「こんなふうにきるねん」と2段切りの仕方を教え、「もう1回するで」ともう一度見せる。 248　作業終了時に、「がんばったな」と新しいメンバーに声をかける。		
	草引き、肥料いれ、びわの袋づくり 249　雨が降りはじめたので、びわの袋づくりをする。調子が良くなかったが、最後までいる。	103　Aさんの体調を気遣う。	
			48　*MさんがJAに出荷する花用の枝を提供してくれる。*
	八朔の収穫、肥料いれ 250　帰りぎわに「今日は、役にたたんとすみません」と言う（客観的には普段と変わらないように見えたが、本人にとっては不本意だったようである）。 251　最近のAさんは、いきなり怒りだすことがなくなったので、安心して言いたいことが言えたり、口げんかしたりできるようになったことがうれしいとAさんの母親が話す。それを聞いていたAさんもうれしそうにする。	104　Aさんが気にしているようなので、あまり気にしないようにとメンバーで励ます。	
	八朔の収穫 252　途中で、休憩したいと言い出したが、メンバーに「9時半まではしようよ」と言われ、「そうやな、がんばるわ」と作業を続ける。 253　収穫した八朔を大きさに応じてコンテナに入れる。*「このぐらいっていう大きさを一つずつ置いておきますか？」*とたずねられたが、「大丈夫」と自分で判断しながら仕分けをする。 254　お茶をとりに行くなどして、上手にさぼっているようにみえる。	105　目標時間まであと何分かをこまめに言い、Aさんが目標時間まで作業を続けられるようにする。	49　Qさんが通りかかり、「ちょっと曇ってきたんとちがうか？」と初めてメンバーに声をかける。
	えんどうの杭うち、八朔の収穫、アセスメント 255　休憩時に「今日は給料日やな」と先にはんこを用意する。		

	利用者Aさんの様子	メンバーの様子など	地域住民、資源への働きかけや様子
インターベンション	256　八朔を採っていると、「ここもまた草はえてきたな。草取りせなあかんな」と言う。		
	じゃがいも切り、植えつけ 257　*今年も重さを量ってから切るかどうかたずねられた*が、「もうええわ、めんどくさい、わからんかったら聞くわ」と言う。	106　すぐ近くでAさんを見守りながら作業を行い、その様子を共有しあう。	
			50　*JAに出荷している八朔が、他のみかんの中に埋もれて見えなくなっているとGさんが知らせてくれる。*
			51　*JAで生産者名の入ったプレートを立ててもらう。*
	じゃがいも切り、植えつけ 258　*最近の家庭での様子をたずねられ*、食事のあとかたづけ、せんたくもの取り入れなど、家の手伝いをしていることを話す。 259　「去年もやったから、わかるわ」と言い、自主的にじゃがいもを植える。 260　千切り大根を干すためにメンバーが運びかけると、ななめになったところを自分から持つ。	107　Aさんが担当するうねを決めて任せる。 108　「Aさん、とても気がつくようになったね」とメンバーの一人が言う。	
			52　Fさんが、種類の異なる水仙の苗を提供してくれる。
	エンドウの桟をしばる、草引き 261　昨夜、雨で雷が鳴るかもしれないという天気予報だったため、睡眠導入剤を普段より多めに飲み、今日は眠いががんばって来たとのことであった。 262　「今度のアセスメント楽しみや」と言うので「*どうしてですか?*」と聞かれ、「だいぶんおもちゃ買うのやめてプラモデルにしてるから、グラフの趣味・娯楽とか生計が上がると思うで」と答える。	109　調子があまりよくないのに参加したAさんの体調を気遣う。	

	利用者Aさんの様子	メンバーの様子など	地域住民、資源への働きかけや様子
インターベンション	キャベツの種まき 263　「もうあんまり細かいことにこだわらんようにするねん」と話す。*理由を*聞かれ、「お母さんもそうしたほうがええってゆうし、自分でもちょっとええかげんなとこあったほうがええと思うし」と話す。 264　4月に両親が旅行に行くので、その間、留守番をすることになり、その3日間はひとりでなんでもするつもりだと話す。*「食事はどうするんですか?」*と聞かれ、「1回はケンタッキー買いにいくけど、焼きそばとかつくれるから大丈夫やと思う」と少し楽しみにしているようでもあった。 265　留守番の間は、ここへもひとりで来るつもりだが、雨なら車に乗せてもらえるようにメンバーと交渉する。 266　JAのもちつき大会があると聞き、日程を手帳に書く。	110　きちんとしなければならない時は、メンバーが言うので、安心して作業を行うように話す。	
			53　JA生産者が様子を見に来る。
	草引き 267　引いた草があちこちでたまってきたので、「そろそろ捨てて来ようか?」と言うが、メンバーに「まだ、もうちょっとたまってからにして」と言われ、少しがっかりした様子であった。 268　早く一輪車で捨てに行きたいと言い、引いた草を集めだす。 269　メンバーについて行き、草を捨てる場所を教える。 270　休憩時間に、もうすぐパソコンを買うつもりだとうれしそうにパンフレットをメンバーに見せる。 271　休憩時間におやつを食べないので、メンバーが心配する。すると、二段ベッドを置くと一段目の部分にパソコンを置いて部屋を片づけられるので、二段ベッドを欲しいのだが、上の段の重量制限が90キロだとわかり、もう少しやせようと思っていると説明する。	111　*雨の日の作業について相談する。* 112　*花見に出かける日程を相談する。*	54　Qさんが通りがかり、「やってるな」と声をかける。
	花見		55　メンバーの知人の家族と当事者、家族会会員とその当事者が参加する。

	利用者Aさんの様子	メンバーの様子など	地域住民、資源への働きかけや様子
インターベンション	272　初対面の当事者とその家族に自己紹介をするとともに、母親の紹介もする。その際に、「これが母ぎみです。母上です。あれっ、なんて言うんや?」と言うので、メンバーが「母です、でいいんじゃないですか?」とアドバイスする。すると「あはは」と大声で笑い、「対人関係!」と言う。		
		113　*初めて参加した家族の話を傾聴するとともに、苦しみをわかちあう。*	
	273　参加者のお茶をコップに入れたりといった、準備をする。		
	274　「しまった。ダイエットしてんのに、食べすぎた。おなか苦しい」と、横になる。		
	275　メンバーを積極的に誘い、ボールなげやバドミントンをする。		
	276　初めて参加した当事者に、「Sさんも来てみたら?」と、活動に誘う。		
	277　帰り際に、「楽しかった」とうれしそうに話す。		
	草引き		
	278　来るとすぐに、花見は楽しかったと振り返る。		
			56　引いた草を捨てに行く途中でJさん、Qさんが通りかかり、Aさんとあいさつをする。
			57　Jさん、Qさんが再び通りがかり、「ええ天気でよかったな」と声をかける。
	279　「フキ、出てきたな。また、一杯売ろな」と、うれしそうに話す。		
	280　来週、使ってみようと思う道具の使い方をメンバーに教えてほしいと言う。		
	281　自分の貯金でパソコンを買うので、注文してきたとうれしそうに話す。		
		114　*雨の日に作業ができそうなヒントになる具体的な物を持ち寄り相談し、*木や粘土で作ったものをモビールにすることに決まる。	

	利用者Aさんの様子	メンバーの様子など	地域住民、資源への働きかけや様子
インターベンション		115　手作りの商品を毎月売るイベントがあるとの情報提供をする。 116　切干し大根もJAで販売させてもらえないかを交渉することになる。	
	282　「そのイベントでどんなもん売ってるんか、1回見に行ってみなあかんな」と言う。 283　Aさんの両親が旅行に行くので、少し不安もあるが楽しみでもある様子だった。		
		117　Aさんの両親が旅行に行く間のAさんに対するサポートを話し合う。 118　活動に参加したいという家族会会員がいるとの報告がある。	
	284　メンバーが今年度の会費を払い始めると、「僕も、自分で払うねん」と、うれしそうに会費を払う。		
	草引き 285　メンバーが引いた草を集めてまわり、一輪車で草を捨てに行く。 286　「あんまり草引き好きと違うけどな。はよ集めたいしな」と言いながら、草を引く。	*119　Aさんの両親が旅行に行っている間の連絡先を確認しあう。*	
			58　切干し大根の販売も可能かをJAにたずねる。
			59　幼稚園の先生をしていた知人から、粘土の種類や使い方のアドバイスを受ける。
			60　障害者施設のスタッフなどの見学日程が決まる。

V　ソーシャルワークによる精神障害者の就労と生活支援の考察

1．精神障害者就労・生活支援ツールの活用による利用者の変容

（1）生活への関心

人に対しては精神障害者就労・生活支援ツールを用いたアセスメント、環境に対してはＮＰＯ活動を通じて就労支援を行ってきた。そこで、まず、アセスメントにおけるＡさんの反応から、精神障害者就労・生活支援ツールについての考察を行う。なお、（　）内の番号は事例（「事例の詳解」116〜151頁）における「利用者Ａさんの様子」の番号である。

１回目のアセスメントでは、示したデータと実感についてたずねたところ、Ａさんは、「ふーん、こんな感じなんかな？　ようわからんな」(11) という反応を示している。しかし、データ表示を棒グラフ（図Ⅳ－２Ａ'）からレーダーチャート（図Ⅳ－２Ａ）に切り替え、生活はさまざまな構成子からなり、広がりがあるという説明を行った。すると、「ふーん、生活なあ。広がりなあ。今まで生活なんか考えたことなかったからな」(12) というように、今まで生活というものに関心のなかったことに気づくようになっている。そして、「いろんなもんあるんやな」(12) と生活の構成子についても少し関心を示すようになっている。また、「なんで、こんな病気になってしもたんやろ」(13)「今の生活で別にええんやけど。作業所なんかへ行きたないし」(15) と、今までを振り返るきっかけや、現状を認識するきっかけになっていることがわかる。

2回目以降のアセスメントでは、カレンダーに活動日の印をつけるようになっている（138）ことや、何かできそうな気がするようになってきたこと（192）、ヘルパーを利用するようになっていること（194）などの情報をAさんから提供するようになっており、ソーシャルワーカーとの話し合いから、ポイントの変更も行っている（238）。

このように支援ツールは、ソーシャルワーカーとのコミュニケーションを通じた協働によって、情報の提供や、利用者とソーシャルワーカーとの認識の修正への材料となっている。そして、生活というものをビジュアル化することで利用者に生活のイメージをもちやすくし、生活に関心がなかったことへの気づきや生活への関心を喚起する材料となっていることがわかる。これを表したものが図Ⅴ－1である。

図Ⅴ－1　支援ツールを活用した協働

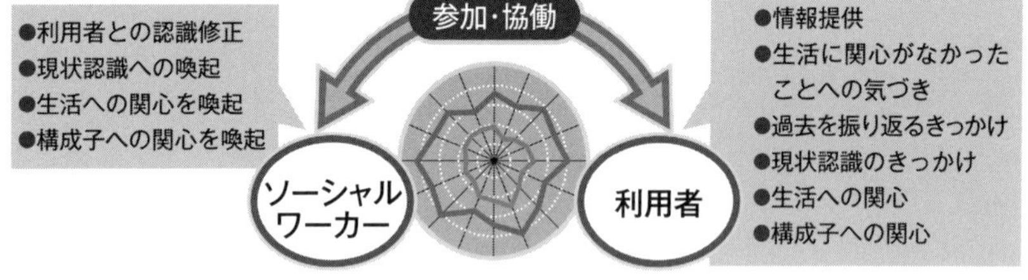
●利用者との認識修正
●現状認識への喚起
●生活への関心を喚起
●構成子への関心を喚起
参加・協働
ソーシャルワーカー
利用者
●情報提供
●生活に関心がなかったことへの気づき
●過去を振り返るきっかけ
●現状認識のきっかけ
●生活への関心
●構成子への関心

（2）生活変容への関心

次に、2回目のアセスメントにおけるAさんの反応である。棒グラフによるデータを示すと「ふーん、今はこんなんか。前よりもよくなってるんかな」（92）という反応であった。しかし、前回のデータとあわせて表示（図Ⅳ－2B'）すると、「うわー、前よりもすごい上がってるな。すごいな」（93）という反応を示している。そして、レーダーチャートでの表示（図Ⅳ－2B）を見ると、「うわー、広がってる、広がってる。なんか、うれしなるな」（94）と、素直な喜びを表している。また、家庭での様子についてたずねると、以前と現在の様子を比較するようになっている（95）。さらに、データと実感についてたずねると、前回とは異なり、「ほんま、ほんま、こんな感じちゃうかな」(96) というふうに自分の実感と照合し、「これからどうなっていくんか楽しみやな」と話すようにもなっている (97)。そして、近隣住民とあいさつをかわすようにしていることなどを自分から話すようになっている (98)。このようなことから、生活やその広がりへの関心が生まれるとともに変容への漠然とした期待をもつようになっている。また、現在の状況を自分から話すようにもなっていることから、データはソーシャルワーカーと認識を共有するためのものであるという理解が生まれていることがうかがえる。

また、3回目のアセスメントでは、「また、広がったな。なんか、ええ感じやな」(134) というようにデータを示した瞬間に実感と照合するようになっている。そして、就労意欲が向上しているなどの説明に対し、「みんなもがんばってるやん。僕も何かしたいなって思うようになってるわ。チームやからな」(136) と協働意識の高まりとともに、役割を担おうとしていることに気がついている。また、「前はこんなんと違うたわ」「1回やってみようかなって思うようになってるねん」(137) と以前と現在の自分を比較するようにもなっている。支援ツールのデータから以前の自分を思い起こし、現在の自分と比較するというフィードバックが行われている。これを図にしたものが図V－2である。

図V－2　支援ツールによるフィードバック

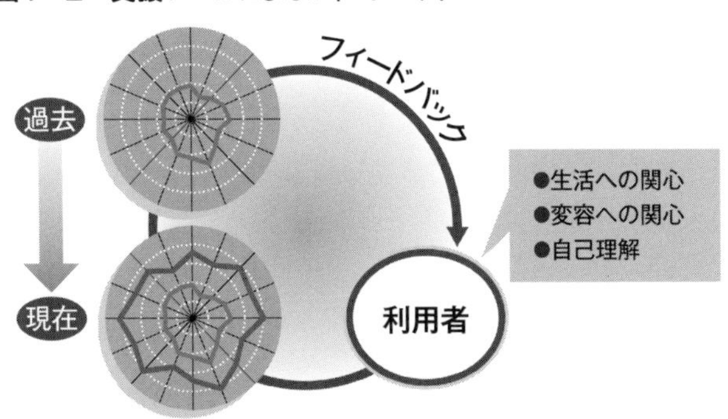
フィードバック
過去
現在
●生活への関心
●変容への関心
●自己理解
利用者

4回目のアセスメントになると、「やっぱり広がってるな」(183) と予想をするようになっている。そして、「対人関係ってなんでこんなに広がってるん？」(184) というふうに、構成子にも大きな関心を寄せるようになっている。また、「体力のとこは、これ（データ）よりもうちょっと低いかもしれん」(185) と構成子のデータと自分の実感を照合するようにもなっている。そして、「生計のとこやけど、お母さんからもらうお金の半分は貯金するようにしてるねん」(186) と構成子に関する情報を自分から提供している。さらに、「友人のところがまだ低いな」(187)「住居のとこもまだ低いな」(188) というように自ら課題を発見し、「もうちょっと家の掃除とか庭の手入れとかしてもええな」(188) と今後の具体的な取り組みについても考えるようになっている。このように、支援ツールを用いたアセスメントの積み重ねによって、自己分析や課題発見を通して、課題に対する具体的な取り組みを考えるというフィードフォワードが生まれている。そして、これは、自分を変えていこうとする意欲にも役立っていることがわかる。

5回目のアセスメントでは、近隣住民に積極的にあいさつをしていることが判明したことから、ポイントを変更した (238)。また、「趣味・娯楽がまだ低いな」(239) と前回のアセスメントではあまり注目しなかった構成子にも注目したり、「住居のとこもまだまだやな」(242) などという自己分析を行ったりしている。そして、フィギュアを買うのではなくプラモデルを買っ

図V−3　支援ツールによるフィードフォワード

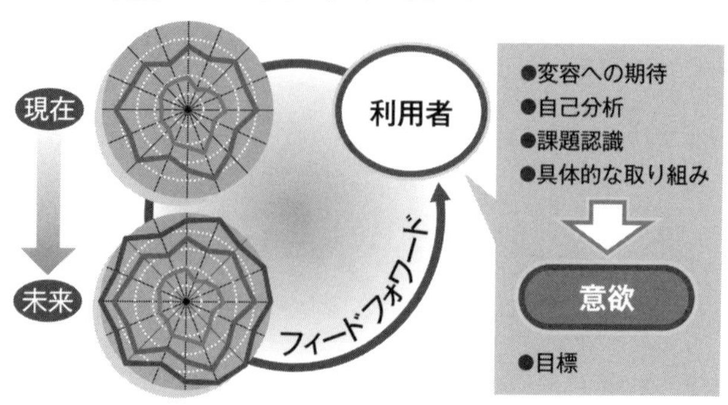
現在
未来
利用者
フィードフォワード
●変容への期待
●自己分析
●課題認識
●具体的な取り組み
意欲
●目標

てつくるようにすることで、楽しみと同時に節約にもなるという構成子のつながりに目をむけた具体的な取り組みを考え（241）、それを目標にするようにもなっている（240）。これを図にしたものが図Ｖ－３である。

（３）精神障害者就労・生活支援ツールの意義

支援ツールの意義について、丸山は以下のように整理している[(1)]。

①ソーシャルワーカーにとっての意義

・生活のしづらさの全体像の把握

・変化のターゲットの理解

・支援過程を通じての各段階でのアセスメント

・チームへの情報の提供

・利用者の主体的参加と動機づけ

・利用者側からの情報の入手

・利用者の観方や感じ方を理解するきっかけ

・ソーシャルワーカーのもっている情報を提示する機会

・ソーシャルワーカーの利用者に対するバイアスを修正する機会

②利用者の参加の意義

・実践過程展開の主体としての自覚

・利用者が客観的な立場で自らの状況をふりかえる機会

・ソーシャルワーカーの理解と活用

・セルフ・イメージの立体化

・主体的参加の結果としてのコンピテンスの向上と開発

これらに就労という側面を含め、利用者にとっての支援ツールの意義を質、量、空間、時間から整理したものが表Ｖ－１である。

表V－1　精神障害者就労･生活支援ツールの意義

側面	内　容	効　果
質	**漠然としたもの→具体的なもの**	
	●アセスメントのグラフが以前よりも広がった場合は、単純に喜びを感じ、自信が生まれる。	自信の向上
	●もっとグラフが広がるようにしたいという意欲が生まれる。	意欲の向上
	●一般就労に焦りがある利用者にとって、就労は生活の一部であるという実感をもつことができ、一般就労への焦りが軽減される。	焦りの軽減
	●自己理解が深まることで、目標が現実的、具体的になる。	目標の具体化
量	**消極的→積極的**	
	●ソーシャルワーカーとの会話が増える。	自己理解の促進
	●利用者からの発話が増える。	利用者の情報の増加
空間	**狭い視野→広い視野**	
	●データによってソーシャルワーカーとの認識のズレが修正される。	相互理解の促進
	●データによって就労現場のメンバーや支援者の理解が深まる。	就労支援者の理解促進
	●データによって家族共通理解が深まる。	家族の理解促進
	●自分にしか目が向いていなかった利用者にとって、地域住民などの環境に目を向けるきっかけになる。	環境への関心
時間	**時系列**	
	●生活というものに関心がなかった利用者が、生活やその構成子への関心をもつようになる。	生活への関心
	●以前のデータと比較することで、変化の要因を検証する材料となる。	変化の検証
	●以前の自分を振り返ることで、現在の実感を確かめることができる。	実感の形成
	●自己分析や課題発見を通じ、具体的な取り組みや目標について考えるようになる。	主体性の促進

また、フィードバック、フィードフォワードという機能から支援ツールの意義を図式化したものが図V－4である。

図V－4　精神障害者就労・生活支援ツールの機能的意義

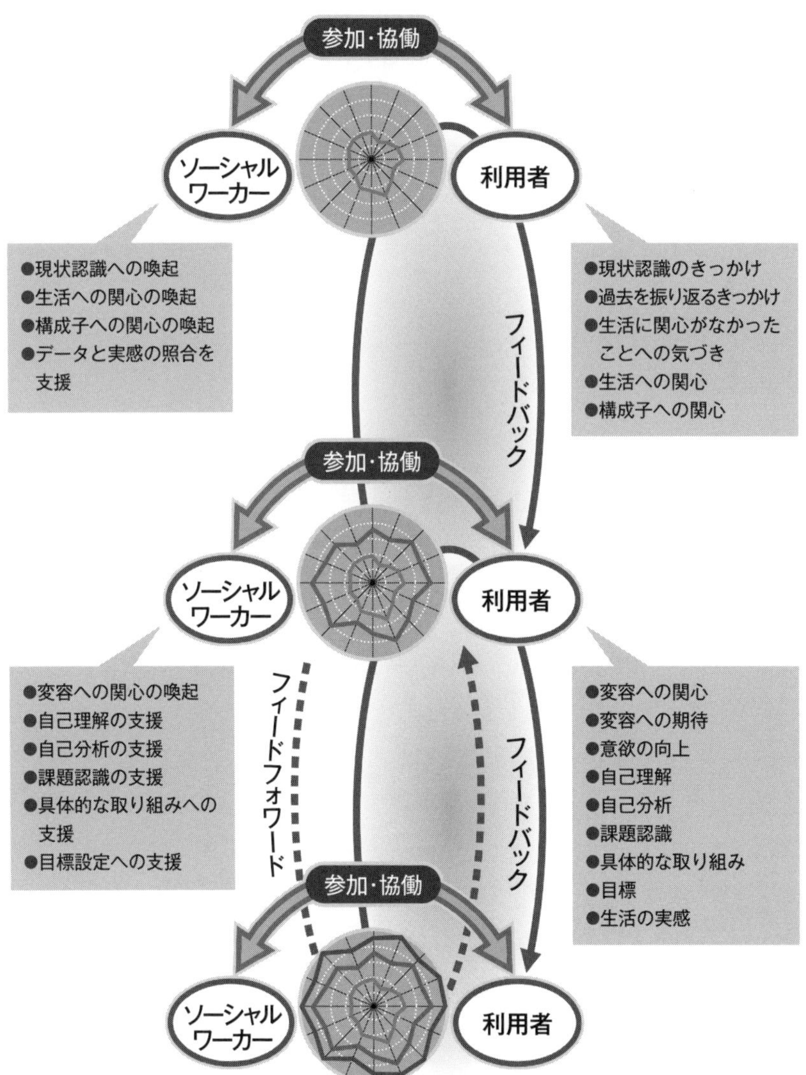
参加・協働
ソーシャルワーカー
利用者
●現状認識への喚起
●生活への関心の喚起
●構成子への関心の喚起
●データと実感の照合を支援
●現状認識のきっかけ
●過去を振り返るきっかけ
●生活に関心がなかったことへの気づき
●生活への関心
●構成子への関心
フィードバック
参加・協働
ソーシャルワーカー
利用者
●変容への関心の喚起
●自己理解の支援
●自己分析の支援
●課題認識の支援
●具体的な取り組みへの支援
●目標設定への支援
フィードフォワード
フィードバック
●変容への関心
●変容への期待
●意欲の向上
●自己理解
●自己分析
●課題認識
●具体的な取り組み
●目標
●生活の実感
参加・協働
ソーシャルワーカー
利用者

2．環境の相互関係による利用者の変容

（1）ＮＰＯ活動における協働と利用者の変容

次に、環境についての考察を行う。活動では、ソーシャルワーカーとともにさまざまな工夫を行っているが、まず、作業の工夫についての考察を行うことにする。仕事の工程分析は、身体障害者の職域拡大を目指して障害にあった工程へと改善するためにかねてから行われている[(2)]が、本活動における手順の工夫は、利用者とメンバーとの協働を可能にするためのものである。また、（　）内における番号は事例（「事例の詳解」116〜151頁）中の「Ａさんの様子」の番号であり、メンバーと番号は「メンバーの様子など」の番号である。

①手順の分割・代替

ブドウにかぶせる袋をつくる場合、紙をカッターで切り、切った紙を折ってホッチキスでとめるという図Ｖ－５Ａのような手順となる。しかし、Ａさんはカッターで手を切ったことがあるということで、カッターを使おうとしなかった。そこで、他のメンバーはカッターを使い、Ａさんはハサミを使うことにした（メンバー68）（図Ｖ－５Ｂ）。なお、アミかけ部分は利用者の行った作業である。そして、点線部分は他のメンバーが行った作業であることを表している。しかし、折る、ホッチキスでとめる作業が追いつかない様子にメンバーが気づき、折る作業を手伝っていた（図Ｖ－５Ｃ）。すると、今度は、ホッチキスでとめる作業が遅れていることに気づいたＡさんは、「僕も○○さん、手伝おか？」と言い、ホッチキスでとめる作業を手伝い始めた（154）（図Ｖ－５Ｄ）。さらに、切った紙が少なくなってきたことに気づき、「もうちょっと紙、切ろうか？」「カッターで切ったほうが速いな」と言いながら、カッターを使って切るようになっている（155）（図Ｖ－５Ｅ）。

周りの様子を見ながら作業を行うようになるとともに、自主的に役割を担おうとする意欲も促進されていることがうかがえる。

図V−5　手順の分割・代替

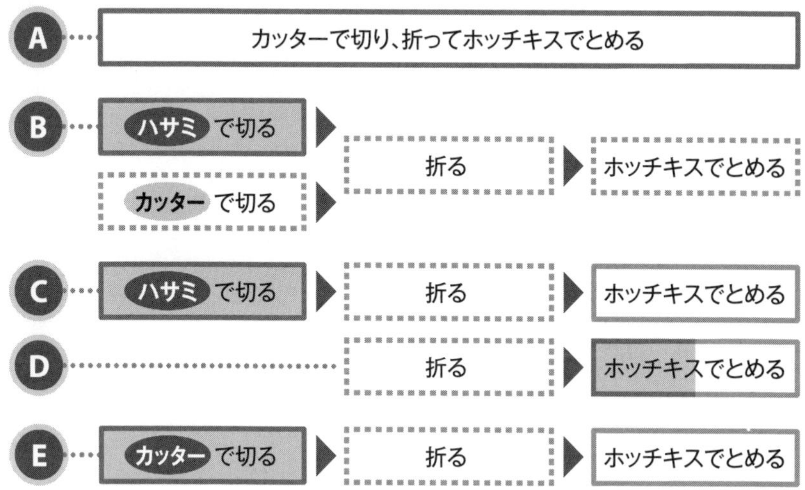
A
カッターで切り、折ってホッチキスでとめる
B
ハサミで切る
カッターで切る
折る
ホッチキスでとめる
C
ハサミで切る
折る
ホッチキスでとめる
D
折る
ホッチキスでとめる
E
カッターで切る
折る
ホッチキスでとめる

②手順の分割・追加

じゃがいもを植える際には、１つの種芋を数個に切り分け、灰をつけるという図Ｖ－６Ａのような手順となる。この際、じゃがいもの大きさに応じて切り分ける必要がある。しかし、ほぼこのくらいという判断が苦手であったＡさんにとって、じゃがいもの大きさに応じて２つに切るか３つに切るかという判断は困難であった。そこで、じゃがいもの重さを量り、切り分ける個数に分別するという手順を図Ｖ－６Ｂのように追加し、Ａさんがじゃがいもの重さを量る作業のみを行った（108、109）。重さを量る作業が終わると、灰をつける作業も行うようなっている（110）（図Ｖ－６Ｃ）。また、２つに切り分ける作業を行うことも可能となっている（111）（図Ｖ－６Ｄ）。次年度にも同じ作業を行うことになったので、昨年のように重さを量ってから切り分けるかと聞かれたが、迷った時だけ相談すると言い、重さを量って分別するという作業を追加することなく、一連の作業を行うようになっている（257）（図Ｖ－６Ｅ）。

図Ｖ−６　手順の分割・追加

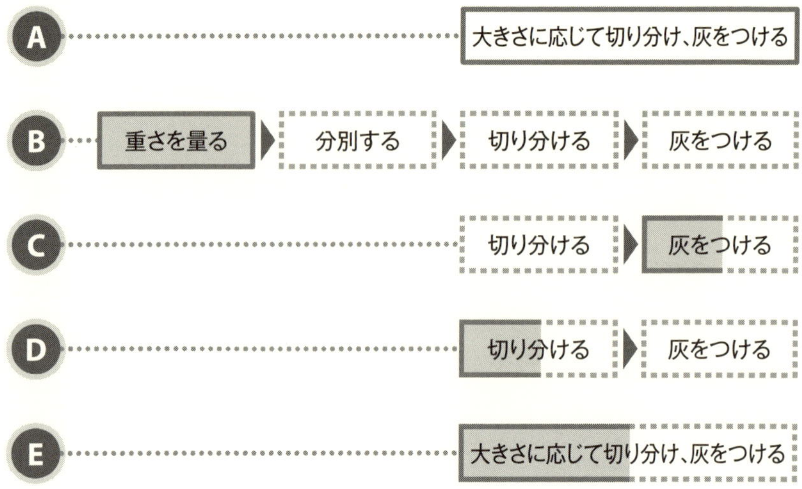
A
大きさに応じて切り分け、灰をつける
B
重さを量る
分別する
切り分ける
灰をつける
C
切り分ける
灰をつける
D
切り分ける
灰をつける
E
大きさに応じて切り分け、灰をつける

職業リハビリテーションにおける作業工程での代替、免除（削除）に対して、この追加という発想が、ソーシャルワークの特徴を表しているであろう。

③特性を活かした就労意欲の促進

次に、利用者の特性を活かした取り組みについて考察を行う。なお、図Ｖ−７おける楕円で囲んだ部分が特性の発見であり、気のすすまないという気持ちを黒地、嫌ではないが進んで行っているのではない場合は二重枠、自分から進んで役割を担ったり仕事をつくりだしたりしている場合はグレーで表わしている。また、点線の部分は、他のメンバーが行った作業である。

大根の収穫作業において、Ａさんが大根を簡単に引き抜く様子から、力の強いことが判明した（39）。そこで、ポンカンや八朔を収穫する際には、収穫物を入れたコンテナの運搬作業を行うことになった（メンバー18、21）（図Ｖ−７Ａ）。収穫したあとの八朔の木に肥料を入れるために、メンバーが肥料を準備していると、「それ、重いやろ？　ぼくがしたらええんとちゃう？」と、自分から申し出るようになっている（49）（図Ｖ−７Ｂ）。このような様子から、運搬の際に一輪車を使ってみてはどうかという提案がメンバーからあった（メンバー22）。そこで、Aさんが使ってみると、一輪車を使ったことがないにもかかわらず、細い箇所も簡単に通り抜けるといったように、扱いのうまいことが判明した（50）。Aさんも一輪車で運ぶことを大変気に入り、運搬とともに、運搬にかかわる積みおろしの作業も自主的に担うようになっている（51）（図V－7C）。また、収穫した八朔のコンテナの運搬もまかせてほしいと、申し出るようになっている（59）（図V－7D）。そして、草引きの際にも「一輪車持ってこよか？」と言って取りに行き、メンバーが引いた草を一輪車に積み込んで運び、捨てに行くという作業を担っている（171、229）（図V－7E）。一輪車で運搬することが楽しいと思えるようになっていることから（245）、早く一輪車で捨てに行きたいと言うよう

図V－7　特性の活用（1）

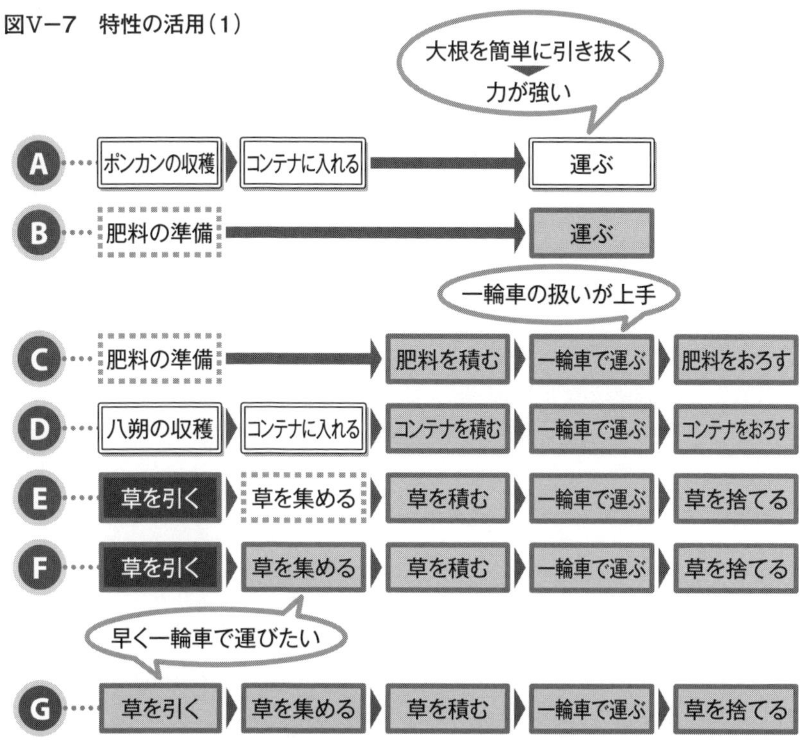
大根を簡単に引き抜く
力が強い
A
ポンカンの収穫
コンテナに入れる
運ぶ
B
肥料の準備
運ぶ
一輪車の扱いが上手
C
肥料の準備
肥料を積む
一輪車で運ぶ
肥料をおろす
D
八朔の収穫
コンテナに入れる
コンテナを積む
一輪車で運ぶ
コンテナをおろす
E
草を引く
草を集める
草を積む
一輪車で運ぶ
草を捨てる
F
草を引く
草を集める
草を積む
一輪車で運ぶ
草を捨てる
早く一輪車で運びたい
G
草を引く
草を集める
草を積む
一輪車で運ぶ
草を捨てる

になり（268）、それまでは他のメンバーが行っていた草を集める作業も自分から行うようになっている（268）（図Ⅴ－７Ｆ）。さらに、かがむ態勢が苦手なことから、草引きをあまりしたがらなかったにもかかわらず、早く一輪車で運ぶために草引きも行うようになっている（286）（図Ⅴ－７Ｇ）。

利用者の特性を発見することによって役割が生まれ、利用者の自信や意欲が向上している。その結果、苦手だった作業も行えるようになっている。

④特性を活かした協働意識の促進

また、イベントなどでは、図Ⅴ－８Ａのようにして販売を行う。しかし、Ａさんは、商品販売をとても楽しみにしているものの、計算は苦手なことから、金銭の受け渡しに自信がないということであった（69）。そこで、Ａさんと相談し、声がとても大きいことを活かして、お客の呼び込みを行うことになった（メンバー 42）（図Ⅴ－８Ｂ）。Ａさんはこの役割を気に入り、はりきって呼び込みを行う（81、82）とともに、メンバーが商品を袋に入れる様子を見て自ら袋を用意してメンバーに渡すようになっている（83、213）（図Ⅴ－８Ｃ）。そして、その袋が足らなくなってくると補充したり、商品が少なくなってくると、補充を行ったりするようになっている（84）（図Ⅴ－８Ｄ）。また、メンバーが金銭の受け渡しをしている様子を見るうちに、自分で計算をして釣銭を用意し、メンバーに渡すようになっている（85）（図Ⅴ－８Ｅ）。

さらに、別のイベントでは、終了近くになると空き箱を探して持ってきて、売れ残りそうな商品を「ぼく、売りに行ってくるわ。誰かついてきてほしい」と言い、メンバーとともにイベント会場内をまわって売りに行っている（216）（図Ⅴ－８Ｆ）。また、このような利用者の様子から、メンバーは販売できそうなイベントの情報収集にあたるようになっている（メンバー 59）。なお、図Ⅴ－８の色分けなどの意味は、図Ⅴ－７と同様である。

利用者の特性を活かした役割をつくることによって、利用者の協働意識が向上し、利用者自ら仕事をつくりだすようになっている。

図V－8　特性の活用（2）

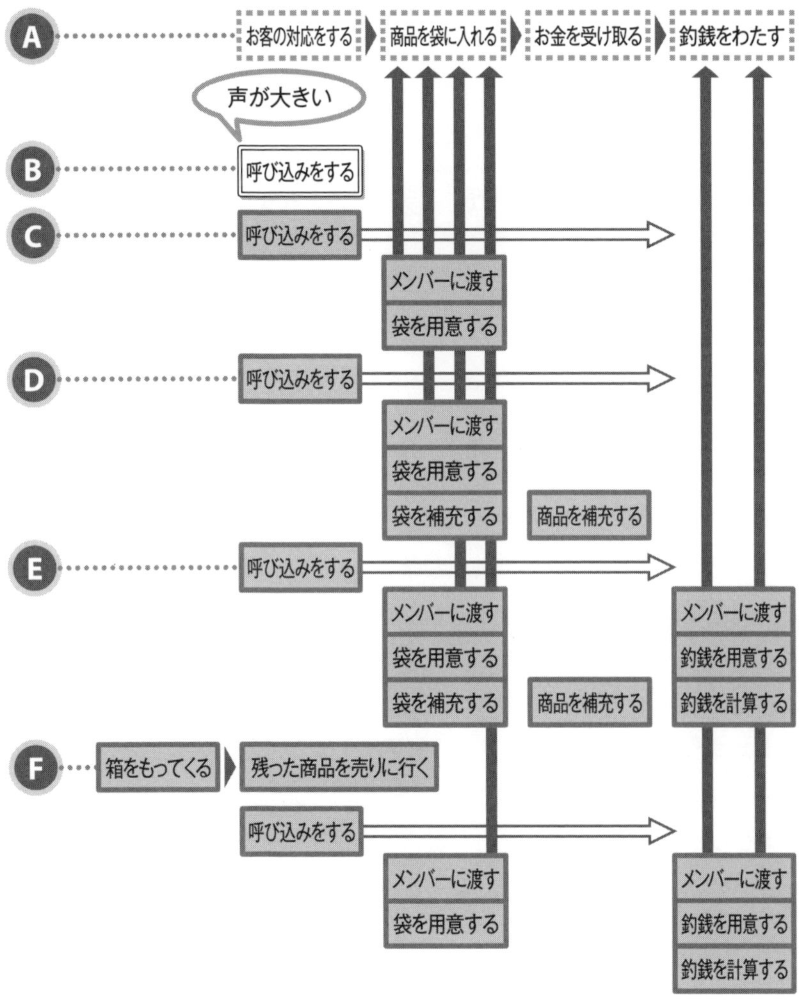
A
お客の対応をする
商品を袋に入れる
お金を受け取る
釣銭をわたす
声が大きい
B
呼び込みをする
C
呼び込みをする
メンバーに渡す
袋を用意する
D
呼び込みをする
メンバーに渡す
袋を用意する
袋を補充する
商品を補充する
E
呼び込みをする
メンバーに渡す
袋を用意する
袋を補充する
商品を補充する
メンバーに渡す
釣銭を用意する
釣銭を計算する
F
箱をもってくる
残った商品を売りに行く
呼び込みをする
メンバーに渡す
袋を用意する
メンバーに渡す
釣銭を用意する
釣銭を計算する

このように、作業内容を細かく見ていくことで、通常の作業手順にあてはめるのではなく、利用者が安心してできる作業に工夫することや、利用者も気づいていなかった特性をメンバーで共有することで、仕事をつくりだす[(3)]ことができている。その結果、やらされる作業[(4)]ではなくなり、自分もやってみようかなという失敗を恐れずに挑戦する[5]意欲を向上させていると考えられる。このような利用者とＮＰＯの関係を表したものが図Ｖ－９である。

図Ｖ−９　NPOと利用者の関係

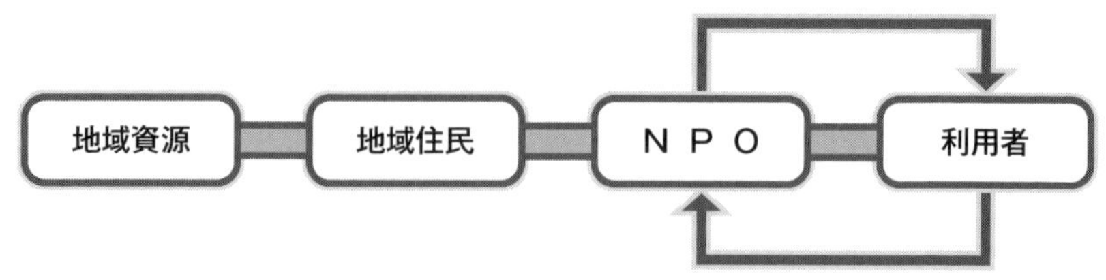
地域資源
地域住民
ＮＰＯ
利用者

（２）地域住民・地域資源への働きかけと利用者の変容

次に、地域住民、社会資源と利用者の関係について考察を行う。なお、（　）内の「地域」とあるのは、事例（「事例の詳解」116～151頁）における「地域住民、資源への働きかけや様子」の番号である。

ソーシャルワーカーによる地域住民への働きかけとしては、自治会長[6]、漁業会の責任者に活動の趣旨や内容についての説明、協力要請を行っている。これにより、漁業会からは、レクリエーションの一環として港で魚釣りをしてはどうかという提案（地域３）や、天草やひじきなどが海にたくさん流れてきた際の情報提供（地域14）も受けるようになっている。また、動物好きの人は精神障害者に対する偏見が少ないという研究[7]から、犬や猫を飼育している住民や動物好きの住民には直接声をかけている。このような働きかけにより、イベント時などの物品提供やボランティアとしての協力を得られるようになったり、関心を示したりする方が表れている（地域５、８、９、10、16、17、18、19、20、22、23、24、25、27、29、30、33、36、37、39、44、45、48、49、50）。そして、このような地域住民の協力は、メンバーの士気を高めるとともに利用者にも影響を与えている。当初は、毎回同じ服を着ていたＡさんだったが、違う服を着て来たり（102）髪の毛の色を少し茶色に変えたりする（120）という変化が表れている。また、Ａさんから地域住民に声をかけるようにもなっている（地域44、45）。すると、地域住民のほうから声をかけてもらったり（地域49、54、56、57）一層の協力を得られるようになる（地域52）という循環も起きている。このような関係を表したものが図Ⅴ－10である。

図Ⅴ－10　地域住民とNPO、利用者の関係

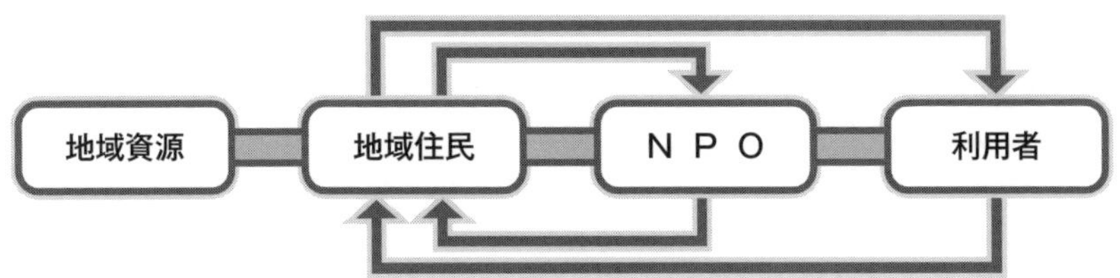
地域資源
地域住民
ＮＰＯ
利用者

また、地域資源としてのＪＡ直売所に対しては、他の生産者の商品との違いをきわだたせるために、商品に農薬を使用していないというオリジナルのシール(8)を貼らせてもらえるように交渉している（地域７）。その結果、Ａさんは、自分のたずさわった商品の売れ行きを見に行くようになっている（101）。さらに、このシールを貼るようになったことで、ふぞろいな形の物や虫食いの商品でも売れるようになり(9)、生産者からもさまざまな情報や苗が提供されるようになっている（地域21）。そこで、このような情報を有効活用するために、メンバーで販売戦略会議を行うようになっている（メンバー64）。当初のＡさんは、内容にそぐわない突拍子もない発言を繰り返していたが、このミーティングを行うようになってから、「シールは、もうちょっと上の方に貼ったほうがええんとちゃうかな」（148）「なんか、おまけみたいなもんつけられへんのかな」（160）といった内容に沿った発言がしだいに多くなるという変化が表れている。

また、苗を提供してくれた生産者が苗の成長具合を見るために活動場所に来た際に、木ぼっくり（図Ⅴ－11）を見て、「精神障害あってもがんばってるんやな」（地域32）と感心し、一層の協力を申し出てくれるようになって

図Ⅴ－11　製作した木ぼっくり

いる。このような関係を表したものが図Ｖ－12である。

図Ｖ－12　地域資源とNPO、利用者の関係

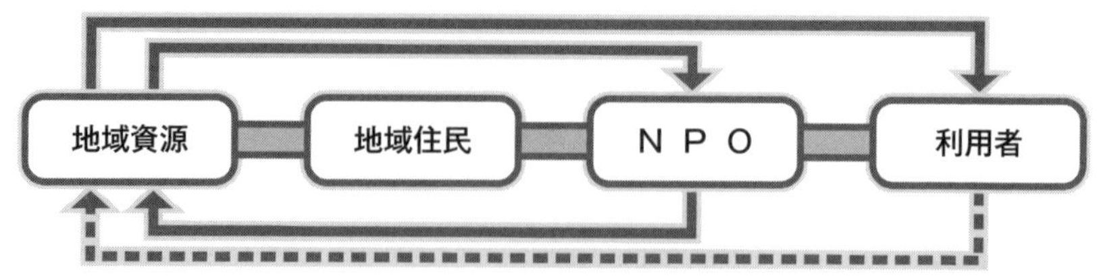
地域資源
地域住民
ＮＰＯ
利用者

注：実線は直接的な関係を、点線は間接的な関係を表している。

さらに、ＪＡでの販売を知った地域住民が買い物に行ったところ、出荷した商品が他の商品に埋もれてしまっていると知らせてくれた（地域50）。そこで、販売台にプレートを立ててもらえるように交渉している（地域51）。このような地域住民と地域資源との間接的な関係も生まれている（図Ｖ－13）。

図Ｖ－13　地域資源と地域住民の関係

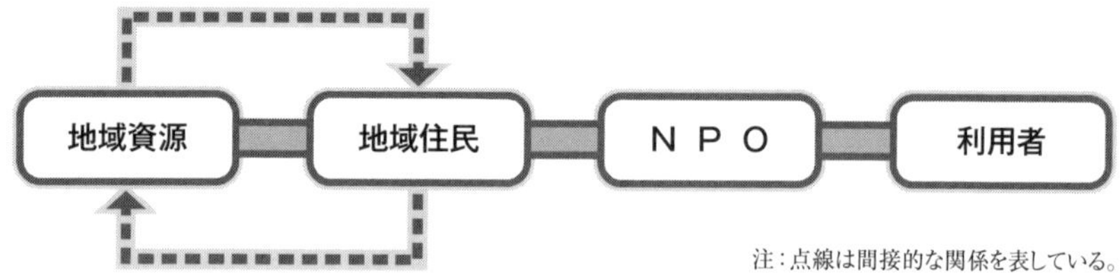
地域資源
地域住民
ＮＰＯ
利用者

注：点線は間接的な関係を表している。

（３）環境の相互関係とＮＰＯ活動の意義

環境としてのＮＰＯ活動、地域住民、地域資源、利用者は相互に影響を与えあっていると考えられることから、図Ｖ－９、10、12、13をまとめると図Ｖ－14のようになるであろう。

図V－14　環境の相互関係

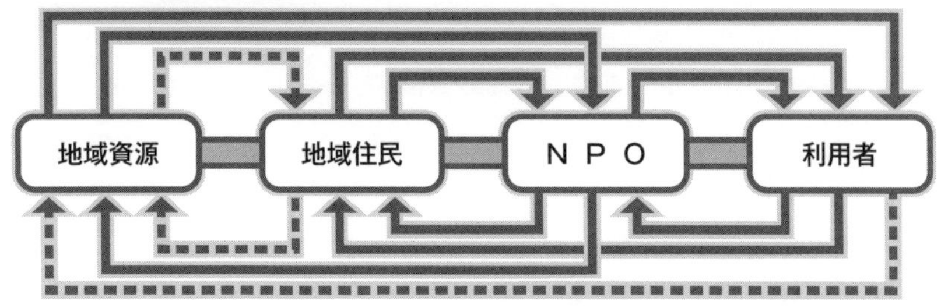
地域資源
地域住民
N P O
利用者

注：実線は直接的な関係を、点線は間接的な関係を表している。

また、質、量、空間、時間からＮＰＯ活動の意義と、利用者・環境にとっての効果をまとめたものが表Ｖ－２である。

表V－2　NPO活動の意義

側面	内　容	利用者にとっての効果	環境にとっての効果
質	**消極的→積極的** ●利用者の健康状況に応じた活動ができる。 ●利用者が役割をもてる。 ●利用者の仕事を創りだすことができる。	安心感の形成 自信の形成 役割の発見 就労意欲の向上	障害特性の理解 利用者特性の理解 協働意識の向上
量	**内側→外側** ●話し合いが多くなる。 ●社会資源の活用が多くなる。	協働意識の形成 対人関係への意識 環境への関心	協働意識の形成 経費節減への意識 社会資源への意識
空間	**家庭→地域** ●利用者が家庭から出る機会になる。 ●小規模で活動ができる。 ●障害者と障害のない人が共に就労できる。 ●地域住民との自然な関わりが生まれる。	活動の場の広がり 安心感の向上 他者との違いの認識 自己理解の深まり 対人関係の向上	利用者理解の機会 活動の広がり 利用者理解の深まり 偏見の軽減
時間	**時系列** ●利用者にとって以前はできなかった仕事ができるようになる。 ●必要に応じて変更、変化できる。	自信の向上 今後への期待 協働意識の深まり	喜びのわかちあい 士気の向上

3．人と環境の相互変容関係を活用した精神障害者の地域生活支援

（1）人と環境の相互変容関係と精神障害者の就労支援方法

これまで、人に対する支援として支援ツールの活用による利用者の変容と、環境に対する支援としてＮＰＯ活動を活用した利用者と環境の相互関係について考察を行ってきた。そこで、アセスメントとインターベンションとしてのＮＰＯ活動における利用者の様子を表Ｖ－３のように整理し、人と環境の相互変容関係を考察してみたい。

この表から、アセスメントがインターベンションでの活動に影響を与え、この影響がアセスメントでの利用者の変容に影響を与えていることがわかるであろう。ソーシャルワークによる精神障害者の就労支援は、支援ツールを活用したソーシャルワーカーとの協働と環境の影響から生じる相互関係の積み重ねであるということができよう。このように協働を通して利用者の就労意欲の向上を支援し、これが環境をも変化させていくという実践は、ソーシャルワークでこそ可能となるのである。図Ｖ－15は就労・生活支援ツールとＮＰＯ活動による相互変容関係を活用した就労支援方法をまとめたものである。

また、このような就労支援の流れを局面から整理すると以下のようになるであろう。

① インテークにおいて、ソーシャルワーカーは、利用者との対話から基本的な情報を収集する。

② 初回アセスメントでは、ソーシャルワーカーから見た利用者の生活コスモスを支援ツールに入力し、分析を行う。そして、ビジュアル化したデータを利用者に提示し、インテーク時に得られなかった情報を対話を通じて確認するとともに、利用者の生活を共有する。支援当初において、利用者は生活に関心のないことが予想されるため、初回アセスメントでは、利用

表V－3　アセスメントとインターベンションによる相互変容関係

アセスメント			インターベンション	
期	事例番号	内容	事例番号	内容
1	12	生活に関心がなかったことへの気づき		
	13	過去の振り返り		
	15	現状認識		
			メンバー16	表情が明るくなった
			32/39/50/71	特性への関心の生成
			28/41/55/66	就労意欲の生成、向上
			45/78	健康意識の生成、向上
			44/57/80/83/84/85/87	協働意識の生成、向上
			24/40/41/46/59/86	自信の生成
			67	社会的自律性の向上
			64/74	体力･持久力の向上
2	92	生活の広がりへの関心		
	94	生活の広がりへの喜び		
	95	現在の状況認識		
	96	実感との照合		
	97	生活変容への期待		
			101	地域資源への関心の生成
			102/120/127	地域住民への関心の生成
			105/121/126/133	就労意欲の向上
			106/107/108/128	社会的自律性の向上
			117	協働意識の向上
			122/132	同僚への意識の生成
			119/123/124	充実感の生成
			125/129	役割意識の生成
			130	住居への関心の生成
			131	友人･ピアへの関心の生成
3	134	生活の変容への関心		
	136	協働意識		
	137	実感比較		
	138	就労意欲、社会的自律性		
	139	家族とのデータ共有への意識		
			141	友人･ピアへの関心の向上
			142/147/162/164/171/174	役割意識の向上
			145	報酬への関心の生成
			143/144/149/152/168/173 175/181	社会的自律性の向上
			150	体力･持久力の向上
			157/158	就労意欲の向上
			146/159	自己分析､自己概念への関心
			154/155/160/161	協働意識の向上
			163/166/178	対人関係への意識の生成
			148	地域資源への関心の向上
			159	自信の向上
			172	地域住民への関心の向上
4	183	生活変容への予想		
	184	構成子（対人関係）への関心		
	185	構成子（体力･持久力）と実感との比較		
	186	構成子（生計）への関心		
	187	構成子（友人･ピア）からの課題発見		
	188	構成子（住居）からの課題発見		
	190	データ（健康）からの現状認識		
	194	データ（施策）からの現状認識		
	196	アセスメントへの関心		
	197	同僚とのデータ共有への意識		

期	アセスメント		インターベンション	
	事例番号	内容	事例番号	内容
4			206/209	協働意識の向上
			203/210	自己概念の向上
			221/225	対人関係の向上
			201/212/213/216/230	役割意識の向上
			214	友人·ピアへの関心の向上
			204	就労意欲の向上
			220	健康意識の向上
			232	構成子（生活管理）を意識した活動
			202/231/233	社会的自律性の向上
			227/228	地域住民への意識の向上
			234	報酬への意識の向上
			208/211/221/223	構成子（対人関係）を意識した活動
5	238	データ（近隣）からの現状認識		
	239	構成子（趣味·娯楽）からの課題発見、具体的取り組み		
	240	希望、目標		
	242	構成子（住居）からの課題発見、具体的取り組み		
	243	自己分析		
			246/271	健康意識の向上
			271	住居への意識の向上
			263	自己概念の向上
			266	生活管理への意識の向上
			276	友人·ピアへの意識の向上
			256/268/279/280/282/286	就労意欲の向上
			245/258/259/260/267/273	役割意識の向上
			247/248/269	同僚への意識の向上
			252	体力·持久力の向上
			253/254/257/261/264/265	社会的自律性の向上
			255	報酬への意識の向上
			285	協働意識の向上
			281/284	生計への意識の向上
			272	構成子（対人関係）を意識した活動
			262	アセスメントや構成子（趣味·娯楽、生計）を意識した活動

者の生活への関心を引き出すことが重要となる。

③ プランニングでは、アセスメントのデータをもとに利用者とともに支援計画を立てる。一般就労するのは困難と予想される利用者が目標を一般就労とすることについては、すりあわせや否定をせずに長期目標とすべきであると考える[(10)]。これは、利用者自らの気づきによって一般就労への焦りがなくなり、目標が変化していく可能性も期待できるからである。

④ インターベンションにおいて、ソーシャルワーカーは利用者のほか、就労場面、地域住民、地域資源などの環境にも働きかける。就労場面では、利用者に応じた役割を担うとともに協働した活動を行えるように支援することにより、利用者が自信や意欲を向上させることができ、周囲を見るこ

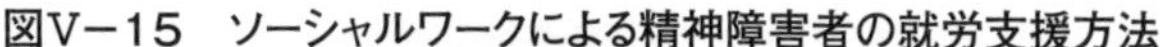

図V－15　ソーシャルワークによる精神障害者の就労支援方法

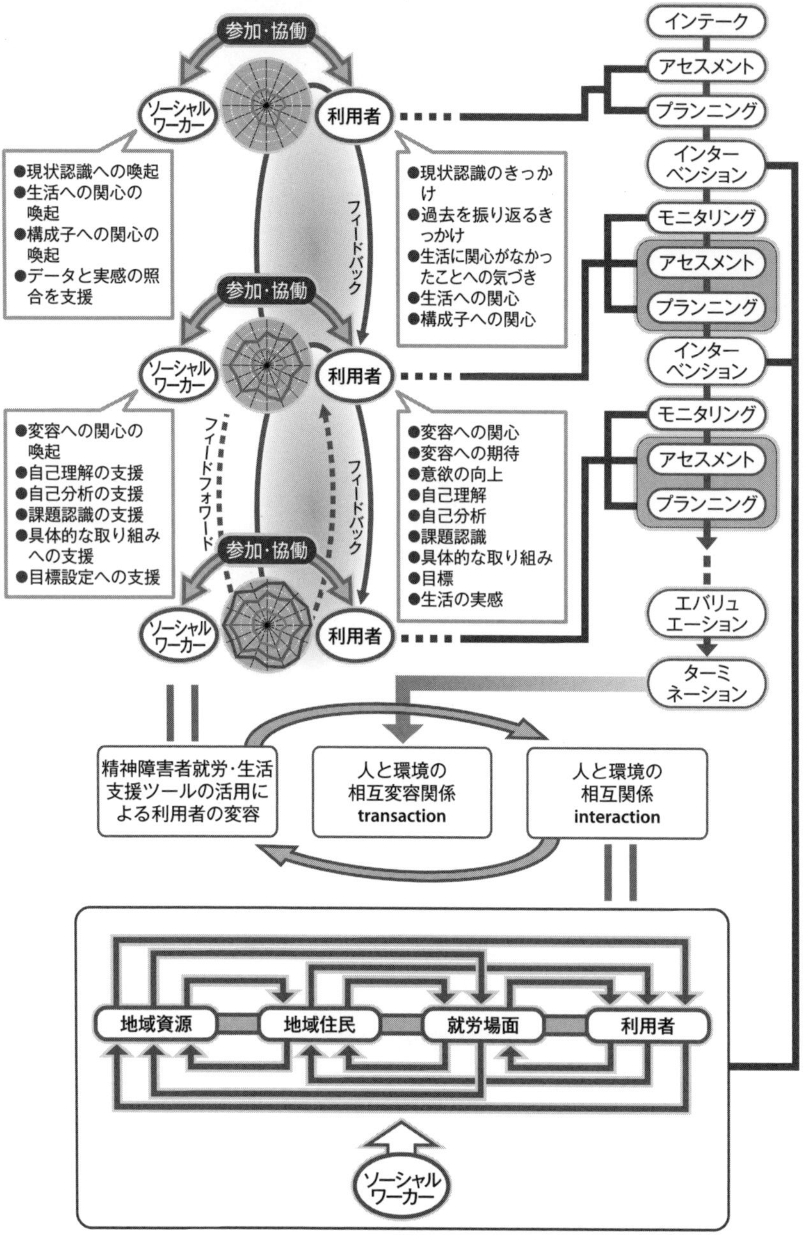

参加・協働
ソーシャルワーカー
利用者
●現状認識への喚起
●生活への関心の喚起
●構成子への関心の喚起
●データと実感の照合を支援
フィードバック
●現状認識のきっかけ
●過去を振り返るきっかけ
●生活に関心がなかったことへの気づき
●生活への関心
●構成子への関心
参加・協働
ソーシャルワーカー
利用者
●変容への関心の喚起
●自己理解の支援
●自己分析の支援
●課題認識の支援
●具体的な取り組みへの支援
●目標設定への支援
フィードフォワード
フィードバック
●変容への関心
●変容への期待
●意欲の向上
●自己理解
●自己分析
●課題認識
●具体的な取り組み
●目標
●生活の実感
参加・協働
ソーシャルワーカー
利用者
インテーク
アセスメント
プランニング
インターベンション
モニタリング
アセスメント
プランニング
インターベンション
モニタリング
アセスメント
プランニング
エバリュエーション
ターミネーション
精神障害者就労・生活支援ツールの活用による利用者の変容
人と環境の相互変容関係 transaction
人と環境の相互関係 interaction
地域資源
地域住民
就労場面
利用者
ソーシャルワーカー

とで自己理解を深めていくことができる。また、地域住民や活用できそうな地域資源を発掘し、利用者や就労場面の担当者、同僚などとともにこれらに働きかけていく。このような活動は利用者の就労意欲を一層高めることになる。これに加え、支援ツールを用いたアセスメントによって生活への関心をもつようになった利用者は、就労場面においても生活を意識しながら活動するようになり、利用者自身の力で変容していく。このような変容が一層環境に影響を与え、利用者を支援しようとする機運がさらに高まるという循環を生んでいく。つまり、ソーシャルワーカーは、このような利用者と環境の相互関係を支援するのである。

⑤　モニタリングでは、活動を通した支援や目標の達成状況を確認する。

⑥　再アセスメントでは、再びソーシャルワーカーが支援ツールに入力を行い、結果を分析する。この際にも初回アセスメントと同様、利用者との対話による協働を通して認識のズレなどを理解することが重要である。そして、現在のデータと以前のデータを表示するとともに、活動における具体的な出来事を振り返ることによって、利用者の生活の変容に対する関心とともに自己分析、自己理解を促進する。さらには、目標やそれに向けての具体的な取り組みを考えられるように支援していく。このようなアセスメントの過程では、自然とプランニングも行われていくようになることから、アセスメントとプランニングは一体のもの（図Ｖ－15のアミかけ部分）と考えることができよう。

（2）ソーシャルワークによる精神障害者の就労と地域生活支援

たとえ入院せずに地域で暮らしていたとしても、何の目的もなく毎日を過ごす生活というのは、見せかけの地域生活といわざるをえない。本研究では、人と環境の相互変容関係を活用したソーシャルワークによる就労支援によって、生活コスモスに広がりが生まれ、その人らしい実感ある生活を送れる可能性を明らかにしてきた。これを図にしたものが図Ｖ－16である。

しかし、これは段階を踏んで広がるようなものではなく、環境との関係に

図Ⅴ－16　ソーシャルワークによる精神障害者の就労と生活支援

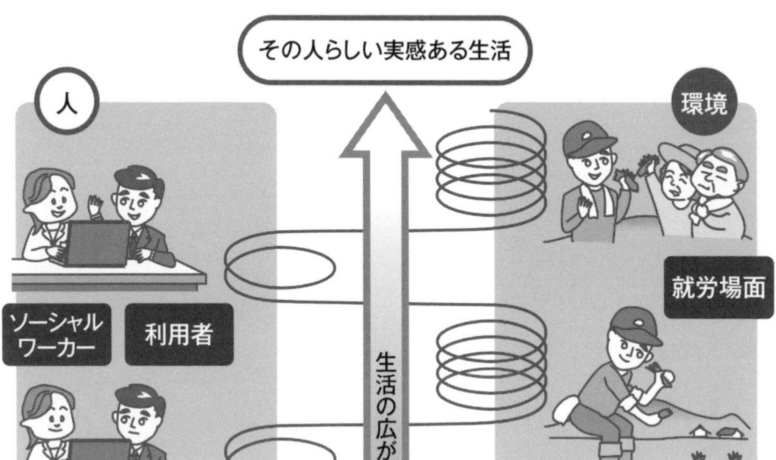
その人らしい実感ある生活
人
環境
ソーシャル
ワーカー
利用者
就労場面
生活の広がり

よって行きつ戻りつしながら螺旋状[(11)]に変容していくものであると考えており、このような概念を表したものが図Ⅴ－17である。

図Ⅴ－17　精神障害者の就労とその人らしい地域生活へのプロセス

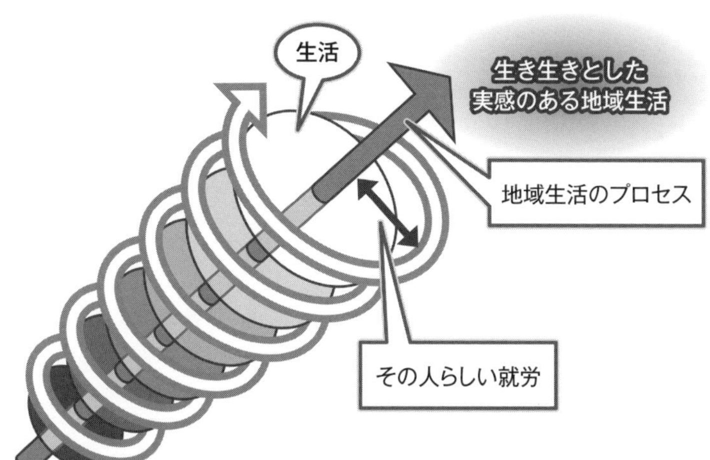
生活
生き生きとした
実感のある地域生活
地域生活のプロセス
その人らしい就労

このように、就労に焦点をあてた支援によって利用者の生活に広がりが生まれ、その広がりを実感することは、生き生きとしたその人らしい生活に向かうプロセスであるといえる。そして、これを支援することこそが地域生活支援であるといえよう。

（3）仮説の検証と今後の課題

障害者の就労が一般就労や賃金向上に焦点をあてた経済的自立を目指しているという現状から、障害者の就労に対する社会福祉政策と社会福祉の理念が異なること、そして精神障害者の就労ニーズと異なることを問題として、以下の仮説を提示した。

① 精神障害者にとって就労は、人生の鍵をにぎるといえるのではないか。

② 精神障害者の就労には、仕事に人をあわせるのではなく、人に仕事をあわせる必要があるのではないか。

③ 精神障害者が就労することにより、これまで精神障害を身近に感じていなかった地域住民の理解や協力も得られるのではないか。

このような仮説に対して、実証研究を通した就労支援方法を考察してきた。最後に、仮説の検証、本研究の意義と課題について述べることにするが、誤解のないように再度お断りしておきたい。それは、本研究が、精神障害者に対する職業訓練や精神障害者の経済的自立を否定しているのではないということである。経済的自立のために一般就労を目指すことは、すばらしいことであり、彼らの中には、訓練での職業能力の向上によって一般就労が十分可能な人もある。しかし、口では一般就労したいという多くの精神障害者にとって、二次的に生じる自信や意欲の低下から、経済的自立を目指す以前の課題がある。このような精神障害者に対しては、一般就労、訓練を焦点にした従来の支援のみでは不十分であり、本研究で提示した支援方法が有効ではないかという提案なのである。

まず、仮説①に対する検証を行うことにする。医療にもつながり地域で生活をしているにもかかわらず、精神障害者やその家族、支援者も就労することを重視してきたとはいえない。しかし、支援者自身が利用者の就労への可能性を信じることが重要なのである[(12)]。本研究では、目的なく毎日を過ごすことの多かった利用者が、就労をきっかけに何かできそうな気がする[(13)]という希望をもつようになり[(14)]、その人らしい生き生きとした地域生活を送るようになっている。このようなことから、精神障害者にとって就労は、一般就労か福祉的就労かに関係なく特別な意味をもっており、いわば、人生の鍵をにぎるともいえるであろう。

次に仮説②についてである。従来は、事務職、販売職、営業職などの職種と利用者とのマッチングを重視した職場探しが行われてきた。このため、一部の仕事が遂行できないという理由から、その職種には無理がある、あるいは向いていないととらえられることがあった[(15)]。しかし、本研究では、利用者の特性を活かした役割づくりや手順の工夫から、利用者にあわせた仕事をつくりだすことで、当初は利用者自身も無理だと思っていた仕事ができるようになったり、利用者自ら仕事をつくりだしたりするようになっている。この発想は、一般就労の場面においても活用できる可能性があるのではないかと考えている。しかし、これらは何も特別なことをしているわけではなく、メンバーと利用者との協働意識によって生み出されたものである。そして、できることをしていこうという前向きな姿勢が生まれた結果、倉庫から品出しをして販売するといった大型スーパーでの対面式販売ならできるのではないかと利用者は考えるようになっている。このようなことから、訓練することで人を仕事にあわせるのではなく、人に仕事をあわせた結果、一般就労に結びついていくという発想が必要である。

そして、仮説③についてである。本活動に対して、施設コンフリクト[(16)]のような反対運動がなかったことは、幸いであると感じている。これは、ソーシャルワーカーが、事前に活動目的や開始時期、内容を自治会長などに説明するとともに一部の住民に直接協力を求めたことや、新たな施設の建設ではなく地域住民の畑などを借りたことが大きな要因であろう。活動当初は、住民が作業のそばを通りがかっても素通りをしたり、様子をうかがったりするという雰囲気があった。しかし、回数を重ねるうちにあいさつをかわすようになり、作業の様子を見に来る人なども現れた。真面目に作業をしている様子やつくったものを見る機会が増えることで、けっして危険な人たちではないという認識が広まっていったと考えられる。障害者に対する理解を促進するためには、①できる限り早期からの接触、②自然で普通の場所・場面を通じた接触、③単発的なかかわりではなく、可能な限り継続された接触[17]が重要とされているなかで、②と③が変化の要因であったと考えられるであろう。このように、今まで精神障害者が身近にいない地域住民にとって、真面目に一生懸命作業をする利用者の姿を見ることは、住民の理解や協力を得ることにつながるといえよう。

本研究のオリジナリティは、前向きな表現による就労・生活支援ツールの活用とともにＮＰＯ活動におけるサービスをつくりだし、精神障害者の就労支援にソーシャルワークを導入したことにある。

また、本研究の意義は、

① 精神障害者の就労には、人と環境の相互変容関係を活用した支援が有効であること

② その支援方法として、エコシステム構想による精神障害者就労・生活支援ツールの活用とともに利用者にあわせた仕事をつくりだし、地域住民や地域資源を巻き込んだ活動を行うソーシャルワークによる支援が有効であること

③ これらのことから、精神障害者の就労支援に理論と実践をつなぐジェネラル・ソーシャルワークが有効であること

などの可能性を明らかにできたことであるといえよう。

しかし、本事例におけるソーシャルワーカーはボランティアであるという限界のあることも承知している。また、

① 事例の積み重ねにより、支援ツールの構成子を検証すること

② 一般就労への応用のためには、就労現場の担当者[18]にソーシャルワークの視野が必要となること

③　機関に所属するソーシャルワーカーが利用者の就労も含む生活を包括的に支援することには限界のあるため、地域で活動するソーシャルワーカーが必要となること
④　地域資源を活用した積極的な福祉的就労を敷衍していくこと
⑤　本研究では、ミクロ・レベルとメゾ・レベルにおける一部のみのフィードバックであるため、ミクロ・レベルからマクロ・レベルへのフィードバック過程の考察を深化させること

などの多くの課題も残されている。

さらに、利用者自らアセスメントのデータをメンバーに見せるようになってきていることから、今後は、ツールを活用したアセスメント結果をメンバーが共有し、活動内容にフィードバックさせていくことも視野に入れた実践を行い、精神障害者の生き生きとした地域生活を支援していきたいと考えている。

[注および引用・参考文献]

(1)　丸山裕子「精神医学ソーシャルワークの実践過程とクライエント参加――その意義と方法」『社会問題研究』47(2)、1998年
(2)　身体障害者の雇用において、「サーブリック分析」という工程分析が行われている（松為信雄・菊池恵美子編『職業リハビリテーション学――キャリア発達と社会参加に向けた就労支援体系』協同医書出版社、2006年、202-203頁）。
(3)　石神文子・遠塚谷冨美子・眞野元四郎編『精神障害者福祉の実践――当事者主体の視点から』ミネルヴァ書房、2005年、207頁
(4)　向谷地生良『統合失調症を持つ人への援助論――人とのつながりを取り戻すために』金剛出版、2009年、22頁
(5)　カルディエロ，J．A．・ベル，M．D．編（岡上和雄・野中猛・松為信雄監訳）『精神障害者の職業リハビリテーション』中央法規出版、1990年、41-52頁
(6)　御前由美子「精神障害者の地域生活支援のためのモデル――受け入れを拡充し偏見を軽減するアプローチ」『関西福祉科学大学紀要』10、2007年
(7)　御前由美子「精神障害者にとっての人的資源を拡充するための研究――動物飼育経験者の精神障害者に対する意識調査」『関西福祉科学大学紀要』９、2006年
(8)　当初は、「無農薬」という表示の申し入れをしたが、農薬を使用していなくても風に吹かれて農薬が飛んでくる可能性もないとはいえないということで、「栽培期間中は農薬不使用」という表現にした。
(9)　消費者アンケートにおいて、形よりも安心感や鮮度を重視するという消費者が約６割と

なっている（関西テレビ「目ざましテレビ」2009年8月26日放送分）。

(10)　非現実的な長期目標であってもそれを否定することは動機が薄れるとされる（野中猛『ケアマネジメント実践のコツ』筒井書房、2008年、39-40頁）。

(11)　Rabkin, R., *Inner and Outer Space: Introduction to a Theory of Social Psychiatry,* W. W. Norton and Co., 1970.

(12)　野中猛『図説　精神障害リハビリテーション』中央法規出版、2003年、113頁

(13)　倉知延章は、主観的に何かやれそうな気がすると思えるようになることが大切であると述べている（前掲書3、147頁）。

(14)　精神障害者にとって、希望をもてることは重要であるとされている。

アンソニー, W. A.（濱田龍之介訳・解説）「精神疾患からの回復：1990年代の精神保健サービスシステムを導く視点」『精神障害とリハビリテーション』2 (2)、1998年

Kirkpatrick, H., Landeen, J., Woodside, H., et al., "How People with Schizophrenia Build Their Hope", *Journal of Psychosocial Nursing* , 39 (1) , 2001.

(15)　社会福祉士養成講座委員会編『新・社会福祉士養成講座18　就労支援サービス』中央法規出版、2009年、115頁（事例1）

(16)　精神障害者施設などの新設にあたっては、反対運動が起きることが多く、計画通りに設置されたのは、約2割という時代もあったとされている（『毎日新聞』1999年2月20日朝刊）。

(17)　相澤譲治・橋本好市『シリーズ・福祉新時代を学ぶ　障害者福祉論』みらい、2007年、223頁

(18)　就労支援者の保有資格では、精神保健福祉士が10%、「特になし」が最も多く57%となっている（「就労支援員　調査結果」）

http://www.mhlw.go.jp/shingi/2009/03/dl/s0301-2c_0003.pdf

おわりに

障害者の一般就労に焦点をあてた政策によって、就労移行支援事業所では一般就労に結びついた人数によって補助金が決定されるため、就労支援現場では、とにかく利用者を一般就労させることに躍起である。しかし、このような支援現状が利用者主体といえるのであろうか。障害者自立支援法に代わる新制度である「障害者総合支援法」では、サービス利用料を現在の応益負担から応能負担にし、対象者の範囲を拡大された。しかし、利用料の形態や障害者の範囲が変更されたとしても、精神障害者に対する支援方法は現状とさほど変わらないであろうと予想される。それどころか、障害者の対象拡大により、精神障害者の就労支援が今まで以上に他障害と同じような支援方法になってしまうのではないかという危惧さえしている。

しかし一方で、一部の企業では、特定の分野において能力を発揮するアスペルガー症候群のある障害者を積極的に雇用し、周囲の対応を工夫することでその人の力を活かそうとする取り組みが始まっている[(1)]。また、介護の現場でも、全面的に援助したり機器に頼ったりするのではなく、利用者の力を引き出すことによって意欲を促進する介護が模索されている[(2)]。このように、発達障害や介護の分野では、社会福祉の理念にもとづいた取り組みが模索され始めている。

「人から与えられた生活、つまり受け身の生活では本当の自立や自分らしく生きるといった自己実現は達成し得ない。自立や自己実現は、他人から与えられるものではなく、利用者がもてる能力を発揮しつつ自ら切り拓くものである[(3)]」と津田耕一は述べている。就労は、利用者のもてる能力を発揮し、地域での生き生きとした生活を自ら切り拓く力となるのである。

本研究では、利用者に直接役立つことを主眼においた支援ツールの活用と利用者やＮＰＯメンバーの協働した活動、そして、地域住民や地域資源への広がりの過程を通して、利用者が実感することを最も大切にしながらその人らしい就労を支援してきたつもりである。そこでは、利用者が支援ツールの情報から生活の広がりを素直に喜び、このポイントは高すぎるかもしれないという実感との照合が生まれるようになり、さらに、自ら役割や目標を見いだし、生き生きとしていく利用者を目の当たりにしてきた。その結果、その人らしい就労が地域生活に不可欠であるという確信を得ることができた。

「人間の生活を支援する方法に唯一で絶対的な正解といえる方法があるわけではない。利用者の生活は、それを許さない固有で特殊なものがあるからである[(4)]」と太田は述べている。この固有な生活をもつ利用者と彼らを支援するソーシャルワーカーとの関係もまた特殊な関係といえよう。

「おわりに」を書きながら、本研究にたずさわっていただいたさまざまな方の顔が目にうかぶ。まず、精神障害者就労・支援ツールを用いたソーシャルワーク実践の展開にご賛同いただいたＮＰＯメンバーはじめ、利用者の方、そして、ご協力いただいた地域住民のみなさまには深く感謝を申し上げたい。また、中村佐織先生（京都府立大学）をはじめとするエコシステム研究会の先生方や安井理夫先生（同朋大学）からのご指摘やアドバイスによって、自分の考えのあいまいな部分を認識することができた。さらに、研究の道へのきっかけをいただいた関西福祉科学大学の遠塚谷冨美子先生、津田耕一先生、苦しいときに暖かい励ましをいただいた同大学の武田建先生、橋本淳先生に改めて感謝の念を深くしている。そして、研究指導教授である太田義弘先生に「ソーシャルワークとは何か」はもちろんのこと、学問とは「問うことを学ぶこと」であり、研究は、研究のための研究ではなく、「やりたいこと、やれること、やって役に立つこと」でなければならないという研究姿勢への薫陶を受けてきたことは、一生の宝であると感じている。太田先生への感謝の気持ちは言葉では言いつくせない。

また、本書を出版する機会を与えていただいた明石書店の関係者の方々、そして第三編集部の森本直樹編集長には、心より御礼申し上げたい。

そして最後に、いつも見守ってくれた家族に感謝するとともに、亡くなった主人に書きおえたことを報告したい。

2011年４月

御前(みさき)由美子

[注および引用・参考文献]

(1)　ＮＨＫ「クローズアップ現代」2010年４月21日放送分
(2)　テレビ朝日「スーパーモーニング」2010年５月14日放送分
(3)　津田耕一『利用者支援の実践研究　福祉職員の実践力向上を目指して』久美、2008年、129頁
(4)　太田義弘・中村佐織・石倉宏和編『ソーシャルワークと生活支援方法のトレーニング――利用者参加へのコンピュータ支援』中央法規出版、2005年、38頁

巻末資料

資料1　精神障害者就労・生活支援ツール

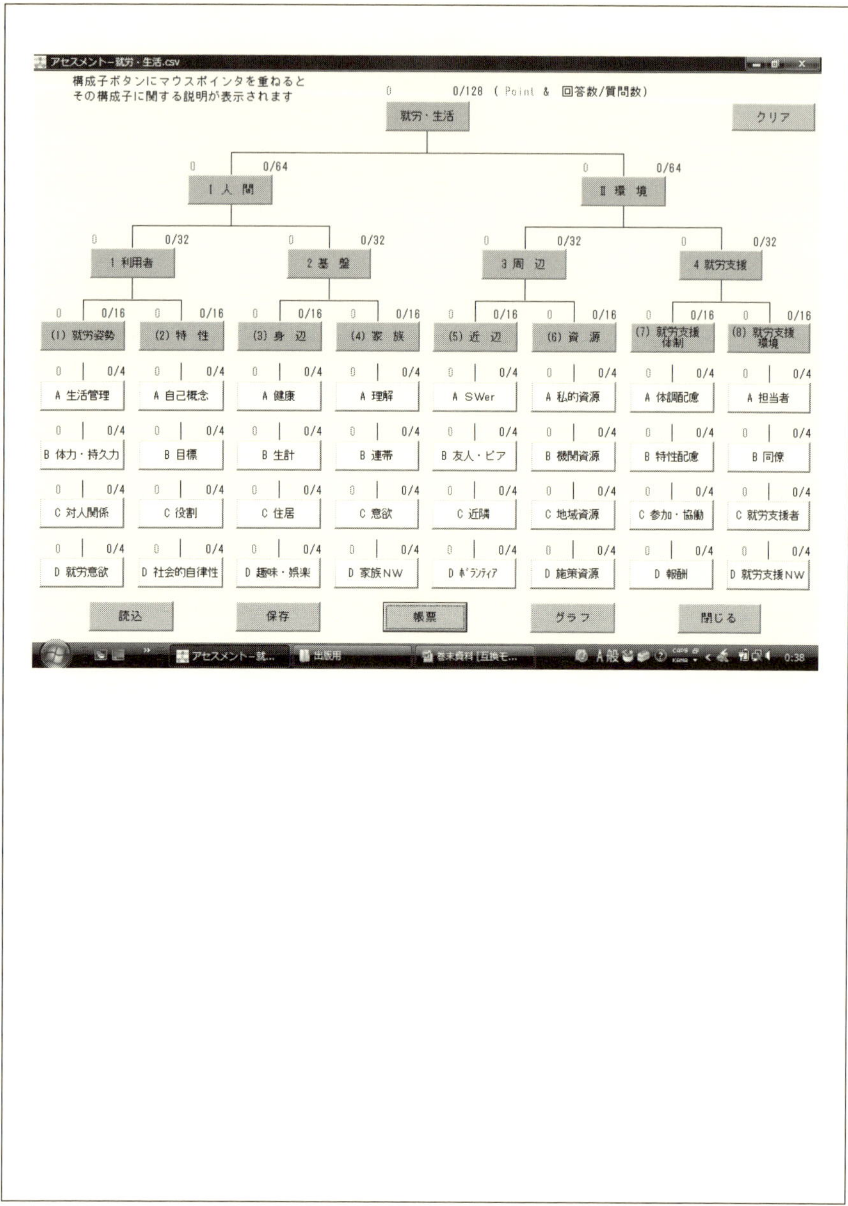

アセスメント−就労・生活.csv
構成子ボタンにマウスポインタを重ねると
その構成子に関する説明が表示されます
0　0/128（Point & 回答数/質問数）
就労・生活
クリア
0　0/64
Ⅰ人間
0　0/64
Ⅱ環境
1 利用者
2 基盤
3 周辺
4 就労支援
(1) 就労姿勢
(2) 特性
(3) 身辺
(4) 家族
(5) 近辺
(6) 資源
(7) 就労支援体制
(8) 就労支援環境
A 生活管理
A 自己概念
A 健康
A 理解
A SWer
A 私的資源
A 体調配慮
A 担当者
B 体力・持久力
B 目標
B 生計
B 連帯
B 友人・ピア
B 機関資源
B 特性配慮
B 同僚
C 対人関係
C 役割
C 住居
C 意欲
C 近隣
C 地域資源
C 参加・協働
C 就労支援者
D 就労意欲
D 社会的自律性
D 趣味・娯楽
D 家族NW
D ﾎﾞﾗﾝﾃｨｱ
D 施策資源
D 報酬
D 就労支援NW
読込
保存
帳票
グラフ
閉じる

資料2　精神障害者就労・生活支援ツールの帳票一覧

指定構成子：就労・生活　　　　シート名：シートA（起動ｼｰﾄ）－就労・生活.csv

	NO	質問	選択肢			回答実績 シートA	シートB	シートC
1	1	生活管理に関心はありますか。	① ある ④ まだない	② ある程度ある ⑤ 事例に情報がない／未確認	③ 少しはある ⑥ 未回答	⑤		
	2	生活管理はできていますか。	① できている ④ まだできていない	② ある程度できている ⑤ 事例に情報がない／未確認	③ 少しはできている ⑥ 未回答	⑤		
	3	生活管理向上の見通しはありますか。	① ある ④ まだない	② ある程度ある ⑤ 事例に情報がない／未確認	③ 少しはある ⑥ 未回答	⑤		
	4	生活管理向上のために何か取り組んでいますか。	① 取り組んでいる ④ まだ取り組んでいない	② ある程度取り組んでいる ⑤ 事例に情報がない／未確認	③ 少しは取り組んでいる ⑥ 未回答	⑤		
	5		① ④	② ⑤	③ ⑥ 未回答	⑤		
	6		① ④	② ⑤	③ ⑥ 未回答	⑤		
	5階層構成子(Point)	A 生活管理(0,0,0)	関係構成子(Point) [illegible]					

	NO	質問	選択肢			シートA	シートB	シートC
2	1	体力・持久力は大切だと考えていますか。	① 考えている ④ まだ考えていない	② ある程度考えている ⑤ 事例に情報がない／未確認	③ 少しは考えている ⑥ 未回答	⑤		
	2	体力・持久力はありますか。	① ある ④ まだない	② ある程度ある ⑤ 事例に情報がない／未確認	③ 少しはある ⑥ 未回答	⑤		
	3	体力・持久力向上への見通しはありますか。	① ある ④ まだない	② ある程度ある ⑤ 事例に情報がない／未確認	③ 少しはある ⑥ 未回答	⑤		
	4	体力・持久力向上のために何か取り組んでいますか。	① 取り組んでいる ④ まだ取り組んでいない	② ある程度取り組んでいる ⑤ 事例に情報がない／未確認	③ 少しは取り組んでいる ⑥ 未回答	⑤		
	5		① ④	② ⑤	③ ⑥ 未回答	⑤		
	6		① ④	② ⑤	③ ⑥ 未回答	⑤		
	5階層構成子(Point)	B 体力・持久力(0,0,0)	関係構成子(Point) [illegible]					

指定構成子：就労・生活　　　　シート名：シートA（起動ｼｰﾄ）－就労・生活.csv

	NO	質問	選択肢			回答実績 シートA	シートB	シートC
3	1	対人関係は大切だと思っていますか。	① 思っている ④ まだ思っていない	② ある程度思っている ⑤ 事例に情報がない／未確認	③ 少しは思っている ⑥ 未回答	⑤		
	2	対人関係はうまくとれていますか。	① とれている ④ まだとれていない	② ある程度とれている ⑤ 事例に情報がない／未確認	③ 少しはとれている ⑥ 未回答	⑤		
	3	対人関係を向上するための見通しはありますか	① ある ④ まだない	② ある程度ある ⑤ 事例に情報がない／未確認	③ 少しはある ⑥ 未回答	⑤		
	4	対人関係を向上するために何か取り組んでいますか。	① 取り組んでいる ④ まだ取り組んでいない	② ある程度取り組んでいる ⑤ 事例に情報がない／未確認	③ 少しは取り組んでいる ⑥ 未回答	⑤		
	5		① ④	② ⑤	③ ⑥ 未回答	⑤		
	6		① ④	② ⑤	③ ⑥ 未回答	⑤		
	5階層構成子(Point)	C 対人関係(0,0,0)	関係構成子(Point) [illegible]					

	NO	質問	選択肢			シートA	シートB	シートC
4	1	就労意欲は大切だと思っていますか。	① 思っている ④ まだ思っていない	② ある程度思っている ⑤ 事例に情報がない／未確認	③ 少しは思っている ⑥ 未回答	⑤		
	2	就労意欲はありますか。	① ある ④ まだない	② ある程度ある ⑤ 事例に情報がない／未確認	③ 少しはある ⑥ 未回答	⑤		
	3	就労意欲向上のための見通しはありますか。	① ある ④ まだない	② ある程度ある ⑤ 事例に情報がない／未確認	③ 少しはある ⑥ 未回答	⑤		
	4	就労意欲を向上させるために何か取り組んでいますか。	① 取り組んでいる ④ まだ取り組んでいない	② ある程度取り組んでいる ⑤ 事例に情報がない／未確認	③ 少しは取り組んでいる ⑥ 未回答	⑤		
	5		① ④	② ⑤	③ ⑥ 未回答	⑤		
	6		① ④	② ⑤	③ ⑥ 未回答	⑤		
	5階層構成子(Point)	D 就労意欲(0,0,0)	関係構成子(Point) [illegible]					

指定構成子：就労・生活　　　　シート名：シートA（起動シート）－就労・生活.csv

	NO	質問	選択肢			回答実績		
						シートA	シートB	シートC
5	1	今の自分に満足していますか。	① 満足している ④ まだ満足していない	② ある程度満足している ⑤ 事例に情報がない／未確認	③ 少しは満足している ⑥ 未回答	⑤		
	2	今の自分を理解していますか。	① 理解している ④ まだ理解していない	② ある程度理解している ⑤ 事例に情報がない／未確認	③ 少しは理解している ⑥ 未回答	⑤		
	3	自信をもてるような見通しはありますか。	① ある ④ まだない	② ある程度ある ⑤ 事例に情報がない／未確認	③ 少しはある ⑥ 未回答	⑤		
	4	今の自分を受け入れようとしていますか。	① している ④ まだしていない	② ある程度している ⑤ 事例に情報がない／未確認	③ 少しはしている ⑥ 未回答	⑤		
	5		① ④	② ⑤	③ ⑥ 未回答	⑤		
	6		① ④	② ⑤	③ ⑥ 未回答	⑤		
5階層構成子(Point)		A 自己概念 (0,0,0)	関係構成子(Point)	1層 就労・生活(0,0,0) － 2層 人間(0,0,0) － 3層 利用者(0,0,0) － 4層 [illegible]				

	NO	質問	選択肢			シートA	シートB	シートC
6	1	目標は大切だと思っていますか。	① 思っている ④ まだ思っていない	② ある程度思っている ⑤ 事例に情報がない／未確認	③ 少しは思っている ⑥ 未回答	⑤		
	2	具体的な目標はありますか。	① ある ④ まだない	② ある程度ある ⑤ 事例に情報がない／未確認	③ 少しはある ⑥ 未回答	⑤		
	3	目標達成のための見通しはありますか。	① ある ④ まだない	② ある程度ある ⑤ 事例に情報がない／未確認	③ 少しはある ⑥ 未回答	⑤		
	4	目標達成のために何か取り組みをしていますか。	① している ④ まだしていない	② ある程度している ⑤ 事例に情報がない／未確認	③ 少しはしている ⑥ 未回答	⑤		
	5		① ④	② ⑤	③ ⑥ 未回答	⑤		
	6		① ④	② ⑤	③ ⑥ 未回答	⑤		
5階層構成子(Point)		B 目標 (0,0,0)	関係構成子(Point)	1層 就労・生活(0,0,0) － 2層 人間(0,0,0) － 3層 利用者(0,0,0) － 4層 [illegible]				

指定構成子：就労・生活　　　　シート名：シートA（起動シート）－就労・生活.csv

	NO	質問	選択肢			回答実績		
						シートA	シートB	シートC
7	1	役割をもつことは大切だと思っていますか。	① 思っている ④ まだ思っていない	② ある程度思っている ⑤ 事例に情報がない／未確認	③ 少しは思っている ⑥ 未回答	⑤		
	2	役割をもっていますか。	① もっている ④ まだもっていない	② ある程度もっている ⑤ 事例に情報がない／未確認	③ 少しはもっている ⑥ 未回答	⑤		
	3	役割をもっと担う見通しはありますか。	① ある ④ まだない	② ある程度ある ⑤ 事例に情報がない／未確認	③ 少しはある ⑥ 未回答	⑤		
	4	役割を担う取り組みをしていますか。	① している ④ まだしていない	② ある程度している ⑤ 事例に情報がない／未確認	③ 少しはしている ⑥ 未回答	⑤		
	5		① ④	② ⑤	③ ⑥ 未回答	⑤		
	6		① ④	② ⑤	③ ⑥ 未回答	⑤		
5階層構成子(Point)		C 役割 (0,0,0)	関係構成子(Point)	1層 就労・生活(0,0,0) － 2層 人間(0,0,0) － 3層 利用者(0,0,0) － 4層 [illegible]				

	NO	質問	選択肢			シートA	シートB	シートC
8	1	自分で判断して行動することが大切だと思っていますか。	① 思っている ④ まだ思っていない	② ある程度思っている ⑤ 事例に情報がない／未確認	③ 少しは思っている ⑥ 未回答	⑤		
	2	周りを見ながら行動できていますか。	① できている ④ まだできていない	② ある程度できている ⑤ 事例に情報がない／未確認	③ 少しはできている ⑥ 未回答	⑤		
	3	周りを見て行動できる見通しはありますか。	① ある ④ まだない	② ある程度ある ⑤ 事例に情報がない／未確認	③ 少しはある ⑥ 未回答	⑤		
	4	困った時に助けを求められますか。	① 求められる ④ まだ求められない	② ある程度求められる ⑤ 事例に情報がない／未確認	③ 少しは求められる ⑥ 未回答	⑤		
	5		① ④	② ⑤	③ ⑥ 未回答	⑤		
	6		① ④	② ⑤	③ ⑥ 未回答	⑤		
5階層構成子(Point)		D 社会的自律性 (0,0,0)	関係構成子(Point)	1層 就労・生活(0,0,0) － 2層 人間(0,0,0) － 3層 利用者(0,0,0) － 4層 [illegible]				

指定構成子：就労・生活　　　　シート名：シートA（起動シート）－就労・生活.csv

	NO	質問	選択肢			回答実績		
						シートA	シートB	シートC
9	1	心身の健康状態に関心がありますか。	① ある ④ まだない	② ある程度ある ⑤ 事例に情報がない／未確認	③ 少しはある ⑥ 未回答	⑤		
	2	心身の健康状態を理解していますか。	① 理解している ④ まだ理解していない	② ある程度理解している ⑤ 事例に情報がない／未確認	③ 少しは理解している ⑥ 未回答	⑤		
	3	心身の健康に留意した生活をしていますか。	① している ④ まだしていない	② ある程度している ⑤ 事例に情報がない／未確認	③ 少しはしている ⑥ 未回答	⑤		
	4	心身の健康の維持・増進にむけて何か対応していますか。	① 対応している ④ まだ対応していない	② ある程度対応している ⑤ 事例に情報がない／未確認	③ 少しは対応している ⑥ 未回答	⑤		
	5		① ④	② ⑤	③ ⑥ 未回答	⑤		
	6		① ④	② ⑤	③ ⑥ 未回答	⑤		
	5階層構成子(Point)	A 健康 (0,0,0)	関係構成子(Point)	1層 就労・生活(0,0,0) － 2層 [illegible] － 3層 [illegible] － 4層 [illegible]				

	NO	質問	選択肢			シートA	シートB	シートC
10	1	生計の安定に関心がありますか。	① ある ④ まだない	② ある程度ある ⑤ 事例に情報がない／未確認	③ 少しはある ⑥ 未回答	⑤		
	2	生計が安定していますか。	① している ④ まだしていない	② ある程度している ⑤ 事例に情報がない／未確認	③ 少しはしている ⑥ 未回答	⑤		
	3	生計を改善する見通しはありますか。	① ある ④ まだない	② ある程度ある ⑤ 事例に情報がない／未確認	③ 少しはある ⑥ 未回答	⑤		
	4	生計を改善するために何か工夫していますか。	① している ④ まだしていない	② ある程度している ⑤ 事例に情報がない／未確認	③ 少しはしている ⑥ 未回答	⑤		
	5		① ④	② ⑤	③ ⑥ 未回答	⑤		
	6		① ④	② ⑤	③ ⑥ 未回答	⑤		
	5階層構成子(Point)	B 生計 (0,0,0)	関係構成子(Point)	1層 就労・生活(0,0,0) － 2層 [illegible] － 3層 [illegible] － 4層 [illegible]				

指定構成子：就労・生活　　　　シート名：シートA（起動シート）－就労・生活.csv

	NO	質問	選択肢			回答実績		
						シートA	シートB	シートC
11	1	住まいに関心がありますか。	① ある ④ まだない	② ある程度ある ⑤ 事例に情報がない／未確認	③ 少しはある ⑥ 未回答	⑤		
	2	今の住まいは快適ですか。	① 快適です ④ まだ快適でない	② ある程度快適です ⑤ 事例に情報がない／未確認	③ 少しは快適です ⑥ 未回答	⑤		
	3	住まいを居心地のいいものにしようと思っていますか。	① 思っている ④ まだ思っていない	② ある程度思っている ⑤ 事例に情報がない／未確認	③ 少しは思っている ⑥ 未回答	⑤		
	4	住み心地をよくするために何か工夫していますか。	① している ④ まだしていない	② ある程度している ⑤ 事例に情報がない／未確認	③ 少しはしている ⑥ 未回答	⑤		
	5		① ④	② ⑤	③ ⑥ 未回答	⑤		
	6		① ④	② ⑤	③ ⑥ 未回答	⑤		
	5階層構成子(Point)	C 住居 (0,0,0)	関係構成子(Point)	1層 就労・生活(0,0,0) － 2層 [illegible] － 3層 [illegible] － 4層 [illegible]				

	NO	質問	選択肢			シートA	シートB	シートC
12	1	趣味や娯楽は大切だと思っていますか。	① 思っている ④ まだ思っていない	② ある程度思っている ⑤ 事例に情報がない／未確認	③ 少しは思っている ⑥ 未回答	⑤		
	2	趣味や娯楽はありますか。	① ある ④ まだない	② ある程度ある ⑤ 事例に情報がない／未確認	③ 少しはある ⑥ 未回答	⑤		
	3	趣味や娯楽ストレス解消になっていますか	① なっている ④ まだなっていない	② ある程度なっている ⑤ 事例に情報がない／未確認	③ 少しはなっている ⑥ 未回答	⑤		
	4	趣味や娯楽を楽しむように取り組んでいますか。	① 取り組んでいる ④ まだ取り組んでいない	② ある程度取り組んでいる ⑤ 事例に情報がない／未確認	③ 少しは取り組んでいる ⑥ 未回答	⑤		
	5		① ④	② ⑤	③ ⑥ 未回答	⑤		
	6		① ④	② ⑤	③ ⑥ 未回答	⑤		
	5階層構成子(Point)	D 趣味・娯楽 (0,0,0)	関係構成子(Point)	1層 就労・生活(0,0,0) － 2層 [illegible] － 3層 [illegible] － 4層 [illegible]				

指定構成子：就労・生活　　　　シート名：シートA（起動シート）－就労・生活.csv

	NO	質問	選択肢			回答実績		
						シートA	シートB	シートC
13	1	家族に相互理解や協力が大切だと考えていますか。	① 考えている ④ まだ考えていない	② ある程度考えている ⑤ 事例に情報がない／未確認	③ 少しは考えている ⑥ 未回答	⑤		
	2	家族はお互いのことを考え理解し合っていますか。	① 理解し合っている ④ まだ理解し合っていない	② ある程度理解し合っている ⑤ 事例に情報がない／未確認	③ 少しは理解し合っている ⑥ 未回答	⑤		
	3	家族が相互に話し合いを深めようとしていますか。	① している ④ まだしていない	② ある程度している ⑤ 事例に情報がない／未確認	③ 少しはしている ⑥ 未回答	⑤		
	4	家族が理解や協力を深めるために何か工夫していますか。	① している ④ まだしていない	② ある程度している ⑤ 事例に情報がない／未確認	③ 少しはしている ⑥ 未回答	⑤		
	5		① ④	② ⑤	③ ⑥ 未回答	⑤		
	6		① ④	② ⑤	③ ⑥ 未回答	⑤		
	5階層構成子(Point)	A 理解(0,0,0)	関係構成子(Point)	1層 就労・生活(0,0,0) － 2層 [illegible] 人 [illegible](0,0,0) － 3層 [illegible] 基 [illegible](0,0,0) － 4層 [illegible](0,0,0)				

	NO	質問	選択肢			シートA	シートB	シートC
14	1	家族のまとまりや協力が大切だと考えていますか。	① 考えている ④ まだ考えていない	② ある程度考えている ⑤ 事例に情報がない／未確認	③ 少しは考えている ⑥ 未回答	⑤		
	2	家族が役割の分担などで協力していますか。	① 協力している ④ まだ協力していない	② ある程度協力している ⑤ 事例に情報がない／未確認	③ 少しは協力している ⑥ 未回答	⑤		
	3	家族が支え合いもっと協力することができると考えられますか。	① 考えられる ④ まだ考えられない	② ある程度考えられる ⑤ 事例に情報がない／未確認	③ 少しは考えられる ⑥ 未回答	⑤		
	4	家族の生活やまとまりをよくするために何か工夫していますか。	① している ④ まだしていない	② ある程度している ⑤ 事例に情報がない／未確認	③ 少しはしている ⑥ 未回答	⑤		
	5		① ④	② ⑤	③ ⑥ 未回答	⑤		
	6		① ④	② ⑤	③ ⑥ 未回答	⑤		
	5階層構成子(Point)	B 連帯(0,0,0)	関係構成子(Point)	1層 就労・生活(0,0,0) － 2層 [illegible] 人 [illegible](0,0,0) － 3層 [illegible] 基 [illegible](0,0,0) － 4層 [illegible](0,0,0)				

指定構成子：就労・生活　　　　シート名：シートA（起動シート）－就労・生活.csv

	NO	質問	選択肢			回答実績		
						シートA	シートB	シートC
15	1	家族が問題解決への意欲を持っていますか。	① 持っている ④ まだ持っていない	② ある程度持っている ⑤ 事例に情報がない／未確認	③ 少しは持っている ⑥ 未回答	⑤		
	2	家族が解決を必要とする問題を理解していますか。	① 理解している ④ まだ理解していない	② ある程度理解している ⑤ 事例に情報がない／未確認	③ 少しは理解している ⑥ 未回答	⑤		
	3	家族による問題解決への協力が期待できますか。	① 期待できる ④ まだ期待できない	② ある程度期待できる ⑤ 事例に情報がない／未確認	③ 少しは期待できる ⑥ 未回答	⑤		
	4	家族が問題解決に取組むために何か工夫していますか。	① している ④ まだしていない	② ある程度している ⑤ 事例に情報がない／未確認	③ 少しはしている ⑥ 未回答	⑤		
	5		① ④	② ⑤	③ ⑥ 未回答	⑤		
	6		① ④	② ⑤	③ ⑥ 未回答	⑤		
	5階層構成子(Point)	C 意欲(0,0,0)	関係構成子(Point)	1層 就労・生活(0,0,0) － 2層 [illegible] 人 [illegible](0,0,0) － 3層 [illegible] 基 [illegible](0,0,0) － 4層 [illegible](0,0,0)				

	NO	質問	選択肢			シートA	シートB	シートC
16	1	家族同士の付合いや交流に関心がありますか。	① 関心がある ④ まだ関心がない	② ある程度関心がある ⑤ 事例に情報がない／未確認	③ 少しは関心がある ⑥ 未回答	⑤		
	2	家族同士の交流する意義を理解していますか。	① 理解している ④ まだ理解していない	② ある程度理解している ⑤ 事例に情報がない／未確認	③ 少しは理解している ⑥ 未回答	⑤		
	3	家族同士の交流や協力が期待できますか。	① 期待できる ④ まだ期待できない	② ある程度期待できる ⑤ 事例に情報がない／未確認	③ 少しは期待できる ⑥ 未回答	⑤		
	4	家族同士の交流や協力に工夫していますか。	① している ④ まだしていない	② ある程度している ⑤ 事例に情報がない／未確認	③ 少しはしている ⑥ 未回答	⑤		
	5		① ④	② ⑤	③ ⑥ 未回答	⑤		
	6		① ④	② ⑤	③ ⑥ 未回答	⑤		
	5階層構成子(Point)	D 家族NW(0,0,0)	関係構成子(Point)	1層 就労・生活(0,0,0) － 2層 [illegible] 人 [illegible](0,0,0) － 3層 [illegible] 基 [illegible](0,0,0) － 4層 [illegible](0,0,0)				

指定構成子：就労・生活　　　　シート名：シートA（起動ｼｰﾄ）－就労・生活.csv

NO		質問	選択肢			回答実績 シートA	シートB	シートC
17	1	ソーシャルワーカーの支援に満足していますか。	① している ④ していない	② ある程度している ⑤ 事例に情報がない／未確認	③ 少しはしている ⑥ 未回答	⑥		
	2	ソーシャルワーカーは理解してくれますか。	① してくれる ④ まだしてくれない	② ある程度してくれる ⑤ 事例に情報がない／未確認	③ 少しはしてくれる ⑥ 未回答	⑥		
	3	ソーシャルワーカーと問題解決することは期待できますか。	① できる ④ まだできない	② ある程度できる ⑤ 事例に情報がない／未確認	③ 少しはできる ⑥ 未回答	⑥		
	4	ソーシャルワーカーにニーズを伝えるようにしていますか。	① している ④ まだしていない	② ある程度している ⑤ 事例に情報がない／未確認	③ 少しはしている ⑥ 未回答	⑥		
	5		① ④	② ⑤	③ ⑥ 未回答	⑥		
	6		① ④	② ⑤	③ ⑥ 未回答	⑥		
	5階層構成子(Point)	A SWer [illegible]	関係構成子(Point)	1層 就労・生活[illegible] － 2層 [illegible] － 3層 [illegible] － 4層 [illegible]				

NO		質問	選択肢			シートA	シートB	シートC
18	1	友人・ピアとの付合いに関心がありますか。	① ある ④ まだない	② ある程度ある ⑤ 事例に情報がない／未確認	③ 少しはある ⑥ 未回答	⑥		
	2	友人・ピアはありますか。	① ある ④ まだない	② ある程度ある ⑤ 事例に情報がない／未確認	③ 少しはある ⑥ 未回答	⑥		
	3	友人・ピアの協力を期待できますか。	① できる ④ まだできない	② ある程度できる ⑤ 事例に情報がない／未確認	③ 少しはできる ⑥ 未回答	⑥		
	4	友人・ピアの理解や協力が得られるよう何か配慮していますか。	① している ④ まだしていない	② ある程度している ⑤ 事例に情報がない／未確認	③ 少しはしている ⑥ 未回答	⑥		
	5		① ④	② ⑤	③ ⑥ 未回答	⑥		
	6		① ④	② ⑤	③ ⑥ 未回答	⑥		
	5階層構成子(Point)	B 友人・ピア[illegible]	関係構成子(Point)	1層 就労・生活[illegible] － 2層 [illegible] － 3層 [illegible] － 4層 [illegible]				

指定構成子：就労・生活　　　　シート名：シートA（起動ｼｰﾄ）－就労・生活.csv

NO		質問	選択肢			回答実績 シートA	シートB	シートC
19	1	近隣との付合いに関心がありますか。	① ある ④ まだない	② ある程度ある ⑤ 事例に情報がない／未確認	③ 少しはある ⑥ 未回答	⑥		
	2	近隣は理解してくれますか。	① してくれる ④ まだしてくれない	② ある程度してくれる ⑤ 事例に情報がない／未確認	③ 少しはしてくれる ⑥ 未回答	⑥		
	3	近隣の協力を期待できますか。	① できる ④ まだできない	② ある程度できる ⑤ 事例に情報がない／未確認	③ 少しはできる ⑥ 未回答	⑥		
	4	近隣の協力が得られるよう何か配慮していますか。	① している ④ まだしていない	② ある程度している ⑤ 事例に情報がない／未確認	③ 少しはしている ⑥ 未回答	⑥		
	5		① ④	② ⑤	③ ⑥ 未回答	⑥		
	6		① ④	② ⑤	③ ⑥ 未回答	⑥		
	5階層構成子(Point)	C 近隣[illegible]	関係構成子(Point)	1層 就労・生活[illegible] － 2層 [illegible] － 3層 [illegible] － 4層 [illegible]				

NO		質問	選択肢			シートA	シートB	シートC
20	1	ボランティアの活動に理解や関心がありますか。	① ある ④ まだない	② ある程度ある ⑤ 事例に情報がない／未確認	③ 少しはある ⑥ 未回答	⑥		
	2	ボランティアの理解や協力を得ていますか。	① 得ている ④ まだ得ていない	② ある程度得ている ⑤ 事例に情報がない／未確認	③ 少しは得ている ⑥ 未回答	⑥		
	3	ボランティアの有効な活用が期待できますか。	① できる ④ まだできない	② ある程度できる ⑤ 事例に情報がない／未確認	③ 少しはできる ⑥ 未回答	⑥		
	4	ボランティアの支援を得るために何か工夫していますか。	① している ④ まだしていない	② ある程度している ⑤ 事例に情報がない／未確認	③ 少しはしている ⑥ 未回答	⑥		
	5		① ④	② ⑤	③ ⑥ 未回答	⑥		
	6		① ④	② ⑤	③ ⑥ 未回答	⑥		
	5階層構成子(Point)	D ﾎﾞﾗﾝﾃｨｱ[illegible]	関係構成子(Point)	1層 就労・生活[illegible] － 2層 [illegible] － 3層 [illegible] － 4層 [illegible]				

指定構成子：就労・生活　　　　シート名：シートA（起動ｼｰﾄ）－就労・生活.csv

NO		質問	選択肢			回答実績 シートA	シートB	シートC
21	1	私的資源に関心がありますか。	① ある ④ まだない	② ある程度ある ⑤ 事例に情報がない／未確認	③ 少しはある ⑥ 未回答	⑤		
	2	私的資源はありますか。	① ある ④ まだない	② ある程度ある ⑤ 事例に情報がない／未確認	③ 少しはある ⑥ 未回答	⑤		
	3	私的資源をもっと活用できると考えていますか。	① 考えている ④ まだ考えていない	② ある程度考えている ⑤ 事例に情報がない／未確認	③ 少しは考えている ⑥ 未回答	⑤		
	4	私的資源の開発するために何か工夫していますか。	① している ④ まだしていない	② ある程度している ⑤ 事例に情報がない／未確認	③ 少しはしている ⑥ 未回答	⑤		
	5		① ④	② ⑤	③ ⑥ 未回答	⑤		
	6		① ④	② ⑤	③ ⑥ 未回答	⑤		
	5階層構成子(Point)	A 私的資源(0,0,0)	関係構成子(Point)	1層 就労・生活(0,0,0) － 2層 [illegible](0,0,0) － 3層 [illegible](0,0,0) － 4層 [illegible](0,0,0)				

NO		質問	選択肢			回答実績 シートA	シートB	シートC
22	1	施設や機関などに関心がありますか。	① ある ④ まだない	② ある程度ある ⑤ 事例に情報がない／未確認	③ 少しはある ⑥ 未回答	⑤		
	2	施設や機関などの仕事や役割を理解していますか。	① している ④ まだしていない	② ある程度している ⑤ 事例に情報がない／未確認	③ 少しはしている ⑥ 未回答	⑤		
	3	施設や機関などの利用をもっと期待していますか。	① している ④ まだしていない	② ある程度している ⑤ 事例に情報がない／未確認	③ 少しはしている ⑥ 未回答	⑤		
	4	施設や機関などとのつながりを何か工夫していますか。	① している ④ まだしていない	② ある程度している ⑤ 事例に情報がない／未確認	③ 少しはしている ⑥ 未回答	⑤		
	5		① ④	② ⑤	③ ⑥ 未回答	⑤		
	6		① ④	② ⑤	③ ⑥ 未回答	⑤		
	5階層構成子(Point)	B 機関資源(0,0,0)	関係構成子(Point)	1層 就労・生活(0,0,0) － 2層 [illegible](0,0,0) － 3層 [illegible](0,0,0) － 4層 [illegible](0,0,0)				

指定構成子：就労・生活　　　　シート名：シートA（起動ｼｰﾄ）－就労・生活.csv

NO		質問	選択肢			回答実績 シートA	シートB	シートC
23	1	地域資源に関心はありますか。	① ある ④ まだない	② ある程度ある ⑤ 事例に情報がない／未確認	③ 少しはある ⑥ 未回答	⑤		
	2	地域資源はありますか。	① ある ④ まだない	② ある程度ある ⑤ 事例に情報がない／未確認	③ 少しはある ⑥ 未回答	⑤		
	3	地域資源をもっと活用できると考えていますか。	① 考えている ④ まだ考えていない	② ある程度考えている ⑤ 事例に情報がない／未確認	③ 少しは考えている ⑥ 未回答	⑤		
	4	地域資源活用のために何か工夫していますか。	① している ④ まだしていない	② ある程度している ⑤ 事例に情報がない／未確認	③ 少しはしている ⑥ 未回答	⑤		
	5		① ④	② ⑤	③ ⑥ 未回答	⑤		
	6		① ④	② ⑤	③ ⑥ 未回答	⑤		
	5階層構成子(Point)	C 地域資源(0,0,0)	関係構成子(Point)	1層 就労・生活(0,0,0) － 2層 [illegible](0,0,0) － 3層 [illegible](0,0,0) － 4層 [illegible](0,0,0)				

NO		質問	選択肢			回答実績 シートA	シートB	シートC
24	1	制度やサービスに関心がありますか。	① ある ④ まだない	② ある程度ある ⑤ 事例に情報がない／未確認	③ 少しはある ⑥ 未回答	⑤		
	2	制度やサービスを活用していますか。	① している ④ まだしていない	② ある程度している ⑤ 事例に情報がない／未確認	③ 少しはしている ⑥ 未回答	⑤		
	3	制度やサービスの利用に期待していますか。	① している ④ まだしていない	② ある程度している ⑤ 事例に情報がない／未確認	③ 少しはしている ⑥ 未回答	⑤		
	4	制度やサービスの活用のために何か工夫していますか。	① している ④ まだしていない	② ある程度している ⑤ 事例に情報がない／未確認	③ 少しはしている ⑥ 未回答	⑤		
	5		① ④	② ⑤	③ ⑥ 未回答	⑤		
	6		① ④	② ⑤	③ ⑥ 未回答	⑤		
	5階層構成子(Point)	D [illegible]資源(0,0,0)	関係構成子(Point)	1層 就労・生活(0,0,0) － 2層 [illegible](0,0,0) － 3層 [illegible](0,0,0) － 4層 [illegible](0,0,0)				

指定構成子：就労・生活　　　シート名：シートA（起動ｼｰﾄ）－就労・生活.csv

NO		質問	選択肢			回答実績 シートA	シートB	シートC
25	1	職場は体調配慮に関心がありますか。	① ある ④ まだない	② ある程度ある ⑤ 事例に情報がない／未確認	③ 少しはある ⑥ 未回答	⑤		
	2	職場は体調を理解してくれていますか。	① している ④ まだしていない	② ある程度している ⑤ 事例に情報がない／未確認	③ 少しはしている ⑥ 未回答	⑤		
	3	体調配慮をもっと期待できますか。	① できる ④ まだできない	② ある程度できる ⑤ 事例に情報がない／未確認	③ 少しはできる ⑥ 未回答	⑤		
	4	体調を伝えるようにしていますか。	① している ④ まだしていない	② ある程度している ⑤ 事例に情報がない／未確認	③ 少しはしている ⑥ 未回答	⑤		
	5		① ④	② ⑤	③ ⑥ 未回答	⑤		
	6		① ④	② ⑤	③ ⑥ 未回答	⑤		
	5階層構成子(Point)	A 体調配慮 (0,0,0)	関係構成子(Point)	1層 就労・生活(0,0,0) － 2層 2 環 境(0,0,0) － 3層 4 就労支援(0,0,0) － 4層 ⑦ 就労支援 評価(0,0,0)				

NO		質問	選択肢			シートA	シートB	シートC
26	1	職場は特性に関心がありますか。	① ある ④ まだない	② ある程度ある ⑤ 事例に情報がない／未確認	③ 少しはある ⑥ 未回答	⑤		
	2	特性を理解してくれていますか。	① している ④ まだしていない	② ある程度している ⑤ 事例に情報がない／未確認	③ 少しはしている ⑥ 未回答	⑤		
	3	特性を生かすことに期待できますか。	① できる ④ まだできない	② ある程度できる ⑤ 事例に情報がない／未確認	③ 少しはできる ⑥ 未回答	⑤		
	4	特性を生かすように工夫してくれていますか。	① している ④ まだしていない	② ある程度している ⑤ 事例に情報がない／未確認	③ 少しはしている ⑥ 未回答	⑤		
	5		① ④	② ⑤	③ ⑥ 未回答	⑤		
	6		① ④	② ⑤	③ ⑥ 未回答	⑤		
	5階層構成子(Point)	B 特性配慮 (0,0,0)	関係構成子(Point)	1層 就労・生活(0,0,0) － 2層 2 環 境(0,0,0) － 3層 4 就労支援(0,0,0) － 4層 ⑦ 就労支援 評価(0,0,0)				

指定構成子：就労・生活　　　シート名：シートA（起動ｼｰﾄ）－就労・生活.csv

NO		質問	選択肢			回答実績 シートA	シートB	シートC
27	1	参加と協働に満足していますか。	① している ④ まだしていない	② ある程度している ⑤ 事例に情報がない／未確認	③ 少しはしている ⑥ 未回答	⑤		
	2	参加と協働を理解していますか。	① している ④ まだしていない	② ある程度している ⑤ 事例に情報がない／未確認	③ 少しはしている ⑥ 未回答	⑤		
	3	参加と協働がもっと期待できますか。	① できる ④ まだできない	② ある程度できる ⑤ 事例に情報がない／未確認	③ 少しはできる ⑥ 未回答	⑤		
	4	職場は参加と協働のために何か工夫していますか。	① している ④ まだしていない	② ある程度している ⑤ 事例に情報がない／未確認	③ 少しはしている ⑥ 未回答	⑤		
	5		① ④	② ⑤	③ ⑥ 未回答	⑤		
	6		① ④	② ⑤	③ ⑥ 未回答	⑤		
	5階層構成子(Point)	C 参加・協働 (0,0,0)	関係構成子(Point)	1層 就労・生活(0,0,0) － 2層 2 環 境(0,0,0) － 3層 4 就労支援(0,0,0) － 4層 ⑦ 就労支援 評価(0,0,0)				

NO		質問	選択肢			シートA	シートB	シートC
28	1	報酬に満足していますか。	① している ④ していない	② ある程度している ⑤ 事例に情報がない／未確認	③ 少しはしている ⑥ 未回答	⑤		
	2	報酬に納得できていますか。	① できている ④ できていない	② ある程度できている ⑤ 事例に情報がない／未確認	③ 少しはできている ⑥ 未回答	⑤		
	3	報酬改善を期待していますか。	① している ④ していない	② ある程度している ⑤ 事例に情報がない／未確認	③ 少しはしている ⑥ 未回答	⑤		
	4	職場は報酬改善のための努力をしてくれていますか。	① してくれている ④ まだしてくれていない	② ある程度してくれている ⑤ 事例に情報がない／未確認	③ 少しはしてくれている ⑥ 未回答	⑤		
	5		① ④	② ⑤	③ ⑥ 未回答	⑤		
	6		① ④	② ⑤	③ ⑥ 未回答	⑤		
	5階層構成子(Point)	D 報酬 (0,0,0)	関係構成子(Point)	1層 就労・生活(0,0,0) － 2層 2 環 境(0,0,0) － 3層 4 就労支援(0,0,0) － 4層 ⑦ 就労支援 評価(0,0,0)				

指定構成子：就労・生活　　　　シート名：シートA（起動ｼｰﾄ）－就労・生活.csv

NO		質問	選択肢			回答実績 シートA	シートB	シートC
29	1	担当者の対応に満足していますか。	① している ④ していない	② ある程度している ⑤ 事例に情報がない／未確認	③ 少しはしている ⑥ 未回答	⑤		
	2	担当者は理解してくれていますか。	① してくれている ④ まだしてくれていない	② ある程度してくれている ⑤ 事例に情報がない／未確認	③ 少しはしてくれている ⑥ 未回答	⑤		
	3	担当者の対応は役に立っていますか。	① 役に立っている ④ まだ役に立っていない	② ある程度役に立っている ⑤ 事例に情報がない／未確認	③ 少しは役に立っている ⑥ 未回答	⑤		
	4	担当者の対応で何か工夫してくれていますか。	① してくれている ④ 工夫してくれていない	② ある程度してくれている ⑤ 事例に情報がない／未確認	③ 少しはしてくれている ⑥ 未回答	⑤		
	5		① ④	② ⑤	③ ⑥ 未回答	⑤		
	6		① ④	② ⑤	③ ⑥ 未回答	⑤		
	5階層構成子(Point)	A 担当者[0,0,0]	階層構成子(Point)	1層 就労・生活(0,0,0) － 2層 ② 環境(0,0,0) － 3層 4 就労支援(0,0,0) － 4層 ⑤ 就労支援 環境(0,0,0)				
30	1	相談し合える同僚が必要だと考えていますか。	① 考えている ④ まだ考えていない	② ある程度考えている ⑤ 事例に情報がない／未確認	③ 少しは考えている ⑥ 未回答	⑤		
	2	相談し合える同僚の理解や協力を得ていますか。	① 得ている ④ まだ得ていない	② ある程度得ている ⑤ 事例に情報がない／未確認	③ 少しは得ている ⑥ 未回答	⑤		
	3	同僚の協力がもっと期待できますか。	① できる ④ まだできない	② ある程度できる ⑤ 事例に情報がない／未確認	③ 少しはできる ⑥ 未回答	⑤		
	4	相談し合える仲間づくりに何か工夫していますか。	① している ④ まだしていない	② ある程度している ⑤ 事例に情報がない／未確認	③ 少しはしている ⑥ 未回答	⑤		
	5		① ④	② ⑤	③ ⑥ 未回答	⑤		
	6		① ④	② ⑤	③ ⑥ 未回答	⑤		
	5階層構成子(Point)	B 同僚[0,0,0]	階層構成子(Point)	1層 就労・生活(0,0,0) － 2層 ② 環境(0,0,0) － 3層 4 就労支援(0,0,0) － 4層 ⑤ 就労支援 環境(0,0,0)				

指定構成子：就労・生活　　　　シート名：シートA（起動ｼｰﾄ）－就労・生活.csv

NO		質問	選択肢			回答実績 シートA	シートB	シートC
31	1	就労支援者に関心はありますか。	① ある ④ まだない	② ある程度ある ⑤ 事例に情報がない／未確認	③ 少しはある ⑥ 未回答	⑤		
	2	就労支援者は理解してくれていますか。	① してくれている ④ まだしてくれていない	② ある程度してくれている ⑤ 事例に情報がない／未確認	③ 少しはしてくれている ⑥ 未回答	⑤		
	3	就労支援者は役に立っていますか。	① 役に立っている ④ まだ役に立っていない	② ある程度役に立っている ⑤ 事例に情報がない／未確認	③ 少しは役に立っている ⑥ 未回答	⑤		
	4	就労支援者に何か働きかけていますか。	① 働きかけている ④ まだ働きかけていない	② ある程度働きかけている ⑤ 事例に情報がない／未確認	③ 少しは働きかけている ⑥ 未回答	⑤		
	5		① ④	② ⑤	③ ⑥ 未回答	⑤		
	6		① ④	② ⑤	③ ⑥ 未回答	⑤		
	5階層構成子(Point)	C 就労支援者[0,0,0]	階層構成子(Point)	1層 就労・生活(0,0,0) － 2層 ② 環境(0,0,0) － 3層 4 就労支援(0,0,0) － 4層 ⑤ 就労支援 環境(0,0,0)				
32	1	就労支援ネットワークに関心がありますか。	① ある ④ まだない	② ある程度ある ⑤ 事例に情報がない／未確認	③ 少しはある ⑥ 未回答	⑤		
	2	就労支援ネットワークがありますか。	① ある ④ まだない	② ある程度ある ⑤ 事例に情報がない／未確認	③ 少しはある ⑥ 未回答	⑤		
	3	就労支援ネットワークは役に立っていますか。	① 役に立っている ④ まだ役に立っていない	② ある程度役に立っている ⑤ 事例に情報がない／未確認	③ 少しは役に立っている ⑥ 未回答	⑤		
	4	就労支援ネットワークに何か働きかけていますか。	① 働きかけている ④ まだ働きかけていない	② ある程度働きかけている ⑤ 事例に情報がない／未確認	③ 少しは働きかけている ⑥ 未回答	⑤		
	5		① ④	② ⑤	③ ⑥ 未回答	⑤		
	6		① ④	② ⑤	③ ⑥ 未回答	⑤		
	5階層構成子(Point)	D 就労支援NW[0,0,0]	階層構成子(Point)	1層 就労・生活(0,0,0) － 2層 ② 環境(0,0,0) － 3層 4 就労支援(0,0,0) － 4層 ⑤ 就労支援 環境(0,0,0)				

著者紹介

御前由美子（みさき・ゆみこ）

1960年、和歌山県生まれ。神戸女学院大学音楽学部卒業。同研究生修了。関西福祉科学大学大学院社会福祉学研究科博士後期課程修了（臨床福祉学博士）。関西福祉科学大学社会福祉学部非常勤講師、和歌山信愛女子短期大学保育科講師を経て、現在、関西福祉科学大学社会福祉学部講師。精神保健福祉士。

共著に、『相談援助のための福祉実習ハンドブック』（関西福祉科学大学社会福祉実習教育モデル研究会編、ミネルヴァ書房、2008年）、『現代地域福祉論――地域と生活支援』（保育出版社、2013年）、『キーワードと22の事例で学ぶソーシャルワーカーの仕事』（晃洋書房、2013年）、『実践から学ぶ社会福祉』（保育出版社、2013年）がある。

ソーシャルワークによる精神障害者の就労支援
―― 参加と協働の地域生活支援

2011年5月2日　初版第1刷発行
2016年4月1日　初版第3刷発行

著　者　御前由美子
発行者　石井昭男
発行所　株式会社 明石書店

〒101-0021 東京都千代田区外神田 6-9-5
電　話　03 (5818) 1171
FAX　03 (5818) 1174
振　替　00100-7-24505
http://www.akashi.co.jp

装　幀　桜井勝志
印刷・製本　モリモト印刷株式会社

（定価はカバーに表示してあります）　ISBN978-4-7503-3395-3